杏坛追梦
师道不易

汪　瀛 / 著

学习与日常观察思考

教育教学改革方面的思考与建议

光明日报出版社

图书在版编目（CIP）数据

杏坛追梦·师道不易 / 汪瀛著 .-- 北京：光明日
报出版社，2019.3

ISBN 978 - 7 - 5194 - 5089 - 2

Ⅰ.①杏⋯ Ⅱ.①汪⋯ Ⅲ.①中学历史课—教学研究
Ⅳ.① G633.512

中国版本图书馆 CIP 数据核字（2019）第 040269 号

杏坛追梦·师道不易
XINGTAN ZHUIMENG · SHIDAO BUYI

著　　者：汪　瀛

责任编辑：庄　宁　　　　　　　　责任校对：赵鸣鸣
封面设计：中联学林　　　　　　　责任印制：曹　净

出版发行：光明日报出版社
地　　址：北京市西城区永安路 106 号，100050
电　　话：010-63169890（咨询），63131930(邮购)
传　　真：010-63169890
网　　址：http://book.gmw.cn
E - mail：zhuangning@gmw.cn
法律顾问：北京德恒律师事务所龚柳方律师，电话：010-67019571

印　　刷：三河市华东印刷有限公司
装　　订：三河市华东印刷有限公司
本书如有破损、缺页、装订错误，请与本社联系调换

开　　本：170mm×240mm
字　　数：277 千字　　　　　　　印张：17.5
版　　次：2019 年 4 月第 1 版　　印次：2019 年 4 月第 1 次印刷
书　　号：ISBN 978 - 7 - 5194 - 5089 - 2

定　　价：58.00 元

我认为，师道之难，不仅难在工作的繁重，更难在师德和教育教学本领的修炼。在一定的时段，我们每天虽然面对着同一群学生，但这是一群变化无常的学生，是一群不断发展变化的学生，是一群发展水平参差不齐的学生。我常常深感自己知识的不足，教书育人手段的贫乏，缺乏激励"潜能生"不断成长的智慧。然而愚笨如我，也不知何德何能，竟然成了"名师"，由此还承担着培养教师的重任。至此，我才深刻领悟到孟子的"人之患，在好为人师"。师道不易，于我，绝非戏言！

序

人总是有梦想的。

人的梦想会因人而异。因为每个人的生活、学习、工作的环境不同，梦想也自然存在差异。这或许就是我们常说的，环境造就人生吧。

人的梦想也因人的成长发展变化而发生变化。人们儿时的梦想，与成人之后的梦想，可能存在巨大差异，甚至完全相反。说得好听一些，这是与时俱进；说得难听一些，这是见异思迁。

我虽平凡，但也有属于自己的梦想。

我不怕读者们笑话，至今我能追忆出的第一个梦想，竟然是立足农村学一门手艺，有能力养家糊口和给父母养老送终。因为，1974年初中毕业失学之后的我，已成为家庭主要劳动力。当时，家里姊妹众多，父母身体不佳，又无任何优质社会资源，我只能面对现实确定自己的梦想。实话实说，当时若能达成这一梦想，我是心满意足的！

1977年底高考制度恢复之后，我开始有了新的梦想——考一个中专，使自己成为一名光荣的国家工人。或许造化弄人，因种种因素制约，我这一梦想也没有变成现实。

人生际遇，有时确实不以自己的意志为转移。我虽然没有考上中专，由于坚持自学，1980年的高考成绩竟然上了湖南省本科录取线。后来，因阴差阳错，我被衡阳师范专科学校录取。对于这个结果，我仍然高兴莫名。因为，我有机会成为一位光荣的人民教师。

既然，我未来的职业是当时社会大力讴歌的"人类灵魂的工程师"，我的梦想就是力争做一个深受学生欢迎和爱戴的历史教师，力争不误人子弟，且为实现这个梦想奋斗至今而没有丝毫改变。

做教师、特别是做一名历史教师，这在社会上不少人看来，似乎并不太难，甚至觉得比较容易。上历史课，不就是给学生讲讲历史故事，然后要学生将相关历史知识背诵下来就可以了，保准学生能考个好成绩。其实，持这一想法的人，并不真正了解教师的工作，不了解我们历史教师的教育教学工作，不了解历史教学与历史高考的要求。

在这个世界上，不论做什么工作，若抱着得过且过、做一天和尚撞一天钟的态度去做，可以说都不太难。做教师，做一位深受学生欢迎且真正促进学生全面发展的教师确实不易。当今社会，我们每个人都做过学生，试着回想一下，真正深受你欢迎、又真正促进你快速成长的教师可能不会太多。因为，回想自己做学生时，耳闻目睹了不少学生背地里如何议论自己的老师，有些评价至今还历历在目。也许正因为如此，在我看来，自己要真正实现"做一个深受学生欢迎，不误人子弟的教师"的梦想，绝非易事。

根据我对教育的肤浅理解，要想让自己深受学生欢迎，要想不误人子弟，除了良好的工作态度、尊重学生、热爱学生、关心学生之外，自己必须在历史学识、教育理论、课程建设、教学方法、学法指导、应试技巧、考试命题、课题研究等方面拥有扎实的功底，并与时俱进，通过学习与研究来不断提升自己，似乎舍此再无他法。

教师专业化发展是一个终身要求。当今社会是一个飞速发展的社会，知识更新的速度不断加快。曾有教师感慨，教育教学是一个永远说不完的话题，教育教学的完善永无止境。因为，教师的教育教学过程，既是教育和培养学生的过程，也是自己不断学习的过程，教师必须将终身学习的理念贯穿于自己的一生，不断完善自己的专业知识、专业能力，不断汲取本学科领域和相关领域的知识、最新的科研成果，提高自己的科研能力，使自己跟上时代发展的步伐，并在教育教学过程中，形成自己的特色。

当今教育不仅要完成党和政府的重托，还要承载社会各界和家长的期望。随着人们对教育期望的提高，对教师的期望也越来越高，对教师的素质要求也越来越高。现代教师不仅要有广阔的知识视野，良好的道德修养、健康的心理素质，还要有开拓的创新精神、精湛的教育教学艺术等。因此，作为一名现代教师，必须更新自身观念，将专业发展的需要变成自己的内在需求，变"被动发展"为"主动发展"。教师不仅要成为终身学习者，为学生树立良好的榜样，还要立志成为一名研究者，研究如何促进自我发展和自我实现，做学习型、研究型教师。

如何做一名学习型、研究型教师？我以为，作为一名历史教师，除必须学习与研究古今中外历史，我们还必须学习与研究教育学和心理学原理，必须学习与研究历史教学论，并在实践中不断探索和研究适合自身特点和学生发展需要的历史教学之法，从而形成自己的教学特色与风格。

本人从教至今，已35年有余。30多年的从教生涯让我深刻感受到为师的不易。这种不易，既与社会有关，也与教育本身有关。要真正做好教育，教师既要学习、思考和研究本体专业发展、教育教学等方面的问题，也要思考和研究与教育教学密切相关的人和事。我曾将这些方面的粗浅思考或研究撰写成文，先后出版过《心灵的放飞——一位中学教师的教育独白》《思索与成长》等拙著。本书主要收录了本人近20余年所撰写的拙作33篇。内容主要包括学习与日常观察思考，教育教学改革方面的思考与建议，历史教研组、历史名师工作室、历史学科研究基地和特级教师工作站建设和发展规划、方案与总结，著作序言和本人的成长历程。另外，本书还附录了本人指导的由门生撰写的教研论文9篇，以及他人采访我而撰写的报道文章7篇。书中所收录的文章，大多已在不同刊物上发表，有不少文章至今还能在网络上搜到，有些则通过学术报告、文件等形式与他人分享过。当然，也有少数拙作因种种原因而第一次公开与读者见面。只因本人学识有限，力有不逮，难免鹦鹉学舌。我之所以不怕贻笑大方而结集出版，并呈献给广大读者，既是为了说明为师的不易，更是为了激励广大同仁成就自己的教育事业。为师不易，但也没有什么可怕，只要我们立志教书育人，并不断磨砺自己，就能成就教育，成就学生，成就自己！

不过，这里也需要说明两点：一是就今天发表与出版规范而言，《杏坛追梦·师道不易》中的有些文章的材料引文和注释，包括我以前公开发表过的习作，是有明显欠缺的。因时间久远，本人工作单位又几经转换，原有的书刊与笔记业已散失；有些讲稿当时就没有发表之想，撰文时也就没有标注出引文的材料出处。凡此种种，现已无法补救，故所有引文或材料注释只能维持原样。若由此而带来谬误，或没有彰显原作者的研究成果，本人特在此致歉！二是本书所收录的采访报道，有些因联系不上采访者，没能征求到作者的意见，特敬请作者谅解！

汪瀛

2018年7月26日于株洲市第四中学

目 录
CONTENTS

师道参禅

序言杂陈

我本愚笨

附一：成就门生

附二：他人评说

01

师道参禅

陶行知说："学高为师，身正为范。"博学广闻，学而时习，教而时新，教育教学能力高超，是为学高；理念信念崇高，道德情操高雅，平等公正处事，诚信友善待人，是为身正。孔子说："其身正，不令而行，其身不正，虽令不从。"

师者，为人师表也。为人师，当重德，德高才能育人；为人表，当重行，行正才能教人。师德，是古今中外衡量教师素质的第一标尺。不仅直接关系到青少年的身心健康，还对整个国家和民族的精神风貌产生深远影响。做教师，当有"为天地立心，为生民立命，为往圣继绝学，为万世开太平"，育得贤才满天下的雄心壮志。

"天下兴亡，匹夫有责。"教师之责，在于勤学修德，学得渊博知识，修得人生美德，真正能为天下子弟肩负起传道、授业和解惑之责。教师，成人子弟，则成就天下；误人子弟，则贻误天下，故切不可不慎。

人生并非生而知之。教师的学识与业务能力，源于后天的学习修炼。未知而勤于学习修炼，则更知自己的不足，进而更加学习修炼，周而复始，就能成长为德高望重的教师。

核心素养教育断想 ①

　　核心素养教育是当今中国教育改革的热词。何谓学生成长与终身发展的核心素养？怎样培养学生的核心素养？怎样实现核心素养教育目标？实在是见仁见智，莫衷一是。

　　也许有人会说，有关基础教育中的学生核心素养，国家不是通过组织专家、学者对此做了深入研究，并以文件与课标的方式作了明文规定吗？这还需要我们讨论研究？从这个角度来说，事情确实非虚。

　　在学术研讨上，我素来不喜欢追逐热门，故对核心素养教育这一热门话题关注不多，也无深刻认知。但无论喜欢与否，核心素养教育的改革浪潮已席卷中华大地，作为一名中学教师，不可避免卷入其中。我既然不可避免卷入核心素养教育改革浪潮之中，要想不被淹死，那就只有勇于面对现实，学会迎风破浪，以立于不败之地。

　　或许本人笨拙，也或许是廉颇老矣，面对滔滔而来的核心素养教育改革浪潮，我似乎没有什么特别的感觉。难道当今中国大力倡导的核心素养教育不新？不好？不该？当然不是！只是，当我们在振臂高呼核心素养教育改革时，我们是否反省过，在国家没有提出核心素养教育改革之前，我们是否做过核心素养教育？我们是否培养过学生核心素养？作为深受"传统教育"影响的教师，以及业已奋战在各行各业的普通民众和社会精英，他们是否具有当今大力倡导的核心素养？这实在是一个有趣、且又事关核心素养教育改革能否落实的大事。不是吗？如果这些人拥有核心素养，那这些核心素养是怎

---

① 本文曾发表于《教师发展导报》第七期，2017年9月30日第2版。又发表于《株洲市第四中学》第36期，2017年12月30日。

样来的？如果这些人没有核心素养、特别是当今广大教师没有核心素养，试想，一个不具备核心素养的教师，又怎么能培养出具有核心素养的学生？

我以为，培养学生的核心素养，就宏观与整体而言，它包含在新中国成立以来的党与国家教育方针之中。不是吗？新中国成立以来，党与国家的教育方针，虽因种种原因而有所变化，但德、智、体、美、劳，一直是其中的关键词。在我看来，这就是学生成长与发展的核心素养。因为，人若要成为一个身心健全的人，要成为一个有益于自己、有益于他人、有益于社会、有益于国家与民族的人，德、智、体、美、劳五大素养缺一不可。只要我们不偏见、不纠结，仔细反思当今社会上的形形色色的人与事，就知拙见不虚。

就具体学科教学而言，广大基础教育工作者，为培养学生的核心素养，一直在默默坚守与奉献着，不是吗？语言学科教师的教学，少得了文以载道，少得了听、说、读、写这些核心素养的培育？历史学科教师的教学，少得了历史时空、少得了反映历史人与事的基本材料这些核心素养的培育？或许会有人据此质疑，既然我们已在实施核心素养教育，当今大力倡导与强力推行核心素养教育的落实还有必要吗？我的回答是：很有必要！

我之所以认为，当今大力倡导与强力推行核心素养教育的落实很有必要，是因为我们在核心素养教育方面出现了偏差。或许我们关注了智育，而有意无意地忽视了德育、美育、劳动技术教育；或许我们关注了知识教育，而有意无意地忽视了获取知识的方法与能力的培育；或许我们关注了考试技能的培育，而有意无意地忽视了本学科所特有的而其他学科无法取代的功能与价值的教育；或许我们关注了智能培育，而有意无意地忽视了情感、态度与价值观教育；或许我们关注了价值观培育，而有意无意地忽视了切合学生终身发展需要的、切合中国国情的、切合社会发展需要的、切合中国与中华民族发展需要的科学正确的价值观的培育。凡此种种，不一而足。

核心素养教育不是教育改革与发展的时髦口号。它不仅需要我们知之，更需要每位教育教学工作者坚持不懈、持之以恒的践行。

我愿与同仁共勉！

历史教学渗透德育二题 ①

《普通高中历史课程标准（实验）》明确指出："全面发挥历史教育的功能，尊重历史，追求真实，吸收人类优秀文明成果，弘扬爱国主义精神，陶冶关爱人类的情操。通过历史学习，使学生增强历史意识，汲取历史智慧，开阔视野，了解中国和世界的发展大势，增强历史洞察力和历史使命感。"那么，我们在日常历史教学中应如何渗透这些德育要求呢？

一、正确面对历史与现实

在地震引发的日本福岛核泄漏余威还未消散之际，正是我同那群意气风发的孩子们一起复习"资本主义世界市场的建立与发展"之时。有关福岛核泄漏各类直观图片与文字资料，为我们复习这一课题提供了最直接的原始材料。它有利于学生在感知的基础上全面、客观地认识科技给人类社会带来的影响，深层次地认识到科技是一柄"双刃剑"。

令人惊讶的是，当我一一展示"日本福岛核泄漏"部分图片、文字材料时，没有见到学生对科技的敬畏，也没有感知到学生对死难者的怜惜，得到的是学生异口同声地："活该！"并且，这种情绪陆续蔓延，学生关注的中心开始转移。奋力拉扯，终于将学生的思维拉回到原有的教学轨道，但思考却沉淀堆积：学生对待"日本福岛核泄漏"的情感、态度与价值观为何如此？我们历史教师应怎样引导学生树立正确的历史情感、态度与价值观？

学生在日本地震及其引发的福岛核泄漏问题上的态度，让我更真切地感

① 本文撰写于2016年12月，其内容曾在一些历史教学研讨会上交流。

受到了他们对日本的憎恨。学生的这种憎恨是源自他们对中国近代史上那段屈辱历史的了解？或源自他们对那场非人战争中死难中国同胞的同情？抑或是源于当今日本政府或部分国民非理性地对待那场罪恶的侵华战争的言行？还是源自我们中学的历史教育？要知道，当今是一个信息时代，影响学生情感、态度与价值观的不仅是学校教育，社会的各种杂志、消息、影视与网络都在发挥着作用……

作为历史教育工作者，我们有责任用那段"屈辱"的历史向学生进行"不忘国耻，振兴中华"的爱国主义教育。韩国人为了抗议日本否认那段侵略史全民抵制日货，德国总理勃兰特历史性的一跪，日本首相小泉纯一郎参拜靖国神社，犹太民族对屠杀自己同胞的纳粹分子的"人肉搜索"，都可以成为我们讲述"抗日战争"史时进行爱国主义教育的素材，教师还可以将中韩对日的态度进行类比，中国人与犹太人、日本人与德国人对历史的态度进行类比，借此激发广大中学生的爱国热情，树立振兴中华为国奉献的热情，最终内化为一种精神，一股力量，深入他们的灵魂。但历史的情感、态度与价值观的教育不应到此结束，否则就容易在学生的情感、态度与价值观中衍生出对日本的敌视，这股敌视犹如刺猬，一旦遇上与日本有关的现实，立马张牙舞爪、剑拔弩张；也似一层厚厚的外壳，终身背负在他们的心灵上，在中日关系道路负重前行。我们应在此基础上，引导学生进一步深化认识："勿忘国耻"是我们每一位中国人的应有的历史责任，但铭记历史的目的为了"以史为鉴，面向未来"，是为了"振兴中华，不让历史悲剧重演"，而不是"以眼还眼，以牙还牙"式的复仇。

当然，要让每一个中国人对那场惨无人道、充满残暴与血腥的日本侵华战争不再充满仇恨，仅有中国教育的正确引导是不够的。日本政府、文化精英和普通民众需要深刻反省侵华历史与暴行，切实痛改前非，坚决杜绝有损中国人民感情的言论与行为。如是，既是日本人民之幸，也是中国人民之幸！然而，今天的日本政府、不少文化精英，甚至一些日本民众，仍然缺乏勇气和胸襟尊重历史、敢于担当，甚至频频出现参拜靖国神社、修改历史教科书等一系列伤害中国人民的感情的行为，为中日关系的发展制造了不和谐因素。这无疑给我们的科学的历史爱国主义教育带来了不利因素。因为，理想的教育，需要现实的支撑！

"日常教学实践是教学科研的基础。"只要"拥有一双善于观察的眼睛，""就会发现教育教学中存在的许多现象、许多矛盾。"有关于中日历史的教育教学，留给我们在情感态度价值观教育方面很多思索。今天的中国同日本，借用龙应台先生的一句话：可以原谅，不可以遗忘！或许这才是我们应当传递的信念！

二、教师要在反思中前行

新课程背景下，谈论教学反思从理论层面来说，绝对不是什么新鲜话题。但从教育实践的层面来说，教学反思似乎又是新鲜话题。试问：我们反思过自己的教育教学言行吗？我们时时反思过自己的教育教学言行吗？我们反思自己的教育教学是否科学？我们应怎样科学反思自己的教育教学言行？我们是否将科学的教育教学反思落实到实际教育教学之中？叩心自问，自己离此相距甚远……

或许有人会问，反思很重要吗？回答是肯定的。因为，只有反思，我们才能真正认识自己的优劣之处，才会看到他人的长处，虚心向他人学习；只有反思，我们才能真正发现教育教学的真谛，才会在教育教学实践中坚持真理，永不言弃。反思确实是不断提升教师个人教育教学能力的有效手段，是不断提升我们教育教学效益重要途径，他应贯穿于我们的教育教学生涯。

或许还有人会问，在日常教育教学中难道有那么多教育教学言行需要反思吗？回答仍然是肯定的。日常教育教学不是没有问题可供我们反思，而是可供我们反思的问题实在太多，不胜枚举。作为教师，我们是否反思过自己的每天言行能否做学生的表率。作为一位传道、授业和解惑者，我们是否反思自己的备课与授课，我坚持深入研读过每一课的课程标准要求吗？我认真深入研读过每一课教材吗？我深入研究过学生学习每一课的基础与实际需要吗？我所确定的教学三维目标合适吗？我所采取的教育教学策略与方法能实现所确定的三维教学目标吗？我的教育教学言行符合教育教学规律吗？我的教育教学结果达到了既定的三维教学目标吗？

以上课为例，我们应给学生一个什么的课堂？给学生一个"情感的课堂"，我们就应该体现我们学科教学的"人文性"，其基点就在于"情感"。

一个没有激情的教师，如何能调动学生的情感，能让学生充满热情地学习？教育教学应给学生一个"充满激情的我"，陪伴孩子度过每一段"燃烧的岁月"！因此，我们上课就应尊重学生的"需要"，注重"激趣"变苦为乐，充分展现各学科的人文之美。给学生一个"交流的课堂"，我们就应还给学生一个"交流"的课堂，实现"文本对话""师生交流"和"生生交流"。给学生一个"开放的课堂"，我们就应大胆地让孩子去"感悟"，去"展示自己"。教学不仅仅是一种告诉，更多的是学生的一种体验、探究和感悟。如此种种，我们做到了吗？我们反思了吗？

教育是什么？教育的本质是培养人，为人的发展服务，为人的幸福奠基。我们的学生幸福吗？我们在教育教学过程中感到幸福吗？我们的教育教学行为真正符合教育的本质吗？教育教学是一个过程，这一过程的结果关系着千千万万个孩子一生的命运！教育家杜威先生说过："给孩子一个什么样的教育，就意味着给孩子一个什么样的生活！"从这一意义上说，教师在乎什么，学生就发展什么。一个勤于反思且善于反思的教师，也会培养学生良好的反思习惯，从而在不断反思中感悟学习、感悟生活、感悟真理、感悟幸福……

我思故我在，我思故我新。我们需要在教育教学反思中前行！

教师的课堂评判与约束学生思维 [①]

　　教师的课堂评价，即价值评判，都会在不同程度上对学生的思维形成一定的约束，这是毋庸置疑的。其实问题的关键并不在于教师的评价约束的本身，而在于由教师的价值评判所带来这种思维约束是否必要，是否产生正能量。

　　道理很简单，海阔天空从来不是教育的目的，我们发散学生思维，鼓励学生打开思路想问题，目的不是"发散"，也不是"打开"，而是为了让学生通过"发散思维"和"打开思路"得出正确的认识。如果面对学生错误的答案，我们不予评判，"正确"何来？有经验的教师不会直接或者生硬地评判学生。在评判学生认知时，我们既要注意保护学生的积极性、创造性，让教师的评判在适度中春风化雨；又要注意是非曲直，防止表扬过度泛滥。

　　在一次课堂观摩中，我曾遇到这样一个有趣的情节：课堂上，历史教师在介绍完德国分兵进攻苏联等有关情况后，开始进入分析德军在苏联遭遇失败的原因时，设置了一个这样的问题："德军为什么会失败？"有学生脱口而出："因为他们分兵三路进攻。"这显然是个不妥的答案！怎么处理呢？坐在教室后面的听课老师和全班学生，既愕然又有期待。这时，只见教师顺势做思考状，蹙眉接道："难道应该分九路不成？"一句反问，既给了学生一个评判，又没有给学生心理造成任何不舒适，可谓妙哉！此语一出，顿时赢得所有观摩老师的一阵喝彩！

　　有人认为，教师的肯定性评判，能为学生提供强有力的学习动力。因为，在教师的肯定评判刺激下，能增强学生的学习信心，改善学生的学习习惯，提高学生的学习效率。于是，一些教师为刺激学生积极学习，不论学生的言

[①]　本文撰写于2016年9月，其内容曾在一些历史教学研讨会上交流。

行表现是否正确，思维方法与思维结论是否正确，都给予无针对性无原则的肯定性褒奖："你回答得很好！""你的思维真活跃！""你是最棒的！""你回答得太妙了，我怎么就没有想到？"……其实，这类不论学生回答是否正误，都予以肯定性评判，既不利于学生思维的发展，也不利于学生形成正确的情感态度与价值观，反而让学生感觉教师在有意忽悠自己，甚至觉得教师虚伪。曾有学生在教师节的"贺卡"中说："一直只是知道您而已，如今却有幸能成为您的学生，都说'百闻不如一见'，但您却一如传闻，功利、名望，仿佛已经完全从先生心里消失。从不对学生耳提面命、疾言令色，也不肯当面表扬，或者说些惯常的客套话。谢谢您对我们一直以来的栽培！"学生对我的"表扬"，印证了我判断的正确性。

　　教师的课堂评判，内容是十分丰富的，既可是知识评判，也可是思维方式和学习方式的评判，还可是情感态度价值观的评判、行为习惯和动作语言的评判，等等。就学生思维而言，教师的评判虽是一种约束，但这种科学的评判性约束应是教学过程中必不可少的环节，它能把学生的思维约束到"科学""正确"的轨道上来；同时，这种评判又是更高层次的放开，因为它所带来的约束可以让学生后面的认识建立在前面"科学""正确"的认识基础之上，使后面的认识有了一个更坚实的起点，从而可以飞得更高，飞得更好。

评析小三学生《中山陵游记》的启示 ①

卢晓东教授在讲授《试答"钱学森之问"——创新人才培养三项改革》的过程中，向我们展示了如下讨论案例：

> 星期天，我们去中山陵了。中山陵上有三个孙中山，后面一个是站着的，再到里面，看见一个是躺着的。三个孙中山的脸都不一样，不知道为什么？我玩了一会儿，觉得没劲，后来小了一泡便，就回家了。
>
> 问题：请根据你的认知，给该《中山陵游记》写出评语。

评析学生作文，本是一件见仁见智之事。大家面对这一开放性问题，自然难以求得一致的"标准答案"。更何况，当时在座的学员，恐怕以非语文教师居多，不知撰写作文评语的相关要求与套路，加之各人专业背景不一，也就更难求得一致的评语。

我是学历史的，虽撰文不少，但对如何撰写作文评语，确实是一窍不通。今天撰写《如何评析小三学生＜中山陵游记＞》，难免班门弄斧，以致贻笑大方。

我以为，评析这篇小学三级学生的作文《中山陵游记》，是否可以考虑以下三个方面：

第一，鼓励学生观察事物，提升学生描述刻画事物的能力。我以为，撰写游记，应少不了对所游历事物的观察、描述和刻画。更何况，培养学生的

---

① 本文是我2017年暑期参加株洲市教育局和教师培训中心组织的、在中国人民大学学习与研修时的听课心得。2017年6月28日星期二于北京汉庭连锁酒店。

观察、描述和刻画能力，是基础教育不可或缺的教育教学目标。应该说，《中山陵游记》一文，紧扣了游历事物的主体，且描叙言简意赅，画面立体感强——"中山陵上有三个孙中山，后面一个是站着的，再到里面，看见一个是躺着的。三个孙中山的脸都不一样"。从这个角度来说，一个小学三年级学生便有如此观察与描述能力，实在是相当不错了。

第二，鼓励学生大胆质疑，提高学生探究与解决问题的能力。应该说，该生在游历、观察中山陵的过程中，是有过自己的思考和质疑的——"三个孙中山的脸都不一样，不知道为什么？"可惜的是，该生没有据此进一步探究"三个孙中山的脸都不一样"的原因。我以为，这一问题的出现，既与学生求知欲望不旺和学习主动性不强有关，也与同去游历的"我们"有关。当今社会，无论是家中父母、亲朋好友带小孩外出旅游，还是学校教师组织学生外出游历实践，多以"放羊"为主，关注小孩或学生安全的多，主动引导小孩或学生观察、思考与探究的少，故他们所获有限。有时，他们因自己的思考与疑惑得不到应有的引导与回应，自然觉得索然无味。于是，便有了"我玩了一会儿，觉得没劲，后来小了一泡便，就回家了。"

第三，应加强情感态度与价值观的引导。在这次探讨活动中，我曾提出："学生将'小了一泡便'写入本文有点不妥"。有些老师听后，可能会不以为然，认为这是在用高大上的道德标准绑架小学三年级的学生，而我则不这样以为。理由何在？因为，情感态度与价值观是基础教育的三维目标之一，教师撰写作文评语，有责任、有义务对学生进行正确的情感态度与价值观引导。义务教育阶段的学生，正是其情感态度与价值观形成的重要时期，可塑性极强，切不可大意。该生将"小了一泡便"写入文中，真实反映了他游历过程与心态，虽不存在正误是非，但本人还是觉得有点"不雅"。引导学生化"不雅"为"雅"，又有什么不好呢？当然，教师在撰写此评语时，切忌挖苦讽刺学生，应善意地指出："将'小了一泡便'写入本文，与你观察和描述的事物似乎无关，并影响了文章的优美。删除该语，你这篇文章会优美很多哦……"

以上思考，不知大家以为然否？

状元！状元！ ①

状元！状元！荣也状元！责也状元！

每年高考成绩公布之日，也是不同学校、县市、省市，铺天盖地宣传各自的状元之时，用欣喜若狂来形容他们当时的心态应不为过。于是，状元身价倍增，荣光无限。真是"昔日龌龊不足夸，今朝放荡思无涯。春风得意马蹄疾，一日看尽长安花。"

然而，物极必反，盛极必衰。这些一夜成名的状元，今日却成为一些学者和人们的贬责对象。因为，在一些人心目中，这些状元的工作业绩不如他们当年中状元那样辉煌，没有成为各行各业的领军人物。于是，在他们心中，当年的状元，也不过如此罢了，有什么值得夸耀呢？真是三十年河东，三十年河西呀！

高考状元是什么？高考状元只是在某年高考中，其考试总分在某个区域参考学生中偶然获得第一名的那个学生而已。不信，若再考一次，那个曾名列第一的状元，说不定会名列第 N 位。我想，凡执教过多届高三的教师，当年某个区域的高考状元，在历次学校、县市、学校与学校之间的联考中，都稳居第一名吗？回答是否定的。既然如此，我们的社会、专家和学者，为何一定要求历年的高考状元成为各行各业的领军人物？更何况，我们种种研究分析状元的方法是否科学合理，其结论是否完全准确，也是值得我们深入探讨的。

以卢晓东教授在《试答"钱学森之问"——创新人才培养三项改革》提

---

① 本文是我2017年暑期参加株洲市教育局和教师培训中心组织的、在中国人民大学学习与研修时的听课心得。2017年6月29日星期二于北京汉庭连锁酒店。

供的统计分析为例，仅依靠他讲课提供的统计数据，是难以得出令人信服的结论的。因为，从教育科研统计学角度看，研究数据的统计分析，不仅要确保研究数据的真实可靠，还需要严格控制研究变量和样本对结论产生的不良影响。

第一，全国各省高考状元的总分是不一致的，有时还相差较大。如某年甲省状元，可能在乙省名列 N 位。如此，我们有什么理由要求两者的业绩一样？

第二，甲乙两省阅卷精准度是存在偏差的，或许甲省状元总分，给乙省阅卷老师评析，很有可能由原低于乙省状元总分而变为高于乙省状元总分。当然，也许刚好相反。

第三，状元样本数远远低于非状元样本数，也会影响评价结论的准确性。以湖南省为例，近几年每年参加高考的人数均在40万左右，高考录取率在80% 以上。而每年的省级状元，若无特殊情况，文理科状元也就仅2人而已。以2人对30余万，分析他们的成功比率，这究竟是否合理，也值得我们深入思考。

另外，即使高考状元的工作业绩不尽人意，我们也不能据此就说高考状元不行。我们必须明白，人生业绩的大小，并不完全由他们的智力因素决定，更不由他们当年高考总分决定。影响高考状元工作业绩的因素还有很多，如高考状元所在的学习、工作和生活环境等，状元的情感、态度、价值观、意志、毅力等，都会对其工作业绩产生或多或少的影响。如此，我们要求仅在某年高考中总分偶然获得第一名的学生成为各行各业的领军的人物，实在是有点难为他们了……

当然，系统研究高考状元的生存状态和工作业绩，借此反思和改革我们的教育制度，反思和改革我们的人才培养，还是有意义的。

再说一遍：高考状元只是在某年高考中，其考试总分在某个区域的参考学生中偶然获得第一名的那个学生而已。

或许，让高考成绩严格归于个人的隐私，让教育促进每个人自然成长，且符合当时社会法律、道德要求和社会发展的需要，我们还会关注谁是当年某个区域的高考状元吗？！

是宽容还是纵容？ ①

曹培杰博士在讲授《信息技术环境下未来学校与课程创新》时，向我们叙述了这样一个故事：

因研究教育教学问题的需要，有一天，我到北京市十一学校调研，并随意推开一间教室的门进去听课，有学生立马望着我说："老师，你来听课，为何不事先同我们说一声、打个招呼呢？"我想，老师来听课，怎么要事前与你学生打招呼商量？后来，我想到学生也有自己的人格尊严，于是无地自容地退出了教室。

也就是这一天，正当自己要离开十一学校时，好像也是这个班的一个女生，紧紧地拉着我的手说："我们班今天下午有一场话剧演出，且好不容易争取到演出机会，请你购一张票，看我们的演出吧！"我说："不好意思，我今天下午有重要事情要办，无法观看你们的演出，下一次有机会一定购票观看你们的演出。"然而，不管我如何解释也无济于事，最后只好被迫购买了一张门票。

课堂互动环节，我曾向曹博士请教："你作为校外教师，在没有征得授课教师和学生同意的情况下就推门听课，确实存在不尊重授课教师和学生之嫌，这是不对的。但你在发现问题后能及时退出教室，还是值得肯定的。说明你尊重了师生人格尊严。然而，后来学生强行要求你购买其班上的演出门票，你明明在事务缠身不能观看其演出的条件下，还是无奈地购买了一张演出门票，你是如何看待你学生这种行为的？你的评判标准是什么？"

---

① 本文是我2017年暑期参加株洲市教育局和教师培训中心组织的、在中国人民大学学习与研修时的听课心得。2017年6月29日星期二于北京汉庭连锁酒店。曾发表于《株洲市四中》第35期，2017年10月25日。

曹博士说："还从来没有人向我提出过这样的问题，我也没有想过这一问题，确实不知如何回答你这个问题。不过，他们学校经常发生这类事情，有时校长也被强行购票。我以后会询问他们校长，看他们是如何认识与处理这类问题的。"

说实在话，我对曹博士这一回答是不满意的。然而，令我更不满意的是，中国人民大学负责组织这次培训的老师急忙前来解围，并要求我们对学生这类行为给予宽容，因为他们毕竟还是学生，并举了一些似是而非的案例进行辩解。对此，我想到了小时候父母经常给我讲过的一个古老故事：

从前，有一个顽皮男孩，有一天站在一棵大树上对路过树下的行人头上撒尿，那些头上被撒了尿的行人，不但没有骂他，反而要男孩下来，夸赞他如何勇敢了得，并赏给他钱或糖。正因为如此，该男孩的胆子越来越大，坏事越做越多，最终走上了犯罪不归之路……

当今中国是一个民主法制社会，一方面，作为即将成年的高中生，既然要求前来听课的教师尊重他们的人格，难道他们就不应该学会尊重他人的人格与选择吗？另一方面，作为一名教育工作者，也有责任和义务引导教育学生学会尊重他人的人格和选择的自由。然而，令人遗憾的是，曹博士对该生的不当行为，不仅没有进行引导教育，反而因其购票而肯定和强化该生不当行为。如果十一学校的领导与老师都在做同类的事情，这不是宽容，而是纵容，其消极后果是不言而喻的。

十年树木，百年树人。教育无小事，稍有不慎，后果不堪设想。这绝不是危言耸听！

永州市芝山区
历史学科教学与教改的思考和建议 ①

一、指导思想

历史学是认识和阐释人类社会发展进程及其规律的一门科学，与人类在政治、经济、文化、社会等方面的活动密切相关，具有提高国民素质的教育功能，是人文社会科学中的一门基础学科。

历史教学在普通中学教育中，在社会主义精神文明建设和进行国情教育中占有重要地位。通过历史教学，使学生了解人类社会的发展过程，从历史的角度去认识人与人、人与社会、人与自然的关系，从中汲取智慧，提高人文素养，形成正确的人生观和价值观，是贯彻德、智、体全面发展的方针，培养有理想、有道德、有文化、有纪律的社会主义建设者和接班人的重要手段之一；对提高全民族的素质，增强民族自尊心、自信心和自豪感起着重要的积极作用。

因此，中学历史教育教学和教改教研活动，必须高举邓小平理论伟大旗帜，以邓小平同志"教育要面向现代化、面向世界、面向未来"和江泽民同志"三个代表"的重要思想为指导，认真研究历史教育教学的规律，为全面提高我区学生的人文素和"文综"高考成绩服务。

---

① 2001年10月30日撰写于永州市芝山区（今零陵区）教研室。它是本人在永州市第三中学工作、兼任永州市芝山区历史教研员时，为促进芝山区历史教学的发展而撰写的，旨在为芝山区教育局和教研室决策提供参考。

二、总体目标要求

初中历史教学，要求学生学习和掌握基础的历史知识，即了解中国历史和世界历史发展的基本线索；了解重要的历史事件、历史人物和历史现象，以及理解重要的历史概念。

初中历史教学，要求向学生进行初步的辩证唯物主义和历史唯物主义观点教育，尤其是社会发展规律教育。进行国情教育、爱国主义和国际主义教育；进行中国社会主义初级阶段基本路线教育。进行革命传统和道德情操教育；培养学生具有为祖国社会主义现代化建设和人类的和平、进步事业而献身的历史责任感。

初中历史教学，要求教会学生初步掌握记忆、分析、综合、比较、概括等方法；培养学生学习和表述历史的能力；培养学生初步运用历史唯物主义的基本观点观察问题、分析问题的能力。

普通高中的历史教学，要在初中教学的基础上，使学生进一步掌握重要的历史事件、历史人物、历史现象，理解重要的历史概念，把握不同历史时期的基本特征及其发展趋势，认识历史发展的基本线索和基本规律。

普通高中的历史教学，要注意培养学生的创造性学习能力. 使学生进一步掌握和运用学习历史和认识历史的基本方法，增强学生自主学习和探究的能力；指导学生搜集和整理与学习相关的历史资料，培养学生解读、判断和运用历史资料的能力；通过对历史事实的分析、综合、比较、归纳、概括等认知活动. 发展学生的历史思维能力；引导学生运用所学的知识和方法. 对历史问题进行实事求是的阐述，提高分析问题和解决问题的能力。

普通高中的历史教学，要通过历史教学，使学生进一步运用唯物史观对社会历史进行观察与思考，逐步形成正确的历史意识；对学生进行国情教育和爱国主义教育、维护民族团结和祖国统一的教育，使学生继承和发扬中华民族的优秀文化传统，树立民族的自尊心和自信心，具有建设中国特色的社会主义的坚定信念和改革开放、振兴中华的使命感；引导学生形成正确的国际意识，增强积极参与国际活动和国际竞争的意识；使学生继承人类的传统美德，初步形成正确的道德观、人生观和价值观，形成健全的人格，具有符合社会发展需要的公民意识和人文素养。

三、全区历史学科教学、教改与教研现状

在教委、教研室的正确领导下，在上任教研员的指导下，我区历史学科的教学与教改教研工作取得了一定的成绩，主要表现在：1.高三历史教学质量有所提高，全区文科考生本科上线人数较去年有较大的增加，这里应有全区历史教师的一份汗水。2.开展了全区历史教师大比武，有力地推动了我区历史教育教学的展开，全体教师的备课、授课、批改作业等教学常规的落实均比往年加强。3.初高中毕业会考取得了优异成绩。4.有一些教改教研成果、论文和著述在省级以上刊物发表或出版社出版。

当然，我区历史学科的教学与教改教研工作也存在一些不足，主要表现在：1.全区高三文科考生本科上线人数与先进县市相比还有较大的差距，高三"文综"成绩在全市排名靠后，这自然有全体高三历史教师一份责任。2.有部分历史教师责任心不太强，备课、上课、批改作业、辅导、命题与考试等教学常规落实得不够好。如备课存在应付检查，即备课与教学相脱节的现象；授课深度、广度不到位。3.文科学生各科学习成绩不均衡，薄弱科现象严重，尤以数学和英语两科表现突出。4.学生整体成绩断档现象严重，不少学校文科学生成绩排名中，有时中间几十分没有一人。5."讲与练"和"作业批改"有一个实事求是的评估问题。6.我区各校普遍存在重理轻文的问题，可以说，这是我区文科本科上线人数不多的主要原因之一。

四、主要举措与建议

1. 认真学习党和国家的教育法规，认真钻研教育学、心理学和历史教学法，用现代科学的教育理论武装自己和指导教研活动。

2. 全面推进素质教育，发掘历史素质教育因子，使历史素质教育落到实处。

3. 加强教学常规管理与落实，积极探索高中、初中历史教学与复习的新方法、新模式，实现新的飞跃。

4. 强化历史"双基"教学，提高高、初中各年级历史课堂教学与复习的效率，全面提高我区历史中考和高考成绩，为提高我区历史教育教学质量和高考"文综"成绩，向社会输送合格的高素质初高中毕业生和向高校多输送

合格的本科生做出贡献。

5. 配合教委和学校强化初高中历史教学、复习的教学常规的检查与落实。如对备课的检查，既要看有无教案，又要看其教案的质量和教学中落实程度，要防止备课与授课的脱节；对教学计划的检查，主要是看其计划的落实程度；对作业的批改方面的检查，除次数外，主要是看其是否及时反馈和矫正。建议教委与学校领导加强教学检查与评估的效度。我们既要强调教学检查评估客观公正，又要注意充分发挥检查评估结果的作用。这里除继续搞好排名公布外，还要发挥其在考核评优、评先、晋级中的作用。如第一名可定为当年考核的优秀等。

6. 2001—2002教学年度，应完成"三轮"复习，即章节单元复习、学科内专题复习和跨学科综合复习。强化全区高三历史复习进度的检查与落实（可稍许提前，但不准落后），为全区高三历史调研考试创造条件。具体复习进度要求是：2000年下学期为第一轮章节单元复习时间，具体应完成《中国古代史》（选修）、《中国近代现代史》上下册和《世界近代现代史》上册的复习。2002年上学期为第一轮章节单元复习、第二轮学科内专题复习和第三轮跨学科综合复习时间。其中，2000年3月底，完成第一轮章节单元复习，即完成《世界近代现代史》下册的复习；4-5月，完成二轮学科内专题复习；6月份完成第三轮跨学科综合复习。

7. 加强"文综"历史复习研究与高考信息的搜集整理和交流。计划本学年度召开2-3次全区高三历史复习研讨会。每次全区高三复习研讨会要求：①全区高三教师必须参加，不得缺席；②与会教师必须在会上交流自己的"高三复习研究成果"和相关高考信息，且要将交流内容写成文字材料，一式十份；③与会教师听复习研究课1-2节，并进行研究性讨论，取长补短，提高自己的复习效率。

8. 积极开展对外交流。本学年度计划组织全体高三历史教师到外县市名牌重点中学听课交流1-2次，参加权威部门组织的高三历史复习研讨会或信息发布会1-2次（请教委和学校领导积极支持）。每次外出学习，要求所有参加教师，必须上交考察报告（一式十份），在全区高三教师中交流考察心得，必要时还须上教研课以求落到实处。

9. 组织全区调研考试。本学年度计划进行四次调研考试（具体时间见教研室总计划），加强调研考试分析，及时形成分析报告。每次调研考试，要求各校高三历教师应完成：①各教学班的历史人平成绩、及格率、优秀率、最高分、最低分；②写好一份试卷分析；③对下次调研考试命题提出建议。

10. 开展高三历史复习教改教研与信息交流评比，奖励相关优秀成员。（奖金另定）

11. 组织有奖命题活动，要求每位高三历史教师命题5道，对猜中高考试题者实行重奖（奖金另定）。

12. 加强教改教研工作，以教改教研促教育教学。综观高考成果显著的名校，无不有一支教改教研名师队伍。这里，我们要做的工作主要有：一是教委、学校在教研经费上要大力支持；二是要建立专职教研员队伍；三是积极支持教研员外出交流学习，扩大眼界，取长补短；四是要求每一位教研员与中学教师合作，建立专项课题研究；五是加强教研成果的推广；六是实施名师工程，积极培养我区教改教研名家，强化名师效应；七是加大教改教研成果在评优、评先和晋级中的作用，如硬性规定，加重分值的权重等。

13. 进行全区高、初中历史教师和历史教学状况调查与对策研究。在掌握实际情况的基础上，促成有关教师建立专项"课题"研究。

14. 定期开展高、初中历史教学和教改教研论文竞赛（每年6月底前交至区教研室）。

15. 加强全区高、初中历史教师的培训。

16. 建议教委督促学校领导和全体教师要克服"重理轻文"的思想，如对文理科教师上课、评优、评先、晋级等方面的待遇要一视同仁，文理分科要动员中等学生，或成绩虽好但理化生较差的学生学文科。这一点尤其是普通中学更应注意。这样做，既可以大幅度提高我区文科本科上线人数，也可以大幅度提高我区本科学生的整体上线人数。

中学历史教学工作常规 ①

一、历史教学基本原则

1. 以马克思主义、毛泽东思想和邓小平理论为指导，遵循教育要面向现代化、面向世界、面向未来的战略思想，贯彻教育必须为社会主义现代化建设服务，必须与生产劳动相结合，培养德、智、体、美等方面全面发展的社会主义事业的建设者和接班人的方针，以全面推进素质教育，全面提高中学历史教育教学质量。

2. 以辩证唯物主义和历史唯物主义理论为指导，客观地分析历史人物、历史事件和历史现象，正确阐释人类社会发展的历史；坚持史论结合的原则，力求科学性、思想性和生动性的统一，突出历史的人文关怀与现实关怀。

3. 以转变学生的学习方式为核心，注重学生学习历史知识的过程和方法，使学生学会学习。鼓励学生通过独立思考和交流合作学习历史，培养发现历史问题和解决历史问题的能力，养成探究式学习的习惯。

4. 根据《历史课程标准》对知识与能力的不同层次要求组织教学。要注意历史知识多层次、多方位的联系。特别要注意历史发展的纵向联系；同一历史时期的横向联系；历史发展的因果联系；历史现象与现实生活之间的联系；历史知识与其他相关学科知识的联系和渗透等。

5. 要注重拓宽历史课程的情感教育功能，在进行知识传授和能力培养的

---

① 2002年7月撰写于永州市芝山区（今零陵区）教研室。当年，芝山区教育局党委研究决定，组织区教育教学专家编写《普通中小学学科教学常规》，并要求所编写的《普通中小学学科教学常规》，必须突出体现了党和国家的教育方针、政策，体现了教育部新颁发的中小学课程标准，体现以素质教育为核心的教育思想，体现现代科学的教育教学理念，以加强全区的教育教学管理，尽快提高全区基础教育教学质量。本人当时在永州市第三中学工作、并兼任永州市芝山区历史教研员，于是负责撰写"中学历史教学常规"部分。

同时，充分发掘课程内容的思想情感教育内涵，潜移默化地对学生进行情感态度与价值观方面的熏陶。学生通过对历史课程的学习，了解人类社会历史发展的基本过程，逐步学会用历史唯物主义观点分析问题、解决问题；增强爱国主义情感，继承和发扬中华民族的优秀文化传统，树立民族自尊心和自信心；逐步形成正确的国际意识，理解和尊重其他国家和民族所创造的文明成果；学习和继承人类的传统美德，从人类社会历史发展的曲折历程中理解人生的价值和意义，从历史中汲取智慧，逐渐形成正确的世界观、人生观和价值观，养成现代公民应具备的人文素养，以应对新世纪的挑战。

二、学期教学计划

1. 每一学期的第一周，教师要在研究《历史课程标准》、历史教材和分析学生情况的基础上，遵循教育规律和历史教学规律，从实际出发，科学制定学期教学工作计划。其基本格式应包括指导思想、学情分析、教材分析、教学措施、教学设备、教研教改课题、教学进度等方面。

2. 指导思想：主要包括指导教学的理论、原则和需要实现的教育教学目标。

3. 学情分析：主要分析学生学习历史知识的态度，现有历史知识水平，学习历史知识的能力和学法特点，以及学生的思想纪律状况，以便对症下药。

4. 教材分析：简要分析所教教材，明确教材体系、编排特点、基本内容、重点与难点和本学期的主要教学任务。

5. 教学措施：依据教育教学目标、学情和教材分析，明确提出完成教学任务的具体措施。如怎样突破重点、难点，如何渗透思想教育，如何开发学生智能等。

6. 教学设备：是指一个学期所需要的主要教学用具，如历史教学挂图、幻灯片、投影材料、录音带、录像带、影片、光盘、模型、开发和制作的历史（CAI）课件等，以便学校和自己提前准备、解决。

7. 教研教改课题：依据教材、学生和自己的特点及问题，选定某一个方面作为研究课题，实行重点突破，力求实效。

8. 教学进度：明确制定每章、每节的教学课时，并具体安排到教学周。凡为实现历史教育教学目标而设计的各项历史教育教学活动也要安排到教学周。

9. 提倡制定学年度历史教育教学工作计划。

三、备课

1. 要求提前一周、分课时备课和撰写教案（亦称课时计划）。

2. 备课：教师备课包括备教材、备学生和备教法三个方面。

备教材，就是以科学的教育教学理论和《历史课程标准》为指导，认真研究教材，领会本章节教材的教学目的要求、重点、难点和关键，理解教材知识的深度与广度，将教材的知识性、科学性和思想性与自己的情感融为一体，化为自己的东西，能运用自如。

备学生，就是研究学生的学习目的、态度、兴趣、方法和"双基"情况，目的在于因材施教，有的放矢。

备教法，就是依据教学目的、教材内容和教学对象，以科学的教育教学理论为指导，选择恰当的教学原则、教学方法，有效地实现教学任务。

教师平时要博览群书，备课要广泛阅读教学参考资料，取他人之长，补自己之短，从而推陈出新，自成一家。鼓励教师积极探索和研究新教法。

3. 撰写教案：就是将备课的成果，以教案的形式反映出来。备课的基本程式包括课题、目的要求、重点难点、教学设备、教学方法、板书设计、教学进程、教学后记等。

课题：就是历史教材的一章、一节或一课的标题。

目的要求：它包括知识与能力、过程与方法、情感态度与价值观三个方面。要求教师从本章、本节、本课教材和学生的实际出发，全面考虑，分层制定。

重点难点：就是教师从本章、本节、本课教材和学生的实际出发，确定的重点和难点内容。教材中起主导作用的重大史实或理论内容为重点；学生认识模糊，难以理解、难以讲清的内容为难点。

教学设备：就是本章、本节、本课教材教学所需要的教具。如历史教学挂图、幻灯片、投影材料、录音带、录像带、影片、光盘、模型、开发和制作的历史（CAI）课件等等。

教学方法：就是教师为完成教学任务而选定的教学原则和方法。如讲述法、发现法、问题教学法、探究教学法等等。它可以是某一种方法，也可以是多种方法的融合，还可以是教师自己研究和探索的新方法。

板书设计：板书包括课时板书和章（或单元）总结性板书。板书设计方法一般有：要点法、知识结构法、图示法、分述归纳法、列表法、对比陈述法、问答法等。板书设计要力求简明扼要，鲜明准确，系统完整、脉络分明、符合逻辑，并能反映出教材的重点和难点。

教学进程：也称教学过程，包括教学步骤、教学内容和教学方式，是教案的主体部分，必须精心设计。其中，教学步骤在程式上一般包括导入新课、传授新知、巩固小结、课堂训练和布置作业几个环节。

教学后记：也称教学小结或教学回顾。是上完课后教师对教案的实施情况的检查、回顾，或教学心得、体会的简单总结，作为以后教学的查考、借鉴和研究之用。

4. 备好"活动课"："活动课"是当今《历史课程标准》和历史教材中的新课题，教师必须完成这一教学任务。活动课基本类型包括组织讨论、演讲比赛、调查研究、参观访问、绘制图表、办历史报刊、仿制文物、历史故事会、历史影视评论等等。教师备课应着重做好两方面的工作：①活动知识准备。例如，组织学生进行"历史文物仿制活动"，就应提供一些与文物相关的知识——什么是文物？仿制文物与真文物有何区别？仿制文物有何意义？了解"活动课"相关的知识，是活动得以顺利展开和取得实际效益的重要基础。②活动资材准备。主要是指与活动相关的图书资料、文物资料、活动工具、活动场地等等，为活动课成功奠定基础。

5. 提倡在遵循教育教学规律和备课常规下，进行创造性的备课。

四、上课

1. 基本要求：目的明确、语言清晰、内容正确、方法得当、组织严密、效果显著。

2. 坚持贯彻落实素质教育，教师授课要突出全面性、全体性、主体性、发展性等素质教育的基本特性。教学方式设计要灵活多样，要激发学生学习历史的兴趣，转变学生被动接受、死记硬背的学习方式，拓展学生学习和探究历史问题的空间；培养学生正确的历史观，进而使学生学会辩证地观察、分析历史与现实问题，使历史素质教育落到实处。

3. 导入新课：基本要求是激发学生学习情趣、联结新旧知识和沟通师生情感，要具有目的性、趣味性、启发性和迁移性。具体方法如激趣导入法、悬念导入法、激疑导入法、情境导入法、衔接导入法、复习导入法、练习导入法、演示导入法、现实导入法等等。

4. 传授新知：这是一节课的主体，其基本要求是：科学准确，层次分明；形象生动，富有启迪；史论结合，寓教于乐；手段先进，方法灵活；重点突出，难点突破；因材施教，有的放矢；德智并重，融为一体；学法指导，有机渗透；讲练结合，反馈有方；课堂活跃，成效显著。

5. 巩固小结：要求语言简洁，提纲领挈，线索分明，承上启下，富有悬念。

6. 课堂训练：要求精心设计，有的放矢，讲究实效。

7. 课堂语言：基本要求是语音清晰、说话明白、通俗易懂、节奏感强、逻辑严密。力求具体形象，直观性强；由浅入深，由表及里；不愤不启，引而不发；诙谐幽默，生动风趣；抒发情感，以情表意；提要勾玄，揭示规律。

8. 课堂板书：要求内容凝练、条理分明、布局合理、形象直观、书写流畅、讲书同步和书写规范，以达到引起学生注意，发展学生思维，唤起学生美感和帮助学生听记的目的。

9. 课堂教态：要求仪表端庄大方，面部表情亲切自然，且能视教材情节和学生的状况有适量和适当的变化，以烘托课堂气氛，反馈教学信息和控制学生行为。

10. 教学手段：要求教学手段多样化和现代化，积极运用教学挂图、幻灯、投影、录音、录像、影片、模型等，进行形象直观的教学；要努力创造条件，利用多媒体、网络组织教学，开展历史学科的计算机辅助教学，以加强历史教学的直观性，增强教育教学效果。

11. 复习课：要求教师在遵循上列教学常规外，要特别重视对知识的发掘和整理，重视知识的系统化和综合化，重视学生能力的培养。

12. 提倡教学形式的多样化，积极探索多种教学途径，组织丰富多彩的教学活动，充分开发和利用课程教育资源，例如：开展课堂讨论，组织辩论会，举行历史故事会，举办历史讲座等等。

13. 活动课上课：教师上活动课主要做好两项工作：一是活动组织，必须有条不紊。这是确保活动成功的关键。二是活动评估，必须按质完成。没有评估的活动，其活动效果就会大打折扣。

14．教师听课：要求每位教师全期听课10节以上，且要做好纪录和积极参加评课，取人之长，补己之短。

五、作业

1．作业方式与数量：作业布置，宜精不宜多，以课堂作业为主；家庭作业适当布置，每周不超过2次，每次不超过2题。但毕业班的作业量可适当增加。

2．作业题设计：总体原则是遵循教育教学规律，依据《历史课程标准》要求、教材内容和学生实际，突出教学重点和难点，做到题型多样，德育与智育并重，深度与广度有机结合，知识性、科学性和趣味性融为一体，巩固、提高与发展相得益彰。注意：高中毕业班的作业设计，在深度、广度和题型等方面，应与高考要求相一致，允许和鼓励设计紧扣高考发展方向的探索性作业。

3．作业方法指导：要求教师对学生进行解题方法指导，要从审题、构思、作答，书写格式等方面进行具体指导。要严格要求学生按时按质完成作业。

4．作业批改：要求及时检查和批改作业；全部批改与分组、分档抽查批改相结合。每次批改后，教师应分析和纪录出现的问题，注意共性和个性，及时反馈，集中讲评和个别当面批改有机结合。

六、课外辅导

1．课前预习辅导：教师要提出预习要求，指导预习方法，指导学生使用工具书和参考资料，解决预习中的疑难问题。及时检查预习效果。

2．课后复习辅导：贯彻因材施教的教育原则，辅导要有的放矢，对上、中、下三类学生采用不同的辅导方法，使全体学生在原有基础上有所提高。

3．差生辅导：对少数差生的辅导，教师必须做到有对象、有目的、有计划、有措施、有检测、有记录、有实效。

七、课外活动

1. 历史课外活动，是指《历史课程标准》和历史教材之外教师自己组织的历史教育教学活动，是历史课堂教学的延伸和补充，其主要目的是培养学生的历史人文素养。

2. 历史课外活动的形式有：组织历史报告会、历史故事会、历史专题讲座、历史图书阅览，历史学习经验交流会、历史智力竞赛，进行历史方面的社会调查，参观历史博物馆、纪念馆及爱国主义教育基地，考察历史遗址和遗迹，采访历史见证人，编演历史剧，观看并讨论历史题材的影视作品，仿制历史文物，撰写历史小论文、写家庭简史、社区简史和历史人物小传，编辑历史题材的板报、通讯和刊物，举办小型历史专题展览等。

3. 历史课外活动要纳入历史教研组工作计划。教师要依据每一活动的目的、要求、方法及校内外具体条件，精心组织和具体指导学生参加各项活动。活动次数，每学期不得少于2次。每次活动，均需做好活动记录。

八、成绩考核

1. 考核评价学生的总体原则是知识与技能、过程与方法、情感态度与价值观有机结合，要突出发展性与激励性，要求在重视卷面考试的同时，注意评价的多元化，评价方法的多样性以及过程性评价等。

2. 考试次数：肄业班的学生，每学期以组织期中和期末两次考试为宜。毕业班的学生，则要求进行单元（或章节）测试，并落实月考制度。

3. 命题原则：肄业班的期中、期末考试（毕业会考）是水平性考试，命题难度与题型应与会考要求保持一致；试题要面向全体学生，既能全面考查全体学生掌握历史基础知识的状况，使绝大多数学生合格；又能考查学生的能力，使优秀学生脱颖而出。高三单元（或章节）测试题和月考试题，在题型和难度上与高考保持一致，或略高于高考；允许和鼓励紧扣"考试说明"和高考发展趋势的创新性命题。

4. 考试阅卷：首先，要依据《历史课程标准》和历史教材的教学目标，制定评分标准。不能分得过细，过死和模棱两可，应允许并鼓励学生发表自己的创见。其次，评分要注意客观公正，切忌给"印象分"和"感情分"。再次，合分、统分要认真仔细，防漏给和多给现象。

5. 试卷讲评：①认真统计各教学班的历史人平成绩、及格率、优秀率、最高分、最低分，以及每题的得分率；②在量化统计的基础上，找出存在的共同问题和教学上的薄弱环节，写好一份试卷分析（包括问题、原因和对策）；③做好课堂讲评。要求有的放矢，力求实效。④如果是上级组织的统一检测或调研考试，应将试卷分析结果和命题建议速报区教研室，以便上级统一分析和及时反馈。

九、教学总结

1. 教学总结每期进行一次。

2. 总结形式可以灵活多样，全面总结、专题总结、教学一得、教学札记等形式都可以采用。但要力戒形式主义和应付检查而敷衍了事，应文从心出，通过总结使自己有所提高。

株洲市第四中学高中历史新课程教学规划与实施 ①

高中历史新课程的实施是基础教育改革的内容之一，对于推动素质教育具有十分重要的意义。为深入贯彻落实《中共中央国务院关于深化教育改革全面推进素质教育的决定》《国务院关于基础教育改革与发展的决定》和教育部《基础教育课程改革纲要（试行）》精神，结合《湖南省普通高中新课程实施工作方案》《湖南省普通高中新课程实验学科实施意见》及《株洲市实施〈普通高中课程方案〉指导意见》，为保证我校高中历史新课程实施工作的顺利进行，特依据中华人民共和国教育部《普通高中课程方案（实验）》和《普通高中历史课程标准》，制定株洲市四中2007届高中历史新课程教学规划。

一、实施历史新课程的指导思想

坚持以教育要"三个面向"的理论思想为指导，全面贯彻党的教育方针，紧密结合学校实际，目标明确、步骤清晰、措施具体、积极稳妥地推进株洲市四中普通高中新课程改革，以培养学生创新精神和实践能力为重点，构建具有我校特色的、适应时代要求的、充满活力的高中历史课程改革体系，探索适合我校发展特点的课程改革路子，倡导新的教育教学理念并付诸实践，因地制宜、实事求是，进一步深化教育教学改革，扎实推进素质教育，促进

---

① 本文撰写于2013年7月，是株洲市第四中学进入高中历史新课程后，本人依据国家高中新课程改革精神和教育部制订的《普通高中历史课程标准（实验）》，及其株洲市第四中学的办学理念与实际而撰写的高中历史新课程教学规划和实施方案。

学生全面发展，有利于教师队伍素质的提高，有利于提高我校教育教学质量，有利于学校办出特色。

二、实施历史新课程的基本目标

1. 立足我校实际，探索高中历史新课程实施的有效方式和途径，为以后继续深入推广历史新课程方案提供有益和可以借鉴的经验。

2. 通过高中历史新课程的实施，加强教育教学理论的学习和研究，研究和探讨高中历史新课程改革背景下如何实现教育教学理论与实际教育教学工作的有机结合，帮助全体历史教师完成从传统教育观念到现代教育观念的转变。

3. 大力开展以校为本的教育教学研究，推进基于模块的历史课堂教学改革和教学方式的转变。加强历史新课程教学管理的研究，科学指导学生选修高中历史课程。

4. 探索高中历史新课程的评价制度的改革，建立符合高中历史新课程要求的教育教学水平检测体系。改革历史课程的教育教学评价方法，推进学生学业成绩与成长记录相结合的综合评价方式，充分发挥历史新课程评价功能，促进学生的健康发展和教师业务水平的不断提高。

5. 全面加强全体历史教师的继续教育，特别是历史新课程的教育培训，用现代的教育理念指导工作，充分发挥历史的教育功能，真正做到一切历史教育教学活动都是为了学生的健康发展，使每个学生在高中历史学习过程中都能得到发展。

6. 积极开发多种多样的历史课程资源，逐步建立起以校为本、与时俱进、具有我校特色的高中历史校本课程，从而进一步提升学校的办学质量和办学水平。

三、历史新课程实施的基本原则

1. 实事求是的原则。高中历史新课程改革是一项复杂的系统工程，在推进过程中肯定要遇到不少我们从来没有遇到的困难与问题，因此，我们必须坚持实事求是的原则，量力而行，正确处理好历史新课程改革中所遇到的困难和问题，积极积累经验，为以后历史新课程改革打下一个良好的基础。

2. 理念先行的原则。实施普通高中历史新课程改革，事关中华民族的伟大复兴，事关每位学生的健康发展。要通过广泛的思想教育，使全体历史教师充分认识历史新课程改革的必要性和紧迫性，切实树立现代教育教学理念，把高中历史新课程实施变成每个教师的自觉行动。将提高学生的素质作为高中历史新课程教学的终极目标。

3. 科研引领的原则。高中历史新课程实施是一项理论性和实践性较强的工作，需要坚实的教育科研作支撑。我们坚持在充分借鉴他人历史新课程理论研究成果的基础上，结合我校高中历史新课程的教育教学实践，积极探索适合我校高中历史新课程教育教学需要的有效途径和形式。

4. 理论与实践相结合的原则。高中历史新课程的实施在我省还是一项开创性的工程，也是一项实践性很强的创造性工作，只有不断实践，才能总结经验，突破原有高中历史课程体系的羁绊，闯出一条高中历史新课程改革的新路。全体历史教师的观念更新与行为到位，是保证高中历史新课程改革运行的不可或缺的动力。在高中历史新课程实施过程中，既要摒弃那种先观念、后操作或理论灌输与行为转变脱节的做法，又要反对缺乏先进观念引导、用旧经验老做法来的蛮干，而应把观念转变和行为转变有机结合起来，共同促进高中历史新课程的实施顺利进行。

5. 协同推进的原则。高中历史新课改离不开各方面的紧密配合，协同作战。我们大力倡导教师之间、师生之间、教师与专家学者之间的互动、合作与对话；加大历史教育教学的开放力度，加强学校与社区、家庭的联系与合作，实现历史教育教学资源共享互补，为历史新课程实施工作拓展新的发展空间。

6. 以人为本的原则。历史新课程实施过程中，积极创设尊重人才、鼓励创新、民主开放的历史教育教学管理氛围和工作机制，充分发挥教师和学生在实施工作中的主体地位，激发其积极性和创造性。

四、历史新课程实施的重难点

1. 高中历史新课程设置方案和开课计划的制定。高中历史新课程设置方案和开课计划，既要符合国家新课程方案的刚性要求，又要体现新课程的多样化、个性化的特色，同时还必须考虑充分利用我们现有历史教师、学校教育教学等资源，并保证学生有机会多修习一些与高考紧密相关的科目和模块。

2. 高中学生选课指导和个性化修习计划的形成。要高效完成这一任务，全体历史教师就必须与学生密切接触，并认真观察和认识学生，判断他们的个性，了解他们的兴趣、爱好和特长，帮助其制定符合自身特点和社会需要的历史课程修习计划，选取最能挖掘学生潜能的学习内容和方式。

3. 建立基于我们学校高中历史新课程建设、课程资源开发和课程管理的工作体系。

4. 建立以校为本的以高中历史新课程改革为核心的教研制度和历史教师专业发展支持系统。

5. 研究开发切实可行的高中学生历史学业成绩与成长记录相结合的综合评价方案和教学监测方法，构建发展性评价制度与科学有效的教学质量监测体系，特别是关于学生成长记录评价的操作与管理方法，保证学生成长记录的真实性和可信性。

五、历史新课程实施教师与责任

1. 历史教研组

组长：汪瀛

成员：汪瀛、刘培生、欧阳建荣、何海霞、邓昌华、黄练平、彭泽波、高冲

职责：制定教师培训计划和2007届历史新课程实施方案，组织实施指导、经验交流，在完成日常高中历史教育教学工作的基础上，认真研究高中历史新课程教育教学，积极协助高中历史新课程实施教师的历史教育教学工作，为高中历史新课程的实施创造条件。

2. 2007届高中历史新课程实施组

组长：何海霞

组员：何海霞、高冲、汪瀛

职责：负责组织历史新课程具体实施工作，完成2007届学生的高中历史

新课程的日常教育教学工作，构建完整的学生历史学业成绩评价体系，并完成每一位学生的学业评价和学分认定；完成相关材料的收集、整理、分析和总结，认真研究高中历史新课程实施过程中的历史教育、教学和学生学业评价等方面所遇到的各种问题；完成历史新课程研究成果推广验收，与上级课改管理机构保持联系，接受指导并获取信息，为下一届历史新课程的实施创造条件。

3. 2007届历史新课程选课指导组

组长：汪瀛

组员：汪瀛、何海霞、高冲

职责：负责2007届历史新课程的开课和选课方案的制定，向学校和学生提供2007届高中历史新课程的详细课程安排，并对学生的选课提供建议和咨询；通过观察等多种方式帮助学生更好地了解自己的兴趣、爱好、个性特征、发展趋势，为学生科学选课提供客观依据。

六、国家历史选修课程指导

普通高中历史选修课是供学生选择的学习内容，旨在进一步激发学生的学习兴趣，拓展学生的历史视野，促进学生个性化发展。目前，高中历史课程标准要求开设的历史选修课有六个模块，建议在人文社会科学方向发展的学生，应至少选修3个模块。考虑到学生将来人生发展的需要和历史高考命题的实际，我们建议，我校在人文社会科学方向发展的学生（文科学生）应选修以下三个模块：

1.《历史上重大改革回眸》：人类历史是一个复杂的社会演进过程，人类社会自产生以来，改革就与社会进步相伴而生，并成为历史前进的动力之一。改革虽然不像革命那样来得轰轰烈烈，却以其特有的方式推动着社会的进步。人类历史上的改革有很多，本学习模块精选了历史上梭伦改革、商鞅变法、北魏孝文帝改革、王安石变法、欧洲的宗教改革、穆罕默德·阿里改革、1861年俄国农奴制改革、明治维新和戊戌变法等9个重大改革，这9个改革贯通古今中外，或成功或失败，其中也充满了曲折与反复，然而它们都对历史的前进起到了一定的促进作用，因此被历史所铭记！

2.《近代社会的民主思想与实践》：民主与专制是人类历史发展进程中的重要政治现象。近代以来，争取民主自由的斗争一直是人类政治生活的主题。在与专制斗争的过程中，资产阶级和人民大众有着不同的追求，东西方各国经历了不同的历程，选择了不同的道路，也产生了不同的民主形式。本模块内容主要包括专制理论与民主思想、英国国会与国王的殊死搏斗、向封建专制统治宣战的檄文、构建资产阶级代议制的政治框架、法国民主力量与专制势力的斗争、近代中国的民主思想与反对专制的斗争、人民群众要求民主的斗争等七个专题。通过对这部分知识的学习，可以了解民主与专制思想的本质区别，了解民主思想的产生背景，掌握近代争取民主、反对专制斗争过程中具有代表性的人物、事件、思想流派和政治制度。通过对不同流派的民主思想、不同形式的民主制度的辨别和比较，能够了解资产阶级民主与无产阶级民主的本质区别，认清民主思想与实践的历史进程和发展趋势，树立正确的民主观念，确立积极推动民主进步的历史责任感。

3.《20世纪的战争与和平》："战争与和平"伴随着人类社会发展至今。现代社会，和平日益显示出其重要性，"拒绝战争，维护和平"不仅关系着全人类的发展，也成为全世界热爱和平人们的共同心声。战争古已有之，20世纪发展到了新的阶段，在战争的动因、目的、性质、规模、样式、手段和作用等方面都发生了深刻的变化。20世纪先后爆发了两次世界大战，不仅造成了世界性人力、物力的损耗，也给全世界人民带来了深重的灾难。特别是第二次世界大战，是人类历史上罕见的最残酷的以及规模最大的战争，给各国人民带来了无尽的痛苦与灾难，并且战争的伤痛至今仍在延续。两次世界大战之后虽然没有再爆发世界性的战争，然而战争的危险依旧存在。战后全球性冷战的出现，朝鲜战争、越南战争、中东战争、海湾战争等区域性的战争不断爆发，恐怖事件此起彼伏，核武器的发展也大大增强了战争的危险性，极大地威胁着地球上的文明和人类本身。同时，科学技术作为一把双刃剑，既可以造福于人类，也能给人类带来超乎寻常的灾难及悲痛。在现代化的今天，科技应为社会及人类的发展服务，而不应为某一小部分人的利益而"服务"于战争。这些都使我们对战争必须保持着应有的警惕性和预防性。战争留给我们的悲痛和遗憾已经很多了，当世界大战的伤痛渐渐离我们远去的时候，我们心中的警钟应不断敲响。

　　我校向理科方向发展的学生，也可以根据自己的学习兴趣和个性发展的需要，既可从上列三个选修模块中任意选修一个或几个模块，也可以从下列三个模块中任意选修一个或几个模块：

　　1.《中外历史人物评说》：本模块，精心遴选了秦始皇、孔子、华盛顿、毛泽东等22位历史人物，通过这些历史人物，构建起一个新的中外历史人物的知识体系，以其通过对这些历史人物的了解、学习和探究，使我们初步掌握观察历史人物的角度，学会科学客观地评价历史人物，从进一步提高我们的人文素养，促进我们全面健康的发展。

　　2.《探索历史的奥秘》：在人类历史的演进过程中，留下了无数有待后人破解的谜团。解开这些历史之谜，是考古学和史学研究的重要内容，也是考古工作者和史学工作者的重要任务。在高中阶段了解这些历史谜团及其探索过程，可以激发我们的历史思维和历史想象，有利于我们社会认识能力的提高。

　　3.《世界文化遗产荟萃》：人类在漫长的演进历史进程中创造了辉煌璀璨的文化，留下了无数优秀的文化遗产。本模块以古埃及金字塔为代表，表现上古时代大河流域文明的发展水平；以古希腊城邦雅典和罗马古城的文化遗产，反映地中海古典文明的辉煌成果；以表现人文主义精神的佛罗伦萨等文化遗产，反映中世纪晚期近代早期欧洲文艺复兴的光辉。中国的历史文化遗产是我们重要的学习内容。华夏文明的发展自远古以来不曾中断，万里长城，秦始皇陵及兵马俑是最具代表性的世界遗产，从明清皇家宫殿，园林和陵寝，到历史古城和民间古村落，以及人类口头和非物质遗产昆曲，古琴等，都集中反映了中国古代的社会面貌和文明成就。具有警示意义的特殊遗产反映的虽然是人类历史上丑恶的社会现象，但其特殊的教育意义却是不可替代的。世界文化遗产是人类历史发展的足迹，是人类文明的结晶。历史给我们留下的文化遗产是有限的，而且文化遗产不可再生，也无法替代。如果我们肆意毁灭文化遗产，就是割断人类历史发展的脉络！当今社会，保护人类的历史文化遗产与保护人类赖以生存的自然环境一样，都是全世界面临的极为重要的问题。

七、2007 届历史新课程开设计划

课程名称	必、选修	开设对象	开设课时	开设年级	执教老师	备注
历史（Ⅰ）	必修	全体学生	36 学时	高一一期	何海霞 高冲	高二历史选修课，应视湖南省高考方案的设计和选修人数的多少或学生的要求等实际情况，对选修课程和执教老师，进行适当调整。
历史（Ⅱ）	必修	全体学生	36 学时	高一二期		
历史（Ⅲ）	必修	全体学生	36 学时	高二一期		
选修（一）	选修	文科学生为主	36 学时	高二二期	何海霞 高冲	
选修（二）	选修	文科学生为主	36 学时	高二二期		
选修（三）	选修	文科学生为主	36 学时	高三一期		
选修（四）	选修	理科学生为主	36 学时	高二一期	汪瀛	
选修（五）	选修	理科学生为主	36 学时	高二一期	彭泽波	
选修（六）	选修	理科学生为主	36 学时	高二二期	彭泽波	
校本教材	选修	全体学生	36 学时	高二二期	汪瀛	

八、我校历史校本课程的开发

1. 高中历史校本课程开发目标：

（1）与国家课程、地方课程相互整合与补充，以加强课程结构的综合性与多样性。

（2）通过历史校本课程的开发，凸现我校历史教育教学特色，进而增强我校的办学特色。

（3）培养一批复合型、科研型的历史教师。

（4）全面落实素质教育理念，增强学生主动参与、交流、合作、探究等多种学习活动的意识和能力，改进学生的学习方式，拓展学生的知识领域，培养创新精神和实践能力，使学生真正成为学习的主人。培养学生的团结合作意识，提高学生的思想品德修养和审美能力，陶冶情操、增进学生身心健康，使学生热爱学校生活，适应社会环境。

2. 高中历史校本课程开发原则：

（1）实效性原则。严格执行国家的课程政策，遵循课程开发的规律。

（2）互补性原则。充分体现出对国家课程的补充作用，发挥其自身优势，

使国家课程和校本课程能相互协调地发挥整体育人功能。

（3）针对性原则。从我校的实际和学生的需要出发，强调有利于形成学校的特色，发展学生的个性特长和需要。

3．我们目前开发的历史校本课程

（1）课程名称:《自然环境与人的生存发展》

（2）课程开发者：汪瀛

（3）课程执教者：第一届由汪瀛执教，以后由年青历史教师执教，作为培养青年教师的一个平台。

（4）开发情况:《自然环境与人的生存发展》一书已全部完稿，并且与岳麓书社签订出版合同，最迟在2008年春季出版。本书出版不需要学校支助。

（5）课程开发构想：探索人与自然环境的关系，是当今科学研究中的一个热点问题。可以说，现有这方面的专著和学术论文，多是一些阳春白雪，曲高和寡，科学性和学术性有余，通俗性、综合性、生活性、大众性不足，广大民众和青少年学生群体读之甚少。甚至有些著述，美其名是研究人与自然环境的关系，实际上是在贩卖封建迷信的"风水术"。"科学只有为广大群众所掌握，才能变成巨大的物质和精神力量"。历史与现实告诉我们。只有广大民众和青少年学生真正认识自然环境对人类、对自己的生存发展的影响时，才能有效地帮助他们树立人与自然环境和谐发展观，并在日常生活、学习、工作中化为自觉维护人与自然环境和谐发展的动力与行动。

（6）课程特色：理论与史实相结合，通俗易懂，图文并茂，视角新颖，融历史、地理等学科知识于一体。

（7）课程内容：以自然环境对人的生存与发展的影响为主题，以自然环境科学为指导，依据人类社会演进中的相关社会历史现象，叙述、分析和揭示自然环境对人类文明的产生与消亡、人类心理和文化特点、外貌特征、生活习俗、宗教信仰、疾病防治、居住生活、社会经济的发展、政治兴衰、军事的胜败、中国和世界历史的发展的巨大影响，借以帮助广大学生形成人与自然和谐发展的理念，并在日常生活、学习和工作中化为维护人与自然和谐发展的自觉行动。

（8）课程选修指导:

A．本课程可定为36学时，2个学分。在高二学年开设，文理方向的学生都可以选修。

B．学校初审通过后，列入校本课程选修目录单，分别在校园网和橱窗中公布，供学生自主选择，教师作一定的指导。

C．选修指导时，指导教师要向选修学生介绍本课程的特色和主要内容。强调本课程可以提高学生的综合人文素养，文理科学生都可以选修。特别是近年高考文科综合命题，已经出现不少历史与地理知识融为一体的综合性试题。本课程中的部分内容曾在2003年《历史学习》刊物上发表，并成为2007年北京文科综合卷中一组历史选择题的命思路与素材。因此，文科方向的学生选修本课程，可为提高文科综合成绩创造条件。

4．高中历史校本课程的考核与评价

（1）对选修教师的评价：一看教学材料，二看学生选择该课的人数，三看教学成果，四看学生问卷调查的结果，从而利于教师自身专业的发展。

（2）对选修学生的评价：一看学生考勤记录。二看学生在学习过程中的表现，如态度积极性、参与状况等，可分为"优秀、良好、一般、较差"等形式记录在案。三看学生学习的成果，学生成果可通过作品鉴定、竞赛、评比等形式展示。四看书面方式考试或考查结果。综合以上四项确定学分。

株洲市历史学科名师培养基地工作方案①

根据《株洲市名校长名教师培养工程实施意见》(株教字[2009]36号)、《株洲市名校长名教师培养基地建设及管理办法》精神，特制定株洲市名校长名教师培养工程历史学科名师培养基地工作方案：

一、指导思想

以"邓小平理论""三个代表"和"科学发展观"等重要思想为指导，坚持以人为本，按照《株洲市名校长名教师培养工程实施意见》和《株洲市名校长名教师培养基地建设及管理办法》精神要求，为株洲市历史学科选拔、培养和造就一批"省内领先、国内知名"的名优教师，使他们成为师德的表率、育人的模范、教学的专家，全面推进株洲市基础教育系统高层次人才队伍建设。

二、基地组织

1. "株洲市名校长名教师培养工程历史学科培养基地"隶属于"株洲市名校长名教师培养工程领导小组"和"株洲市名校长名教师培养工程办公室"领导和管理。

2. 基地专家指导团构成：

（1）基地主持人：汪瀛

---

① 本工作方案撰写于2009年7月，是为申报株洲市历史学科名师培养基地而撰写。

（2）专家指导团：聂幼犁、赵亚夫、任鹏杰、刘林生、张建军、陈庚发。

3."株洲市名校长名教师培养工程历史学科培养基地"设株洲市第四中学。

三、工作目标

五年内培养和造就8名左右"省内领先"、2名左右"国内知名"的名优教师，使他们成为师德的表率、育人的模范、教学的专家，全面推进株洲市基础教育系统高层次人才队伍建设。

四、专家指导团职责

1. 基地主持人：

（1）树立良好的师德风范，倡导无私奉献精神；善于合作交流，发挥辐射和引领作用，促进专家与"名师培养对象"共同成长。

（2）主持基地日常工作与管理。

（3）领衔制定基地工作方案和计划，组织和协调专家指导团与"名师培养对象"之间、基地与基地之间、基地与外省、市名师团队之间，开展合作学习、研讨和交流。

（4）依据相关文件精神，领衔制定"名师培养对象"考核方案，组织专家指导团协助上级主管部门对"名师培养对象"进行定期和不定期考核。

（5）领衔协助上级主管部门组织"名师培养对象"对外开展教育、教学、教研等方面的学习、交流和研讨活动；协助上级主管部门选拔"名师培养对象"到全国知名学校进修、学习，到外地跟岗锻炼以及到基层挂职锻炼，到国外进修培训和国（境）外做访问学者等。

2. 专家指导团：

（1）忠诚党和人民的教育事业，保持理想、爱心、坚韧、执着的人生心态，是师德的表率，育人的模范，教学的专家。

（2）根据相关文件要求，协助主持人按程序选拔"名师培养对象"，指导"名师培养对象"健康成长。

（3）积极协助主持人制定基地工作方案和年度工作计划等，并对"名师培养对象"进行定期或不定期考核。

（4）积极协助基地主持人做好基地的内部管理、学习、研讨和交流工作，以及对外学习、研讨和交流工作。

（5）实行"导师负责制"，每位专家指导团成员，应选择2个以上"培养对象"作为自己的重点指导对象，并与其签订培养责任书；指导和帮助"名师培养对象"制定发展规划，确立每位"名师培养对象"的专业发展研究方向和所要完成的任务。

（6）引领"名师培养对象"进行历史教育教学改革实验，做好历史教学示范；承担"名师培养对象"的培训，专题研讨讲座每年度不少于2次；指导"名师培养对象"学习和研讨先进科学的教育教学理论，不断充实和更新他们教育教学理论；指导"名师培养对象"课题的开发与研究，并在此基础上撰写和发表教育教学论文，甚至著书立说。

（7）亲临"名师培养对象"的教学课堂，用先进科学的教育教学理论指导他们的教育教学实践，促进他们教育教学专业技能的发展，提升他们日常课堂教学效率；要求每位专家团成员督评"名师培养对象"课堂教育教学情况，每学期不少于10课时。

（8）积极参与和协助上级主管部门组织的本学科的各种学术活动。

（9）积极参与"株洲市名校长名教师培养工程历史学科网（页）"的建设，以促进基地专家指导团与"名师培养对象"在线交流，增强对"名师培养对象"的指导，进而展示历史学科基地的各类教育教学研究成果，增强基地的辐射效应，促进株洲市全体历史教师共同成长。

五、名师培养对象职责

1. 忠诚党和人民的教育事业，保持理想、爱心、坚韧、执着的人生心态，立志成为师德的表率，育人的模范，教学的专家。

2. 珍惜"名师"荣誉，认真履行自己的教育、教学和教研职责，遵守基地管理要求，积极为基地发展和株洲市学校教育发展建言献策。

3. 树立终身学习、终身发展的理念。善于向专家和同仁学习，在专家的引领下与基地其他成员合作交流，共同成长。

4. 根据自己的兴趣、发展潜质和专家指导团成员的特长，选择自己的导师，与导师签订培养责任书，并在导师指导下，制定专业成长周期发展目标、途径，规定双方职责及评价办法；培养期内所有学习、工作和研究活动等，都要求有计划，有步骤，有总结，有交流。

5. 积极参加学科示范课、公开课、研讨课活动，每学期不少于2次；其中培养期内应有两节以上"课堂实录"挂在"株洲市教研信息网"和"株洲市名校长名教师培养工程历史学科名师培养基地网页"上。

6. 在专家的引领下，积极开展历史学科教育教学研究和课题研究，培养期内要求参与完成基地申报的科研课题任务；完成自主立项的3项小课题研究；承担3次以上的专业学术讲座；所撰写的教育教学研究论文，至少要有2篇论文获省级一等奖或公开发表；高质量完成年度教育教学方法、经验和课题研究的总结；鼓励个人和合作著书立说。

7. 积极参与上级主管部门和基地组织的各类学习、研讨和交流活动；力争参加上级主管部门组织的到全国知名学校进修、学习，到外地跟岗锻炼以及到基层挂职锻炼，到国外进修培训和国（境）外做访问学者等；或争取获得上级主管部门提供的攻读教育学硕士和其他跨专业的学历进修机会。

8. "名师培养对象"应自觉承担所在学校培训任务，每学年在所在县区、学校或历史学科组范围内开设继续教育或校本课程培训2次以上；主持或参与校本课程的开发和授课；指导和帮扶所在县区和学校的青年教师，实行师徒结对制，经常参与青年教师上课、评课，既促进共同成长，又扩大"名师"影响。

9. 积极参与"株洲市名校长名教师培养工程历史学科网（页）"的建设，积极开展在线互动式研讨，为历史学科网（页）提供教育教学信息、教育教学资源和教育教学经验，为其他教师提供网上答疑等远程教育培训服务。

10. 积极协助基地主持人和专家指导团及时整理基地活动记录、成果业绩档案资料，协助基地主持人和专家指导团总结、整理教育教学改革经验。

六、工作考核

1. 根据上级主管部门的相关文件精神和《株洲市名校长名教师培养工程历史学科名师培养基地工作方案》的相关职责，制定《株洲市名校长名教师培养工程历史学科名师培养基地工作考核方案》。

2. 建立"名师培养对象"成长档案，作为"名师培养对象"考核的基本依据。档案基本内容包括"名师培养对象"的学习、工作和教研计划，参与基地组织的学习、交流和教研等方面的情况，撰写的各类学习、研讨总结，在学习、工作与教研方面所获得的成果等。

3. 基地主持人、专家指导团和"名师培养对象"，积极协助上级主管部门对基地全体成员进行分类考核。

4. 基地主持人、专家指导团和"名师培养对象"，针对考核结果进行反思，不断改进学习、工作和研究中存在的问题，从而更好地实现基地的既定工作目标。

七、主要保障措施

1. 基地认真贯彻和落实上级有关文件精神，为专家指导团和"名师培养对象"提供政策、组织和经费保障，做到责权利统一，以确保基地研修活动的正常开展。

2. 基地坚持理论研讨与教学实践相结合的原则，一方面，基地专家指导团要有计划、有目的地引领"名师培养对象"通过学习、研讨和交流等多种途径，不断感知、研究新的科学教育教学理论，并融入他们的教育教学实践之中，不断提升他们的教育教学理论水平、专业技能和教育教学质量；另一方面，在指导团专家指导下，"名师培养对象"通过不断反思所学教育教学理论和自己的教育教学实践，进一步完善自己的教育教学理论体系和专业技能，甚至创造出自己独特的教育教学理论体系和教学风格。

3. 基地将充分利用已有条件，针对"名师培养对象"发展的需要，积极为"名师培养对象"搭建学习、交流、研讨等成长平台，组织和开展多种形式的教育、教学和教研活动。其活动的基本原则是集中与分散相结合，以分散为主；导师指导与自我实践相结合，以自我实践为主；本地观摩研讨与外地学习研讨相结合，以本地观摩研讨为主；专家传授与互相研讨相结合，以互相研讨为主。

4. 以课题研究促进"名师培养对象"迅速成长。基地主持人以专家指导团为基础，以全体基地成员的智慧为依托，针对当前中学历史教育教学中存在的重大问题和"名师培养对象"发展中存在的实际问题进行专题研究，借以促进"名师培养对象"的迅速成长。不过，这里所说的课题研究应包括三个方面的内涵：一是基地根据相关条件确定一个面向专家指导团和全体"名师培养对象"的研究课题；二是每个"名师培养对象"根据自身特长和发展需要每学期确定一个小研究课题，在专家指导团和导师指导下开展研究，并要求及时展现相关研究工作过程及成果；三是基地将有关研究成果以论文、专著、研讨会、报告会、名师论坛、公开教学、专题片、现场指导、观摩考察等形式向外辐射、示范。如果条件许可，"名师培养对象"在完成本校教学任务的基础上，由基地与上级主管部门协商，指派到市内、甚至市外其他学校进行教学研究指导。

5. 力争在株洲市教育局领导支持下，建立"株洲市名校长名教师培养工程历史学科网（页）"，为基地专家指导团、"名师培养对象"在线交流，展示学习、教育教学与教研成果，实现各类优质教育资源的共享与传播提供载体。本网（页）设立"基地日常管理""专家简介""名师成长""专题报道""课题研究""历史课改""历史习题""备课素材""教育资源""教育博客"和"学史论坛"等栏目，为建立"名师培养对象"迅速成长，提供一个交流与辐射运作平台 [注：本平台以株洲市教育局批准设定为准]。

6. 基地激励成才，鼓励冒尖，聚集教育科研团队，带动学科跨越式发展；重视研修成果，对专家指导团和"名师培养对象"撰写的教育教学理论专著，实行专项资金资助政策；支持名师培养对象到全国知名学校进修、受训、跟岗锻炼，鼓励专家指导团和"名师培养对象"的成员做访问学者，到对口援助学校讲学，优化教育资源的利用。

株洲市历史学科名师培养基地工作设想 ①

根据《株洲市名校长名教师培养工程实施意见》(株教字 [2009]36 号)、《株洲市名校长名教师培养基地建设及管理办法》和株洲市教育局《关于申报名校长名教师培养基地的通知》精神，特就"株洲市名校长名教师培养工程历史学科名师培养基地工作"提出如下设想：

一、指导思想

以"邓小平理论""三个代表"和"科学发展观"等重要思想为指导，坚持以人为本，按照《株洲市名校长名教师培养工程实施意见》和《株洲市名校长名教师培养基地建设及管理办法》精神要求，为株洲市历史学科选拔、培养和造就一批"省内领先、国内知名"的名优教师。

二、工作目标

五年内培养和造就8名左右"省内领先"、2名左右"国内知名"的名优教师，使他们成为师德的表率、育人的模范、教学的专家，全面推进株洲市基础教育系统高层次人才队伍建设。

三、科学组建专家指导团

按照《株洲市名校长名教师培养工程实施意见》《株洲市名校长名教师培

---

① 本工作设想撰写于2009年7月，是为申报株洲市历史学科名师培养基地所撰写。

养基地建设及管理办法》和《关于申报名校长名教师培养基地的通知》精神要求，本着理论与实践相结合的原则，科学组建一支既有高深理论造诣，又有丰富实践经验的历史教育教学专家指导团。基地专家团具体组成成员如下：

1. 基地主持人：

汪瀛，男，汉族，中学历史高级教师，湖南省历史特级教师，湖南省零陵电大兼职教授。教育部国家课程教材专家工作委员会委员。湖南省最高教育奖"徐特立教育奖"获得者。湖南省普通高中新课程实验教学指导委员会历史学科组指导专家。湖南省教育科学研究院兼职教研员。湖南省教育学会历史教学研究会常务理事、株洲市教育学会理事和历史教育学会副理事长、株洲市特级教师专业委员会理事。教育部全国中小学教师继续教育网远程培训辅导教师。湖南省初中历史毕业会考命题质量评估组核心成员。从教以来，所教学生在历届省、地、县会考、统考和全国高考中，成绩总是名列所在县市前茅，经他直接培养而考上大学的学生已上千人，多人考入北大、人大等著名大学。至今，已在全国中文核心刊物和20余家省级以上刊物发表史学论文和历史教研论文等200余篇，80多万字。其中不少论文为权威信息刊物全文转发；其教改教研课题、论文和教案，荣获全国、省、市优秀成果和优秀论文奖（一至三等奖）20余篇次。著有《汉武帝》《历史学习与复习迎考》《高中历史新课程教与学》《自然环境与人的生存发展》《中学历史题型解法研究》等理论性专著，其中，《高中历史新课程教与学》获第二届湖南省基础教育成果奖二等奖；主编、参编的中学历史教材、教参和教辅用书60余种（册），数百万字。是2004、2005、2006年湖南省教育电视台"湖南招考"栏目高考历史复习指导特邀主讲，承担省市级中学历史专题讲座（或学术报告）和骨干教师培训班和新课程培训班的教学任务上百次。个人事迹曾有幸被《湖南教育》《现代教育报·高考周刊》《中学历史教学》《新课程》《株洲电视报》等报道或作为名师推介，并收入《中华当代名人辞典》《科学中国人·中国专家人才库》《二十一世纪人才工程》等多部大典中。

2. 基地专家：

（1）大学专家：聂幼犁，华东师大教育科学学院历史课程教学论专业博士生导师，中国教育学会历史教学专业委员会常务理事、学术委员会副主任，全国知名的历史教育学专家；任鹏杰，陕西师范大学历史系教授，《中学历史教学参考》主编。

（2）刘林生，湖南省教育科学研究院历史教研员，中学历史高级教师，九年制义务教育历史教材岳麓版副主编，湖南省历史教育学会理事长。

（3）张建军，株洲市教育科学研究院历史教研员，中学历史高级教师，株洲市跨世纪学科带头人。

（4）陈庚发，湖南省中学历史特级教师，全国优秀教师，现供职茶陵一中。

四、认真学习领会有关文件精神，明确工作室的定位。

本基地组建后，所有成员都要在认真学习和领会《株洲市名校长名教师培养工程实施意见》和《株洲市名校长名教师培养基地建设及管理办法》精神的基础上，就基地的工作职责和运行定位开展讨论，明确本基地是面向株洲市中学历史学科教师，在"株洲市名校长名教师培养工程领导小组"和"株洲市名校长名教师培养工程办公室"领导下，旨在造就一批具有良好的师德修养、先进科学的教育理念、开阔的教育视野，厚实的专业素养，在省内领先、国内知名的历史名师培养基地。

本基地的主要任务，是在协助"株洲市名校长名教师培养工程领导小组"和"株洲市名校长名教师培养工程办公室"选拔培养对象的基础上，完成《株洲市名校长名教师培养工程实施意见》所确定的"工作目标"。即本基地应在五年内，造就8名左右"省内领先"、2名左右"全国知名"的历史教师，为推进株洲市基础教育系统高层次人才队伍建设做出贡献。

五、基地的主要管理措施

1. 严格科学选拔"名师培养对象"。

基地专家团将协助"株洲市名校长名教师培养工程领导小组"和"株洲市名校长名教师培养工程办公室"，依据相关文件精神和入选条件要求，严格科学选拔"名师培养对象"，把好"名师培养对象"入口关，为实现本基地培养目标奠定坚实基础。

2. 制定科学的培养计划。

基地培养计划总体思路是理论与实践相结合、走出去与请进来相结合、专家指导与自主研修相结合。基地主持人将组织基地专家指导团成员和"名师培养对象",认真研究、讨论确定基地工作方案和具体计划,并在实施过程中严格按方案和计划落实基地的各项工作,以最终实现基地的工作目标。

3. 科学管理,严格考评。

基地将建立"名师培养对象"成长档案,对"名师培养对象"成长实行严格的科学管理。其基本内容包括"名师培养对象"的学习、工作和教研计划,参与基地组织的学习、交流和教研等方面的情况,撰写的各类学习、研讨总结,在学习、工作与教研方面所获得的成果等;基地将依据相关文件制定考核方案,对"名师培养对象"的学习、工作和教研等方面情况进行科学评价与严格考核,并依据考核结果和《株洲市名校长名教师培养基地建设及管理办法》进行奖惩。

4. 实行分工与合作相结合的导师培养负责制。

基地主持人负责基地日常工作的组织与协调,并与专家指导团其他成员签订工作责任书;每位专家指导团成员,应选择2个以上"名师培养对象"作为自己的重点指导对象,并与其签订培养责任书;每位"名师培养对象"应根据自己的兴趣、发展潜质和专家指导团成员的特长,选择自己的导师,并与导师签订培养责任书,在导师指导下,制定专业成长周期发展目标、途径,规定双方职责及评价办法;所有专家指导团成员,对本基地有"名师培养对象"都负有指导义务和责任。

5. 坚持理论研讨与教学实践相结合的原则,促进"名师培养对象"迅速成长。

一方面,基地专家指导团要有计划、有目的地引领"名师培养对象"通过学习、研讨和交流等多种途径,不断感知、研究新的科学教育教学理论,并融入他们的教育教学实践之中,不断提升他们的教育教学理论水平、专业技能和教育教学质量;另一方面,在指导团专家指导下,"名师培养对象"通过不断反思所学教育教学理论和自己的教育教学实践,进一步完善自己的教育教学理论体系和专业技能,甚至创造出自己独特的教育教学理论体系和教学风格。

6. 积极为"名师培养对象"搭建学习、交流、研讨等成长平台。

为提升"名师培养对象"的教育教学理念、教学思想、方法和实际教育教学水平与能力，基地将充分利用已有条件，针对"名师培养对象"发展的需要，开展多种形式的教育、教学和教研活动。其活动的基本原则是集中与分散相结合，以分散为主；导师指导与自我实践相结合，以自我实践为主；本地观摩研讨与外地学习研讨相结合，以本地观摩研讨为主；专家传授与互相研讨相结合，以互相研讨为主。

7. 以课题研究促进"名师培养对象"迅速成长。

基地主持人以专家指导团为基础，以全体基地成员的智慧为依托，针对当前中学历史教育教学中存在的重大问题和"名师培养对象"发展中存在的实际问题进行专题研究，借以促进"名师培养对象"的迅速成长。不过，这里所说的课题研究应包括四个方面的内涵：一是基地根据相关条件确定一个面向专家指导团和全体"名师培养对象"的研究课题；二是每个"名师培养对象"根据自身特长和发展需要每年度确定一个小研究课题，在专家指导团和导师指导下开展研究，并要求及时展现相关研究工作过程及成果；三是基地将有关研究成果以论文、专著、研讨会、报告会、名师论坛、公开教学、专题片、现场指导、观摩考察等形式向外辐射、示范。如果条件许可，"名师培养对象"在完成本校教学任务的基础上，由基地与上级主管部门协商，指派到市内、甚至市外其他学校进行教学研究指导。四是要求每位"名师培养对象"，在其培养期内至少要有2篇论文获省级一等奖或公开发表、做3次专业学术讲座、上4节公开展示课，其中应有两节以上"课堂实录"挂在教研信息网和"株洲市名校长名教师培养工程历史学科名师培养基地网（页）"上，每一个学期不少于2节教学专题研究课。

8. 建立基地网站或网页，作为交流与辐射平台，为"名师培养对象"成长创造条件。

在以网络为载体的现代信息技术背景下，教育教学专题网站或网页是教育教学交流，教育教学资源传播和共享的有效途径之一。因此，我建议"株洲市名校长名教师培养工程办公室"应向有关部门申报设置"株洲市名校长名教师培养工程网"，并为每一个基地设置一个独立网页（如果条件许可，最好是每一个基地设置一个独立网站，以便于管理）。该网站应以科学的数据管理为基础，依托专用服务器，为基地专家指导团、"名师培养对象"在线交流，展示学习、教育教学与教研成果，实现各类优质教育资源的共享与传播提供载体。就历史学科名师培养基地网（页）而言，我们暂计划设置"基地日常管理""专家简介""名师成长""专题报道""课题研究""历史课改""历史习题""备课素材""教育资源""教育博客"和"学史论坛"等栏目，为建立"名师培养对象"迅速成长，提供一个交流与辐射运作平台。

六、主要建议

1. 大学专家聘请与待遇问题。大学或省级教科院专家一般比较忙，聘请他们作为专家指导团名誉顾问或偶尔讲学尚可（即使如此，也可能要组织出面才能解决问题），若要他们具体指导"名师培养对象"可能相当困难，同时待遇也不好解决。如果省市外大学或省级教科院专家的工作定位不解决好，基地主持人就不好安排基地的日常工作，将影响"基地工作方案"的实施。

2. "名师培养对象"的质量问题。"名师培养对象"既要拥有良好的专业发展潜质，更要拥有献身教育事业志趣、恒心和毅力。要慎防沽名钓誉之辈和为他人作嫁衣裳。

湖南省教育科学中学历史教学研究基地
建设方案 [①]

　　根据"湘教科研通〔2012〕32号"《关于确认湘潭大学等54所学校为"湖南省教育科学研究基地"的通知》，株洲市第四中学被确定为"湖南省教育科学中学历史教学研究基地"。为切实履行"湘教科研通〔2012〕5号"《湖南省教育科学研究基地管理办法（试行）》和"湘教科研通〔2012〕32号"《关于确认湘潭大学等54所学校为"湖南省教育科学研究基地"的通知》的精神，特研究制定本基地建设方案。

一、指导思想

　　以"湘教科研通〔2012〕5号"《湖南省教育科学研究基地管理办法（试行）》和"湘教科研通〔2012〕32号"《关于确认湘潭大学等54所学校为"湖南省教育科学研究基地"的通知》的精神为指导，紧紧围绕我省教育发展中的重点、难点、热点问题开展研究，优质完成相关研究项目的研究任务，为繁荣我省教育科学研究和提高我省教育教学质量做出更加积极的贡献。

二、基本原则

　　1.服务教学的原则。历史学科基地的工作，要从有利于历史学科教学，提高我省中学历史学科教学质量，促进学生的学习出发，使学科基地成为全

---

① 本建议方案撰写于2013年1月，是为了申报湖南省教育科学中学历史教学研究基地而撰写。

省学科教学研究中心，成为历史教师和学生学习的资源中心。

2.通力合作的原则。基地将依托省市教科院和株洲市四中，聘请省内外教授、专家、教研员、学科名师等组成专家指导团，在他们指导下，集株洲市和本校历史学科带头人、骨干教师力量，共同推进基地建设，保证学科基地各项工作顺利进行。

3.科研引领的原则。教学研究以课堂教学为主阵地，贯彻新课改精神，积极开展课堂教学特别是高考复习的研究，大胆进行课堂教学模式的改革，切实转变教与学的方式，关注有效教学，提高学科教学质量。

4.自主创新的原则。重视理论学习，加强基地成员自身建设，加快教师专业成长，充分发挥基地成员在基地建设工作中的自主精神和首创精神，在实践中勇于创造和探索经验。

三、工作团队

本研究基地本着理论与实践相结合的原则，通过多方努力，组建了一支既有高深理论造诣，又有丰富实践经验的工作团队。

1.基地建立由株洲市第四中学校长姜野军任组长，分管教学副校长章帆任副组长的领导小组。领导小组下设办公室，办公室主任由我校教研科科长官孟琼兼任。依据《湖南省教育科学研究基地管理办法（试行）》，其主要职责是：为研究基地的建设和发展提供条件；制定研究基地建设的具体计划，负责研究基地建设的日常管理；对研究基地建设提供场地、设施和必要的经费支持；组织和支持重大的学术活动；聘任研究基地负责人和首席专家；定期向省教科院报告工作。

2.研究基首席专家由教育部国家基础教育课程专家工作委员会委员、中国教育学会理事、湖南省历史特级教师、株洲市科学技术带头人、株洲市中学历史名师工作室主持人、株洲市四中历史教研组组长汪瀛担任。依据《湖南省教育科学研究基地管理办法（试行）》，其主要职责是：负责全面实施研究基地的建设标准；负责确定研究基地的研究方向；制定内部管理制度并负责落实；负责日常管理工作；筹集和批准使用经费；负责聘任专兼职研究人员；负责向研究基地负责人及省教科院汇报工作。

3.研究基地专家团：聂幼犁（华东师大教育科学学院历史课程教学论专业博士生导师）、任鹏杰（陕西师范大学历史系教授，《中学历史教学参考》主编）、刘林生（湖南省教育科学研究院历史教研员）、雷建军（长沙市教科院副院长）、张建军（株洲市教育科学研究院历史教研员）。其主要职责，就协助基地首席专家指导课题研究和人才培训，及提供相关理论与专业发展咨询。

4.学科基地全体骨干成员和全体历史教师应在基地领导小组和专家团成员的指导下，就课程改革和教学实践中的具体问题开展深入的理论研究和实践探索，及时总结经验，积极撰写教学研究心得、教学案例和研究论文，每年能够总结出一定的研究成果和成功经验在全市面上交流推广；要积极执教示范课、研究课，组织案例评析和专题研究等工作。

四、主要工作

中历史学科基地是湖南省开展中学历史教学研究、促进学科发展的重要阵地。为了落实《湖南省教育科学研究基地管理办法（试行）》文件精神，充分发挥株洲市第四中学优质历史教学资源，深入推进我省和我校中学历史教学改革，加强历史学科教学研究，促进历史教师的专业成长，提高我省和我校历史教学质量，特制定如下工作计划：

1.课题研究：

以课题研究为载体，切实提高教师的教科研能力和中学历史教学质量。课题是基地工作的重要抓手，我校历史学科现有两个省级"十二五"教育科学研究规划课题，即湖南省教育科学研究规划办规划课题《新课程背景下中学历史有效教学行为的研究》和湖南省教学学会规划课题《新课程背景下中学历史课堂教学行为有效性研究》（2011年成功立项，将于2014年结题。待这两项课题研究取得预期成果后，我们再申报新的研究课题）。我们决定以此为契机，不断提高我校教育教学科研层次和水平，促进本学科教育教学质量稳步提升，并推出一些有影响力的研究成果，为湖南省中学历史教学研究提供示范。

2.人才培训：

以课题研究为抓手，以科学教育理论为引导，以教育教学实践为平台，在研究解决我省中学历史教学中所面临的重大问题过程中，为省市校培养一批高素质的一流的学术带头人和中青年学术骨干。具体做法：

（1）基地通过研究完成已立项的两个省级课题，全力培养全体参研人员，将他们打造成为本市校的教研骨干，为建立一支高水平的、结构合理的、团结协作的教育科研团队奠定坚实基础。

（2）基地以请进来和走出去的方式，尽力争取与全国和本省一些教育科研高端平台开展合作。尽可能地请一些著名专家学者来基地讲学，或积极组织相关教师参加他们组织的高端学术交流活动，借以开拓教师教育教学科研视野，提升他们的教育科研能力，扩大基地的影响。

（3）基地尽可能地通过参与省教科院的一些重大课题研究和学术活动，尽可能地与省内其他兄弟学校本学科研究团队或课题研究合作，借以提升基地研究团队的教研水平和学术水平，并为推动我省中学历史教育事业的发展做出贡献。

3. 合作交流：

（1）充分利用株洲市教科院和中学历史教学研究专业委员会这一教研平台在全市范围内开展合作交流。本基地首席专家汪瀛为株洲市中学历史教学研究专业委员会副理事长，基地专家团专家张建军为株洲市教科院历史教研员和株洲市中学历史教学研究专业委员会理事长，他们素有良好的工作合作。因此，我们将充分利用这一研究与交流平台，积极参与株洲市教科院组织的所有历史教研活动，积极与全市兄弟学校开展合作交流，既积极取他人之长补自己之短，又借机推广自己的研究成果。

（2）充分利用株洲市中学历史名师工作室这一教研平台开展合作交流。本基地首席专家汪瀛是株洲市中学历史名师工作室主持人，该工作室成员或为株洲市级与县区级历史学科带头人，或为市县级历史骨干教师。充分利用这一平台，既能促进基地工作的开展，又能有效推广基地的研究成果，提升基地的影响力。

（3）注重网络交流与共享。目前，基地首席专家汪瀛，已在新思考网·中国历史课程网·历史博客里建立起"汪瀛的博客"（点击已近7万人次），又在腾讯QQ群建立起"中学历史名师工作室QQ群"。若条件成熟，我们将力争建立自己网页和教育教学博客，搭建学科教师交流学习的平台，以文字、多媒体等方式，将自己日常的生活感悟、教学心得、教案设计、课堂实录、课件等上传发表，超越传统时空局限（课堂范畴、讲课时间等），既促进教师个人隐性知识显性化和教师快速成长，又为其他教师学习成长提供了教育教学理论、学科教学活动案例等教学资源，真正实现资源共享。

4. 咨训服务：

本基地为中学历史教学研究基地，我们希望通过自己的研究与努力，能为湖南省教育发展、特别是中学历史教育发展提供如下咨询和培训服务：

（1）接受社会和省市各级教育部门关于中学历史教育功能和价值方面的咨询与培训服务。

（2）接受省市各级教育主管部门和兄弟学校有关中学教师、特别是中学历史教师专业成长或教育教学能力提升方面的咨询与培训服务。

（3）接受各兄弟学校有关中学教育教学、特别是中学历史教学课题研究方面的咨询与服务。

（4）接受各兄弟学校有关中学历史教学改革、教学质量的提升、高考研究与复习指导等方面的咨询与服务。

5. 教改实验：

基地紧紧依托株洲市第四中学目前正在进行的课堂教学改革进行中学历史教学改革实验。株洲市第四中学目前进行的教改实验有二：一是《初高中课堂教学衔接》，二是《"四导一评"课堂教学模式实践》。因此，基地将紧紧抓住这两个教改实验，以此为切入点，做好中学历史课堂教学改革实验研究，力争研究出一种有利于初高中历史教学衔接和高效的中学历史课堂教学模式，借以推动我省中学历史课堂教学改革的发展，推动我省中学历史教学质量的提高。

五、保障措施

1. 我们依据《湖南省教育科学研究基地管理办法（试行）》文件精神，先后成立了以姜野军校长为首的"湖南省教育科学中学历史教学研究基地领导小组"，聘请教育部国家基础教育课程专家工作委员会委员、中国教育学会理事、湖南省历史特级教师、株洲市科学技术带头人、株洲市中学历史名师工作室主持人、株洲市四中历史教研组组长汪瀛担任首席专家，还聘请了一批全国有影响力的专家学者和省市历史教研员组成基地专家团，并明确了各自的职责，从而为本基地建设提供组织和理论学术保障。

2. 为确保首席专家有精力和时间主持基地的日常工作，学校研究决定减少二分之一的正常教育教学工作量，并给予相应的课时津贴。

3. 学校研究决定，本基地领导小组组长负责每年拨付不少于2万元研究活动经费，用于基地研究成果发表与出版（一年支持成果出版不少于一部专著），各项教学与教研活动，以及每学年将对在基地各项工作中表现突出、对学校教育教学质量、特别是中学历史教学质量提升做出重大贡献的基地领导、专家组和工作组成员进行奖励。

4. 建立资料文档。基地将建立专项档案，纪录基地开展的各项活动和研究成果。本工作由基地办公室负责收集、整理和归档保管，并于每年12月底将相关工作情况汇总报告给省教科规划办。

湖南省株洲市第四中学基地领导小组
湖南省教育科学中学历史教学研究基地
2013年1月28日

湖南省教育科学历史学科研究基地
工作报告 ^①

尊敬的上级领导：

根据湖南省教育科学研究院《关于组织申报第二批湖南省教育科学研究基地的通知》，我校于2012年9月组织申报了"湖南省教育科学历史学科研究基地"。2012年12月湖南省教育科学研究院下发了《关于确认湘潭大学等54所学校为"湖南省教育科学研究基地"的通知》[湘教科研通〔2012〕32号]，株洲市第四中学被确认为"湖南省教育科学历史学科研究基地"，至今已将近两年时间。两年来，我们依据《湖南省教育科学研究基地管理办法（试行）》，在"基地"负责人姜野军校长正确领导与大力支持下，致力于建立、建设株洲市第四中学"湖南省教育科学历史学科研究基地"，并取得了一定成效。现具体汇报如下：

一、基地建设达标情况

株洲市第四中学"湖南省教育科学历史研究基地"已达到《湖南省教育科学研究基地管理办法（试行）》所规定的"研究基地的建设标准"。具体表现如下：

1. 教育科学研究方面："基地"目前承担着两个省级研究课题，即汪瀛主持的湖南省教育科学规划办的"十二五"规划课题《新课程背景下中学历史有效教学行为的研究》（XJK001CJJ060），湖南省教育学会"十二五"教育科

---

① 本工作报告撰写于2015年3月，是一份迎检验收考核报告。

研规划课题《新课程背景下中学历史课堂教学行为有效性研究》(B—97)，突出了教育科研"服务决策、创新理论、指导实践"三大职能，且取得了丰硕成果。这两项研究课题将于2014年底完成结题。

2. 人才培养方面：我们以"基地"为核心，以汪瀛主持的"株洲市中学历史名师工作室"等为重要平台，通过近两年的努力，培养了几位（匡志林、欧阳建荣、欧帽辉、唐建祥等）素质高且有一定学术水平中青年历史教师，建立了一支水平高、结构合理、团结协作的历史教育科研团队。

3. 学术交流和资料信息建设方面：①我们以"基地"为核心，以汪瀛主持的"株洲市中学历史名师工作室"等为重要平台，每年组织历史教学研讨活动不下于八次。这些研讨活动，有时在"基地"本部（株洲市第四中学）举办，有时则到最需要的株洲市境内各县区学校举办。②"基地"负责人姜野军校长积极支持我们在"株洲市第四中学"网站首页建立了"历史基地"专栏，主要内容包括"文件通知""课题研究""教学设计""教学资源""教学感悟""研训交流"等栏目。③"基地"首席专家汪瀛在新思维网·成长博客建有"汪瀛的博客"，在湖南省基础教育资源网·个人空间建立了"汪瀛工作室"，在株洲教育网上建有"汪瀛个人空间"等。"基地"其他成员在湖南省基础教育资源网上都有自己的个人空间，或在其他网上有自己的博客等。④"基地"首席专家汪瀛还通过参与全国、省市级的学术交流活动，给历史教师培训班学员讲座，担任湖南省和株洲市各类远程教育课程专家与辅导教师等途径，积极推广"基地"研究成果。

4. 咨询服务方面：①"基地"首席专家汪瀛作为"教育部国家基础教育课程教材专家工作委员会"委员，每年都积极参与了教育部组织的有关历史课程与教材建设方面的咨询、历史课程标准的修订与评审、历史教材的修订与评审工作。②"基地"领导人姜野军、首席专家汪瀛和基地其他核心成员，每年都积极参与了省市教育行政部门、教科院、学校和其他相关部门组织的教育教学咨询或研讨活动，积极反映当今中学教育教学所面临的种种问题，并提出解决相应问题的可行性建议。

5. 教改实验方面：①紧扣湖南省教育科学规划办的"十二五"规划课题《新课程背景下中学历史有效教学行为的研究》和湖南省教育学会"十二五"教育科研规划课题《新课程背景下中学历史课堂教学行为有效性研究》，每月组织"株洲市中学历史名师工作室"的全体成员和每周组织"基地"全体历史教师开展一次专题实验研讨活动,切实扫除制约中学历史教与学效率提升的障碍,寻找到了有效提升中学历史教与学的原则、途径和方法。②积极组织"基地"历史教师全员参与株洲市第四中学在全校推进的"四导一评"课堂教学模式的改革实验。在这课堂教改实验中,我们有两位历史教师(欧阳建荣、刘培生)担任年级组长,他们都是课改组的核心成员,为推进学校"四导一评"课堂教学模式改革做出了重要贡献。其他历史教师也积极为"四导一评"课堂教学模式改革献计献策,有效解决了该实验过程中所遇到的种种问题和困难,取得了较好的效果。③"基础"负责人姜野军校长和全体成员,将教改实验中所取得的研究成果,通过组织和参与种种学术研讨会、教师培训活动、公开示范课、出版专著、发表论文、印发校报、设计网页专栏、开办个人博客与个人空间等途径和方式,在全国范围内进行推广与交流。

二、学校举措与落实情况

我们从申报"湖南省教育科学历史学科研究基地"之日起,为确保"基地"建设卓有成效,就依据《湖南省教育科学研究基地管理办法(试行)》制定了《湖南省教育科学中学历史教学研究基地建设方案》,并严格按既定"方案"进行了创造性落实。

1.设施方面:①"基地"办公与研究室设在株洲市第四中学"综合信息楼"的三楼"株洲市中学历史名师工作室"办公室。为方便"基础"组织种种研讨活动,学校决定将"株洲市中学历史名师工作室"转迁到比原办公室面积大一倍的办公室办公,从而为"基地"组织各类研讨活动,提供了足够的空间。②学校重新装修了"基地"办公与研究室。③学校为"基地"办公室添置了空调、书柜、沙发、茶几、饮水、无线网络、必备书籍等办公用品。

2.经费方面:①学校每年为"基地"配备了2万元专项科研经费,确保了"基地"组织开展或参与全国范围内的种种学术研讨和交流活动。②2013年拨付经费2.6万余元,支助首席专家汪瀛出版课题研究专著《中学历史自主学习导引》。③为确保"基地"顺利组织与参与种种学术研讨与交流活动,学校有时还另开经费绿色通道,及时解决"基地"活动所必需的经费。

3.政策方面：①学校依据《湖南省教育科学研究基地管理办法（试行）》文件精神，先后成立了以姜野军校长为首的"湖南省教育科学中学历史教学研究基地领导小组"。②学校聘请了一批全国有影响力的历史教育教学研究专家和学者担任"基地"的顾问，为"基地"建设提供理论学术保障。③为确保首席专家有精力和时间主持"基地"的日常工作，学校研究决定为"基地"首席专家减少二分之一的正常教育教学工作量，并给予相应的课时津贴。④学校决定每年对在"基地"建设中表现突出、对学校教育教学质量、特别是中学历史教学质量提升做出重大贡献的"基地"领导、专家组和工作组成员进行奖励。⑤建立"基地"资料文档，纪录"基地"开展的各项活动和研究成果。

三、基地负责人的管理工作水平工作绩效

基地负责人为学校校长姜野军。姜野军同志自2000年10月任校长以来，以强烈的事业心和高度的责任感，殚精竭虑，认真履职，用心做教育，精心铸品牌，带领全校广大教职员工认真贯彻党的教育方针，大力推进素质教育。经过近十年的努力，把一所普通的完全中学，建设成了全省知名、国内有影响的省示范性高级中学。

1.勤思索，用理念引领发展。姜野军同志认为，作为校长要把学校管理好，面对学校的基本任务和要求，面对复杂多变的形势和激烈的办学竞争，必须勤于学习，善于思考。姜野军同志时常用"难忘身外无穷事，补读平生未见书"的古语勉励自己，在忙碌的工作之余，仍然坚持读书，这使他具备了广博的知识、精深的管理和教学专业理论基础。他还担任了株洲市中小学教育行政管理干部培训班主讲教师和株洲市继续教育学会副会长，经常为校长培训班授课，讲课旁征博引，深入浅出，深受学员欢迎。2012年，他为省第35期校长培训班开设专题讲座。他勤于笔耕，在《语文教学与研究》《语文建设》《基础教育参考》《湖南教育》等刊物上发表了十余篇文章。

2.重课堂，用教育书写人生。钻研教学，探寻高效课堂新思路。学校是传承文化、培育人才的地方，作为校长必须是文化的形象代言人。姜野军同志时刻不忘他除了校长还是一名语文教师，他长期兼任语文教学工作。近五

年来，先后送走0606、0810两个毕业班，任教班级高考语文成绩均远远超过省平均。他在自己的教学过程中积极开展教研教改，在阅读教学和写作教学方面形成了自己的特点，他出版了2部专著，发表多篇教学论文。他主持过多项课题研究，省规划专项资助课题《中学青年教师成长与发展研究》主要着眼于青年教师专业成长和发展的外部促进机制的研究，为本校打造了一支品德高尚、业务精湛、个性鲜明的青年教师团队，学校青年教师协会被评为市级"青年文明号"。在姜校长的倡导下，学校各教研组致力于探索有效的学科教学模式，促进学校教学水平的提升，英语、语文、历史、音乐等教研组在省市的影响逐步扩大，历史教研组曾获评"湖南省优秀教研组"。

3.尚实干，用特色铸造辉煌。创新管理，以目标凝聚人心，推动学校不断发展。姜野军同志践行"勤奋求实、敢为人先"四中人精神，率领团队赢得各项殊荣，创造了株洲地区乃至湖南省享有良好社会声誉的教育品牌。学校高考成绩稳步上升，高考二本以上录取率稳居株洲市前列，先后有3名学生夺得高考地区学科成绩第一名，有数十名学子被北大、清华、浙大、人大等名校录取，学校多次被评为"株洲市教育教学管理优秀单位"。学校还先后获得"湖南省安全文明校园""湖南省示范性家长学校""湖南省优秀事业单位法人""湖南省未成年人思想道德建设先进单位""湖南省心理健康教育示范学校""湖南省文明单位""全国学校艺术教育先进单位""全国科教文卫体系统模范职工之家""湖南省模范职工之家"等荣誉。

四、基地研究成果的推广与应用

1."基地"建立以来所取得的主要研究成果。①"基地"负责人姜野军校长主持全国教育科学"十一五"规划教育部规划课题"城乡结合部普通高中艺术教育特色可持续发展实践研究"于2014年6月以良好等第结题（注：本课题虽为艺术教育研究，但课题研究内容涉及中学日常历史教学中的艺术教育和汪瀛、匡志林开发与出版的《艺术风流人物》校本课程）。另外，姜野军校长还发表了教育教学管理等方面的研究文章10多篇。②"基地"首席专家汪瀛主持的两个省级课题《新课程背景下中学历史有效教学行为的研究》和《新课程背景下中学历史课堂教学行为有效性研究》，已取得丰硕成果，即将结题。③2013年7月,"基地"首席专家汪瀛的研究专著《中学历史自主学习导引》由光明日报出版社。④2013年7月,汪瀛与匡志林编著的《世界上最鼎尖的那些艺术家们》由中国书籍出版社出版。⑤2012年12月–2014年11月间,"基地"首席专家汪瀛与"基地"核心成员匡志林、欧阳建荣等,发表历史教育教学改革与研究方面的文章20余篇,且有两篇为人民大学报刊复印资料全文转载。⑥"基地"成员,在全国、省、市教研论文、录像课、说课等教学竞赛中荣获一、二等近10余篇次。

2."基地"研究成果的推广与应用。从"基地"建立以来,为使"基地"的研究成果得以推广与应用,我们除积极著书和发表研究论文外,我们还做了以下几个方面的工作:①"基地"负责人姜野军通过参与国家、省、市组织的种种活动,积极推介"基地"的研究成果。②"基地"负责人姜野军和株洲市第四中学通过组织种种活动、接待来访等途径,积极推介"基地"的研究成果。③"基地"首席专家汪瀛,以其主持的"株洲市中学历史名师工作室"为重要平台,通过组织种种研讨活动推广与应用了"基地"的研究成果。④"基地"首席专家汪瀛借承担"株洲市高中历史学科基地·教师培训"指导专家的机会,积极推广与应用"基地"的研究成果。⑤"基地"首席专家汪瀛通过参加全国、省、市的教研活动,积极推介"基地"的研究成果。⑥"基地"首席专家汪瀛通过担任湖南省远程教育"国培""省培"课程专家,承担株洲市远程教育"国培""省培""市培"辅导教师,积极向参与学习的历史教师推介应用"基地"的研究成果。⑦"基地"首席专家汪瀛经常利用省内外邀请其为历史教师培训班或历史教研学术会议做专题学术报告或讲座的机会,积极推介"基地"的研究成果。⑧"基地"其他成员和"株洲市中学历史名师工作室"成员,通过参与种种历史教研活动或教学竞赛等,积极应用与推介了"基地"的研究成果。

总之,从"基地"建立以来,我们一方面开展历史教育教学研究,取得了丰硕的研究成果;另一方面又想方设法通过种种途径积极推动了研究成果的推广与应用,并在全国中学历史教学界,特别是在株洲市中学历史教学界产生了广泛影响,受到相关专家的好评。

湖南省教育科学中学历史教学研究基地首席专家:汪瀛

2015年3月13日

株洲市第四中学特级教师工作站 三年建设规划[①]

根据株洲市教育局《关于实施教师素养提升"十百千万"工程的意见》【株教发（2016）4号】文件《关于培养百名学科领军教师》和株洲市教师培训中心《2016年学科领军教师培养工作实施方案》中的有关要求，及学校领导的相关指示精神，特制定《株洲市第四中学特级教师工作站三年建设规划》。

一、指导思想

以株洲市教育局《关于实施教师素养提升"十百千万"工程的意见》【株教发（2016）4号】文件《关于培养百名学科领军教师》和株洲市教师培训中心《2016年学科领军教师培养工作实施方案》，及学校领导的相关指示精神为指导，紧紧围绕株洲市、特别是株洲第四中学教育教学发展中的重难点和热点问题开展研究，并优质完成相关研究项目的研究任务，为繁荣株洲市教育科学研究，提高株洲市、特别是株洲市第四中学的教育教学质量做出积极贡献。

二、基本原则

1. 自主创新原则

"打铁还需自身硬"。凡工作站成员，必须高度重视教育教学理论和所教

---

① 本三年建设规划撰写于2016年5月，是株洲市首批特级教师工作站建设规划。

学科专业知识的学习、研究与探索，努力提升自身的专业素养和教育教学能力，加快自身专业成长，充分发挥每位工作站成员的自主精神和首创精神，力争在实践中探索和创造出具有个性特点的教育教学研究成果，或专业研究成果。

2. 服务教学原则

凡工作站成员的工作，一定要从有利于自身成长和学科教学发展，提高株洲市、特别是株洲市第四中学学科教学质量，促进学生的学习与发展出发，力争使株洲市第四中学特级教师工作站成为株洲市相关学科的教育教学研究中心和富有特色的特级教师工作站。

3. 科研引领原则

工作站成员的教育教学和学科专业研究，应以课堂教学为主阵地，以自己的专业发展为主要方向，贯彻新课改精神，积极围绕相关学科的课堂教学、校本课程开发，及其所遇到的学科专业问题开展研究，大胆进行课堂教学改革，切实转变教与学方式，关注有效教学，提高学科教学质量。

4. 通力合作原则

株洲市特级教师工作站将依托株洲市教育局、株洲市教师培训中心和株洲市第四中学，全体工作站成员在开展教育教学和学科专业的研究过程中，要通力合作。在条件具备时，应力争能聘请省内外教授和专家来工作站指导工作，借以促进工作站成员、株洲市及株洲市第四中学相关学科教师的专业成长。

三、工作团队

株洲市第四中学特级教师工作站本着理论与实践相结合的原则，通过多方努力，组建了一支既有较高理论造诣，又有丰富实践经验的工作团队。

1. 工作站站长

本工作站站长为汪瀛。他是教育部国家基础教育课程专家工作委员会委员、中国教育学会理事、湖南省历史教学专业委员会副理事长，中学历史正高级教师、湖南省历史特级教师、株洲市核心专家和科学技术带头人、株洲市中学历史名师工作室主持人、株洲市四中历史教研组组长。

2. 工作站成员

（1）吕国祎：男，1963年出生于湖南省茶陵县。1982年毕业于湖南师范大学数学系，湖南省特级教师，株洲市高中数学学科带头人，株洲市家庭教育研究专业委员会理事长，株洲市四中副校长。长期在教育教学一线工作，具有十分丰富的学校教育和家庭教育经验。所教学生中多人获得省市高考理科状元；他女儿获得2007年株洲市区高考理科状元，多名学生考上清华大学、北京大学、香港大学等名牌大学。荣立二等功1次，三等功2次。在国家级、省级学术刊物上发表学术论文10余篇，出版数学素质教育专著1部、家庭教育专著2部。

（2）肖守志：男，1962年4月出生长期在南方中学任教，担任语文教师、备课组长、教研组长、校学术委员多年。2000年开始担任株洲市中语会副秘书长，2011年开始担任株洲市语文学科基地主持人。是全国中语会语文课堂分会会员。2014年担任全国语文名师成长大讲堂客座讲师。

（3）彭国辉：彭国辉，男，1962年出生，湖南省特级教师，株洲市化学学科基地主持人，株洲市化学教育专业委员会理事长.2001年被株洲市教育局聘为高中教师"新教材培训"辅导教师，2004年被聘为"株洲市高中骨干教师培训班"讲师团讲师，2006年被聘为"株洲市高中继续教育"讲师团讲师，2007、2008、2009年被聘为"株洲市新课标、新课程培训班"讲师团讲师，2007年被聘为"全国远程教育"辅导教师,2007年被聘为"株洲市学科带头人"评审委员会评委，2008年被聘为"特级教师"考评小组成员。在《化学教育》《化学教学》《中化参》《中学化学》等专业刊物上发表教育教学论文七十余篇。

四、主要工作

1. 工作站站长的主要职责

负责选择工作站组成成员；制定《株洲市第四中学特级教师工作站三年建设规划》和各年度实施计划；负责召集工作站成员开展相关学术研究和学术活动；筹集、请求和批准使用工作站活动经费；负责向主管部门汇报相关工作。

2. 工作站成员的主要职责

第一，完成《2016年学科领军教师培养工作实施方案》所规定工作任务。

如出版一部教育教学专著，或完成一个高质量的能解决工作站所在学校（株洲市第四中学）教育教学问题的课题研究。开发一门高质量的校本课程或者教师培资源。为株洲市和株洲市第四中学相关学科教师开展高质量培训活动，每人教育教学或学科专业学术讲座不少于3次，学科示范课不少于3节。每人在核心期刊发表有关教育教学、教师培养或学科专业研究等方面的论文不少于1篇。

第二，立足于所在学校和株洲市第四中学，开展教学案例研讨、教学设计、课堂观摩与诊断等实践方面的研究活动，为所株洲市、特别是株洲市第四中学相关学科的教育教学质量的提升提供有力支持。

第三，积极为本学科教师研讨交流搭建平台。既可以是请进来，也可以是走出去，也可能通过建立相关学科专业QQ群进行研究交流。要尽力争取与全国和本省一些教育科研高端平台开展合作；尽可能地邀请请一些著名专家学者来工作站讲学，或积极组织相关教师参加他们组织的高端学术交流活动，借以开拓自己和相关教师教育教学科研视野，提升他们的教育科研能力，扩大自己与他们的影响。

第四，积极开拓有关渠道，如不定期举办成果展示活动，开展送培送教活动，举办教育思想研讨、论坛活动，努力推介自己的研究成果，促进株洲市、特别是株洲市第四中学相关学科教育教学质量的提高。

五、保障措施

1. 株洲市第四中学按规定确保株洲市教育局设立与拨付的专项经费全部用于相关学科研修活动。

2. 株洲市第四中学决定设立工作站专项工作经费，保证工作站的正常运转。为鼓励株洲市第四中学特级教师工作站的校外专家来校授课、培训、讲学等研讨活动，学校将根据其工作时间与质量，给予适当的劳务报酬。

3. 株洲市第四中学为确保工作站站长有精力和时间主持工作站的日常工作，完成上级规定的教育教学研究、校本课程开发等任务，学校研究决定减少其二分一的教学工作量，每周给予8个标准课时的课时津贴。

4. 株洲市第四中学研究决定，学校全力支助株洲市第四中学特级教师工作站的本校成员三年内每人出版一部教育教学研究专著、一部学科校本课程或教师培训著作，并对其出版的学术专著、发表的研究论文和完成的科研课题成果予以奖励。

5.株洲市第四中学研究决定，学校为工作站提供专门办公室一间，配齐工作与研究所需设备，并积极提供完备的后勤保障。

6.株洲市第四中学研究决定，学校为株洲市第四中学特级教师工作站的本校成员建立学术假期制度，全力支助他们参与本学科的学术研讨和培训活动。

7.株洲市第四中学对工作站的工作进行日常管理，确保工作站正常运转，促进工作站如期完成工作站所规划的相关工作任务。

2016年5月30日

株洲市四中历史教研组集体备课实施方案 ①

备课是教学的必要环节之一，加强集体备课既是传统教学常规的基本要求，也是教师专业成长的要求。因此，我们依据学校相关管理制度和历史教育教学实际，制定本集体备课方案。

一、集体备课的基本要求

1. 组织形式

（1）以年级为单位，建立历史集体备课小组。备课组长原则上由本年级全体历史教师协商选定，经教研组审定，报学校备案。

（2）历史集体备课，以年级备课小组为单位进行，实行备课组长负责制。

2. 实施过程

（1）制定计划：备课组长在新学期正式上课前一周（或上一学期末）召开备课组会议，讨论本学期的集体备课计划。主要内容包括根据教材编排体系安排发好备课内容和主备课人。

（2）个人初备：主备课人提前两周研读所分配的备课内容，进行教学设计构想，设计好教学方案，写出电子教案并做好课件。如需要，也可编写学案。

（3）及时传阅；在集体备课前一周，主备人把初备教案（含课件、学案）告知本组成员，本组成员在接到初备教案后进行研读，提出修改意见。

（4）同伴合作：集体备课时，主备人以说课或讲解的形式，展示设计好的教学方案，说明教学设计思路和理由；其他教师提出自己的修改建议与理

① 2005年2月第一稿；2008年9月第二稿。本文为第二稿。

由，形成相对完整、科学合理的教学方案。然后，组员可根据自身实际和学生实际，对统一形成的教学方案再次修改，最终形成具有本人特色的教学方案。

（5）反思交流：各位教师依据自己的教学方案实施教学，并在课后反思和积累自己在教学中所遇到的问题，撰写教学后记，以便于下次集体备课时分享交流。

（6）资料入库：备课组长将每次集体备课成果上传到"历史集体备课资源库"备查，实现资源共享。

二、新课程集体备课策略建议

1. 以专题备课为主，既分工又合作

高中新课程采用的模块教学，每个模块下设若干专题。就历史学科而言，教材打破了以往按通史形式编排，而以专题形式编写，专题内容的内在联系加强了，但时空跳跃性太大。因此，集体备课应加强以专题为单位备课，一人备一课的做法很容易割裂专题内容间的内在联系。具体做法：规划分工——资源收集——整体把握——个人备课——集体研讨——修改完善——个人调整。

（1）规划分工：在开学前1—2周，备课组先讨论学期整体安排和教学进度，其前提要求备课组成员必须对教材的整体结构有一定的了解，如有教师就提出在专题三结束后，把专题六、七、八之世界史部分提前讲，以便于学生中外对比联系；也有教师认为，世界史较难学，还是不变好。最后根据大家讨论的意见和自己的专长，按专题领取各自的任务。一般第一专题由大家集体备课，在开学前共同完成。

（2）资源收集：备课组成员在进行教学的同时，开始就自己所执教的专题收集相关课程资源，并着手设计自己的教学思路。

（3）整体把握：一般在专题开始实施的前3周，如能提前则更好。由备课组各成员在初步熟悉专题内容的基础上，由本专题负责人提出教材整体处理意见，供备课组成员讨论。如是否有必要对专题内容进行整合或调整；根据课标要求，哪些知识是重点，哪些是难点，哪些可以适当增删等。以《专题一：古代中国的政治制度》（历史必修一，人民版）为例，本专题的第2课——走向"大一统"的秦汉政治与第3课——君主专制政体的演进与强化，相比较

而言，第3课的内容多，且概念多，用1课时学习确实难度很大，而第2课内容相对少些。从课时安排和知识内在联系的角度分析，大家都认为可把第3课的"法令出一"子目调整到第2课的"秦汉时期的官僚机构"中结合"皇帝"来源讲解。然后，由该专题负责人根据备课组成员的意见进行备课。

（4）个人备课。本阶段如遇到问题，应及时向备课组成员或同行求教，不可闭门造车，或随意处理。

（5）集体研讨。一般在专题实施的前一周初，备课组成员在进一步了解专题内容的基础上准备好自己的教学设计，由专题负责人为主讲解自己的教学设计，专题负责人的教学设计必须以书面形式交付备课组成员讨论。要求：教学设计应尽可能详细，仅次于教案。

（6）修改完善。专题负责人根据备课组意见进行修订，并在该周周五前以电子稿件送交备课组。

（7）个人调整。备课组成员根据自己的教学风格和在实践的体验及时调整教学设计。个人备课重点在设计板书或多媒体应用上，并借此进一步加深对教学设计和教材处理的理解。

2. 以课例研究为突破，探索课堂教学的全面建模

备好课是上课的重要前提，但并不意味着就能上好课。探索一条适合本校、本班的课堂教学模式仍是备课组应追求的目标。运用课例研究探索课堂教学的全面建模具有可操作性。其具体流程为：选择主题、定主备人——备课——集体研讨——定上课教师——评议总结——再上课——总结反思。课例研究一般至少每月举行1次，有条件的学校可在总结反思阶段聘请专家或有经验的一线教师莅校点评或上示范课。课例研究可在备课组内，也可在学校范围内，甚至可以在校际之间开展，但应注意校际之间的层次差异不要太大，同时要强调不搞花架子，不走过场，要追求常态下的教研。

3. 发挥群体优势，尝试创建学科资源库

备课组应充分利用网络平台，指定专人负责，及时收录各种课程资源，在实践中不断丰富完善。在实施中，普遍一线教师都感到现行教辅材料存在不少问题，我们鼓励教师以导学案方式进行修改、完善，一方面引导学生学会自主学习；一方面在日积月累中逐渐形成符合自己教情、学情的习题集。同时，我们也鼓励教师建立自己的个人博客，加入相应群组，及时记录自己

实施新课程的心得体会，或困惑、问题，学会共享，学会寻求更多的帮助。

三、集体备课应注意的问题

1. 材料引用的科学性。历史资料良莠不齐，而新课程有许多结论需要我们引经据典去论证，学生分析材料能力需要我们潜移默化去引导。因此，课堂教学所使用的历史材料必须慎重选择。就目前我们备课经验看，历史材料主要来源于：（1）网络资源，如 CERSP.COM（新思考网）、中学历史教学资源网等；（2）不同版本教材，毕竟这些教材所使用的材料都是经过专家审核且具有典型性；（3）大学现行教材等；（4）原有自己引用的历史材料；（5）乡土资料。

2. 备课组成员合作的诚信度。集体备课能否落到实处并产生效益，关键是教师的认识是否到位。面对新课程，不管是有经验的教师，还是新教师，都是新课题，通过集体备课，实现资源共享，既减轻教师的压力和负担，同时也提高备课的效益。教师应学会与他人合作，学会向自己的同伴、学生学习。一句话，集体备课活动不应是学校的行政行为，而是教师自我发展的内在需求，唯有如此，备课组成员才能有高度的责任心和事业感，集体备课也才能落到实处，并发酵为质量。

3. 多媒体制作的实效性。新课程实施后，越来越多的一线教师对多媒体的使用产生了兴趣，最主要的是想利用多媒体来提高课堂教学的容量与质量。但在具体使用过程中出现了两种现象：一是多媒体制作的过于精致，不仅实效性不强，而且花费了大量时间，导致无法长期坚持；一是多媒体内容过多，频率过快，致使学生跟不上，课堂效果不好。在备课过程中，我们认为多媒体只要达到辅助教学功能即可，不要太多的花架子，同时注意学生的接受程度，不是越多就越好。

四、考核评估

1. 四定四备：四定，即定时间、定地点、定内容、定主备和中心发言人。四备，即备课标、备进度、备学生、备教法，同时坚持集体备课和个人备课相结合，充分发挥每位教师的特长和优势。

2．五个统一：统一教学目标，统一教学重点、难点，统一课时分配和进度，统一作业布置，统一测试。

3．必须记录：每次集体备课，备课组长必须如实记录集体备课情况：时间、地点、参加人员、备课内容。

5．接受检查：学校和教研组长，会根据实际情况，对各集体备课小组会进行定时与不定时检查或抽查。

6．奖优罚劣：每学年，教研组将对各备课小组进行一次全面检查和考核，并将考核结果作为先进备课小组评比及教师个人考核的重要依据。

株洲市四中历史学科中期发展规划^①
（2011–2013）

　　学科组的建设是学校中期发展规划的重要组成部分，也是学校走向内涵发展特色发展的必经之路。因此，我们依据《株洲市第四中学学科及教师专业发展工作方案（2011–2013）》对学科组的建设与发展做出长远规划，使之更有序、更有效。

一、历史学科及教师现状分析

　　株洲市四中历史教研组是一个团结协作、积极进取、师德高尚的团队。现有教师10人，所有教师都在大学及以上学历。就教师职称而言，有特级教师1人，中学高级教师4人，占50%；中学一级教师3人，占30%；中学二级教师2人，今年刚参加工作的1人，占30%。共产党员8人，占80%；民主党派2人，占20%。2人任学校年级组长，有6人为市、学校骨干教师，占60%。

　　历史学科组的教师在日常教育教学中能遵守党的教育方针，严谨治学，刻苦钻研，团结协作，以精湛的教学艺术，深邃的教学思想，高尚的道德品质，乐于助人的情怀，教学育人，默默地耕耘在教书育人的第一线，取得了丰硕成果。一是教学成效明显，在历次株洲市高三模拟考试和高考中名次稳居全市前茅。2010年高二历史学业水平考试，一次性合格率100%。二是教研成果丰硕。2005年以来，我们已出版专著5部，发表论文等130多篇，90多篇次论文、案例、课件和赛课在全国、省、市获奖，是2005年前全部成果的

---

a　本发展规划撰写于2010年12月。是为株洲市第四中学制定学校发展规划而撰写。

20多倍，位全市之冠。汪瀛老师著写的《高中历史新课程教与学》获湖南省第二届基础教育成果二等奖；《自然环境与人的生存发展》获株洲市第九届哲学社会科学优秀成果二等奖。湖南省教育学会立项课题《历史研究性学习理论与实践》，在汪瀛老师主持下，由于全组历史教师共同努力，取得了丰硕成果，目前已完成结题工作。三是教师专业素养不断提升。2005年以来，全组教师的教育教学素养测试稳居市、校前茅。教师所获荣誉举不胜举，如周瑞珍、匡志林、李睿等教师，多次在省、市、校教学和说课竞赛或演讲竞赛中获奖；欧阳建荣、刘培生、汪瀛、黄练平、邓昌华、何海霞等老师在年终考核和年度评比中，或多次获得优秀、先进工作者称号，或被多次记功奖励；刘培生、黄练平、邓昌华、何海霞等老师多次被评为学校优秀班主任；欧阳建荣、刘培生、汪瀛曾被评为株洲市优秀党员或优秀教师，荣获学校"突出贡献奖"，或"十佳教师"和"十大爱心教师"称号；特别是汪瀛老师，于2007年荣获湖南省最高教育奖"徐特立教育奖"。

历史学科组在取得丰硕成果的同时，也存在一些问题与困难。一是部分年龄较大的老师，随着年龄的增大，学习与科研动力有时显得不足，开始满足于已有成果和课堂教育教学。二是刚参加工作不久的年轻教师，教育教学经验不足，要独当一面，还需要一段时间磨砺。三是缺少市级历史学科带头人，要想在全市、甚至全省范围内进一步打造品牌，还需要靠全体教师的共同奋斗。

二、历史学科发展目标

1. 总体目标

加强历史学科及历史课程建设，将历史学科组进一步打造成在全省有影响力的品牌学科，努力争取成为全市普通高中历史学科培训基地和校本研训示范基地。在原有"自主感悟，互动创新"的历史教学模式基础上，深入总结实施历史新课程教学以来的教育教学经验，探索出符合株洲市四中历史新课程教学发展需要的"自主·合作·探究"新的课堂教学模式，以进一步促进教学组织形式、教与学方式的转变，打造出有利于学生全面而又有个性发展的精致高效课堂。确保高考成绩（以文科综合分出现）进入全市前三名，确保学业水平考试正考全科合格率100%，力争全科优秀率50%以上，并每年都有突破。加强历史教学中艺术元素的渗透，为打造全省一流的具有艺术色彩的株洲市四中做出自己的应有贡献。

2. 具体目标

2011年度：

（1）课程资源建设目标

落实普通高中新课程方案，确保国家必修课程全部开出，国家选修课程开出30%，创造条件开设2门以上校本选修课程，并确保教学过程的实施和管理规范严谨，推出"风流人物系列"等品牌课程。进一步充实原有"历史研究性学习资源库"，增设"历史课件资源库"和"历史试题资源库"。

（2）教师队伍建设目标

加强历史学科师资队伍建设，争取有3人进入城区骨干教师队伍，有1人成为市级"名师工作室"培养对象。动员1人在职学历进修。在青年教师中有1人晋职为中学一级教师。

（3）历史教研教改目标

力争成为首批全市普通高中历史学科培训基地和校本研训示范基地。在原有"自主感悟，互动创新"的历史教学模式基础上，深入总结实施历史新课程教学以来的教育教学经验，初步探索出符合株洲市四中历史新课程教学发展需要的"自主·合作·探究"新的课堂教学模式，为进一步促进教学组织形式、教与学方式的转变，打造出有利于学生全面而又有个性发展的精致高效课堂奠定基础。力争80%以上的学生积极参与课堂教学活动，所有课堂教学的学生满意度达到"基本满意"以上。90%以上的学生都能得到及时的课后辅导，98%以上的学生能一次性拿到所修课程的学分。

（4）历史教学质量目标

确保高考成绩（以文科综合分出现）进入全市前四名，力争进入前三名。确保学业水平考试的正考全科合格率100%，力争全科优秀率40%以上。

（5）历史学科制度建设目标

依据学校教学教研管理制度，初步制定历史学科教学教研管理制度，如听课制度、评课制度和教研（备课）活动管理制度。

2012年度：

（1）课程资源建设目标

落实普通高中新课程方案，确保国家必修课程全部开出，国家选修课程开出40%，创造条件开设3门以上校本选修课程，并确保教学过程的实施和管理规范严谨，继续推出"风流人物系列"等品牌课程。进一步充实"历史研究性学习资源库"，"历史课件资源库"和"历史试题资源库"，增添"历史教案资源库"。

加大开发历史校本课程的力度，争取开发一本历史校本课程；加强历史教学中艺术元素的渗透，为打造全省一流的具有艺术色彩的株洲市四中做出自己的应有贡献。

（2）教师队伍建设目标

加强历史学科师资队伍建设，在城区骨干教师队伍中保持3人，市级"名师工作室"培养对象保持1人；积极培养新的城区骨干教师，增强原有城区骨干教师的实力，为他们进入市级历史学科带头人创造条件。继续动员1人在职学历进修。在青年教师中有1人晋职为中学一级教师。

（3）历史教研教改目标

在全市普通高中历史学科培训基地和校本研训示范基地方面，如果上年度没有进入，应确保本年度进入；如果上年度进入，则应团结协作，争创优秀历史学科培训基地和校本研训示范基地。进一步完善株洲市四中"自主·合作·探究"历史课堂教学模式，进一步促进教学组织形式、教与学方式的转变，打造出有利于学生全面而有个性发展的精致高效课堂。力争85%以上的学生积极参与课堂教学活动，所有课堂教学的学生满意度达到"基本满意"以上。95%以上的学生都能得到及时的课后辅导，99%以上的学生能一次性拿到所修课程的学分。

（4）历史教学质量目标

确保高考成绩（平均分）进入城区直属高中（以文科综合分出现）进入全市前三名。确保学业水平考试的正考全科合格率100%，力争全科优秀率45%以上。

（5）历史学科制度建设目标

进一步完善历史学科教学教研管理制度，如听课制度、评课制度和教研

（备课）活动管理制度等。

2013年度：

（1）课程资源建设目标

落实普通高中新课程方案，确保国家必修课程全部开出，国家选修课程开出40%，创造条件开设3门以上校本选修课程，并确保教学过程的实施和管理规范严谨，继续推出"风流人物系列"等品牌课程。进一步充实"历史研究性学习资源库"，"历史课件资源库"和"历史试题资源库"，"历史教案资源库"，增添"历史教学研究资源库"。

加大开发历史校本课程的力度，再争取开发一本历史校本课程。

（2）教师队伍建设目标

加强历史学科师资队伍建设，在城区骨干教师队伍中保持3人，市级"名师工作室"培养对象保持1人；加大城区骨干教师培养的力度，为2014年新一届市级历史学科带头人换届奠定坚实基础。继续动员1人在职学历进修。在青年教师中有1人晋职为中学高级教师。

（3）历史教研教改目标

团结协作，确保历史学科培训基地和校本研训示范基地进入年度优秀行业。进一步完善充实株洲市四中"自主·合作·探究"历史课堂教学模式，进一步促进教学组织形式、教与学方式的转变，打造出有利于学生全面而又有个性发展的精致高效课堂。力争90%以上的学生积极参与课堂教学活动，所有课堂教学的学生满意度达到"基本满意"以上。96%以上的学生都能得到及时的课后辅导，100%以上的学生能一次性拿到所修课程的学分。

（4）历史教学质量目标

确保高考成绩（平均分）进入城区直属高中（以文科综合分出现）进入全市前三名。学业水平考试正考确保全科合格率100%，力争全科优秀率50%以上。

（5）历史学科制度建设目标

进一步完善充实历史学科教学教研管理制度，如听课制度、评课制度和教研（备课）活动管理制度等。依据新的教育发展要求，制订符合株洲市四中发展需要的新的教学教研管理制度。

三、工作任务与具体措施

1. 工作任务：参见"历史学科发展目标"。

2. 工作措施：

（1）召开全组会议，研讨本组中期发展规划，制定既符合本人实际，又符合学校"规划"发展要求和需要的个人发展规划。

（2）坚决贯彻落实学校和历史教研组制定的各项规章制度，加强月度考核，奖优罚劣。

（3）积极组织全体教师参加当年学校及省市组织的各种培训学习、教学竞赛、学科建设月等活动，以活动促教师专业发展。倡导全组教师静心阅读，不断提升自身综合素养。

（4）研究建立本学科学业水平考试质量评价体系，加强教学检查督评，不断推动学科教学管理和教学成绩的不断进步。

（5）实行走出去和请进来发展战略，加强专家引领作用。凡外出培训学习或参加教研活动的教师，回校后，必须写出不少于1000字的学习体会或模仿所听课向教研组成员上一节公开课。

（6）加强研讨课、示范课、公开课和研究课的检查与落实。凡35岁以上的教师，每学期必须上一堂示范课或研讨课；凡35岁以内的教师，每学期至少一堂公开课和一堂研究课。坚持课堂观察和课后反思制度，建立专业的听评课制度，通过课前会议、课堂观察和课后会议三个程序，对研究课实施完整的课堂观察，并要求上课教师写出500字以上的课后反思，将教案、说课稿、课后反思等材料及时上挂学校相关网站上，或大型网站的博客上，并交教研组存档。

（7）教研组通过举办学科专题讲座等活动，激发学生学习兴趣，发展学生学习能力。

（8）鼓励全体历史教师成为学校、市、省和国家级名优特教师。每位名优特和骨干教师都要建立自己的教学博客，定期上传自己的教学信息，如教案、教学反思、案例、论文等，时常主动关心自己和他人的博客动态。

（9）强化教师间的协作，凡城区骨干以上级别的教师，必须有自己固定的帮扶对象，以加速青年教师的成长。

（10）加强教育教学科研，以科研促成长，促教育教学能力与质量的提升。以新的学科模式研究为平台，着力落实好备、教、练、辅、考、评等教学环节，打造精致高效课堂。坚持学教反思，要求教师从自己的教育教学实践出发，建立自己的研究课题，其他教师必须积极申报和参与课题研究，努力探求教育教学的规律，用研究的成果指导教学。在研究中提升，在提升中研究，走一条研究的学术道路。相关成果获奖，组里将根据各人贡献大小分配相关奖金。

（11）以上为2011年度历史学科组教学教研管理的基本措施，2012、2013年度管理措施，将依据学校与教研组教学、教研发展实际情况和需要，进行修正和完善，并适时推出新措施。

积极进取，开拓创新 ①

——株洲市第四中学历史教研组简介

株洲市第四中学是湖南省示范性高级中学，地处湖南省株洲市荷塘区新四路80号，是"全国艺术教育先进单位""全国创新型学校""全国普通高级中学特色学校项目校""湖南省文明单位"。

株洲市四中历史教研组是湖南省首届优秀教研组。现有教师10人，其中特级教师1人，中学高级教师5人；国家级骨干教师1人，市城区骨干教师4人。他们秉承学校"一切为了学生终身发展"的办学宗旨，为学校着力打造美丽校园、书香校园、精致校园、和谐校园，塑造"勤、和、智、艺"的教师形象，培养"正、善、慧、美"的学子，建设精致课堂，践行多元德育，实施文化管理做出了重大贡献。

优化管理奠基础——教研组坚持依据国家课程方案、课程标准、学校管理制度与发展规划等建立和完善各项规章制度，制定年度、学期工作与发展计划，坚持每月底进行检查与考核，每学期进行总结评价，并作为绩效工资发放和评先评优的依据。

团结协作共成长——教研组坚持"以人为本"，高度重视全体教师的团结协作，积极创建和谐浓厚的教研氛围。日常教学中，青年教师积极主动向老教师求教，老教师则热忱爱护和关心青年教师的成长。不论谁上公开课、竞赛课，全体教师都积极参与听课、评课、出谋划策。教研组长带头干，全体教师抢着干，交流、合作、互敬、互学、互谅是他们工作、学习和生活常态。

---

① 本文曾发表于《历史教学·中学版》2012年第11期。

他们的口号是：团结合作，共同成长，让每位教师在教研组感受到家的温暖与成长的快乐。

理论学习拓视野——"问渠哪得清如许，为有源头活水来"。教研组一方面注意有计划有目的地组织教师结合历史教科书深入研读《普通高中历史课程标准》和相关著述，以解决教学中所遇到的实际问题；另一方面重视引导教师关注历史和历史教学研究前沿，要求每位教师根据自己的发展和教育教学的需要，每年阅读二本教育教学方面的专著，研读30篇以上历史和历史教学研究方面的论文，撰写学习笔记、心得体会不得少于10000字。教研组还坚持实施"走出去，请进来"战略，给每位教师专业培训、观摩交流、参与竞争的机会。

实践研究出成果——教研组一方面坚持"以学生发展为本"，他们严谨治学，刻苦钻研，团结协作，以精湛的教学艺术，深邃的教学思想，高尚的道德品质，乐于助人的情怀，教学育人，默默地耕耘在教书育人的第一线，历史教学效果稳居株洲市前列，为社会和向北大、清华、人大、中央与中国美院、中央与中国音乐学院等全国著名学府输送大批品学兼优人才做出过重大贡献。另一方面坚持"以教师发展为本，成就事业成就人。"全体教师以科学教育教学理论为指导，以教育教学实践为基础，在历史教育教学研究方面取得了丰硕成果，仅2005年以来，已出版历史教育教学理论专8著部，发表教研教改论文等150多篇，且多篇论文为人民大学《中学历史、地理教学》等权威刊物转载，在中学历史教学界产生一定影响；100多篇（次）历史教育教学论文、案例、课件及赛课在全国、省、市获奖。其中，《高中历史新课程教与学》获湖南省第二届基础教育成果二等奖；《自然环境与人的生存发展》获株洲市第九届哲学社会科学优秀成果评奖成果二等奖。他们创立的"自主感悟，互动创新"历史教学模式，不仅历史教育教学效果好，而且通过公开发表在中学历史教学界产生过一定影响。目前，他们又根据学校统一部署，正在深入完善"四导一评"教学模式，且收到良好效益。

校本课程创特色——教研组从新课程实施以来，坚持根据学校办学理念开创具有株洲市四中特色的校本课程。其课题《历史研究性学习理论与实践》先后荣获教育部中国教师发展基金会全国"十一五"教育科研成果二等奖和湖南省教育学会规划课题一等奖；学生历史研究性学习成果在省市获奖和公开发表。其围绕"艺术教育特色学校"建设开发的《艺术风流人物》等多种历史校本课程深受学生欢迎，并公开出版发行。

"雄关漫道真如铁，而今迈步从头越"。教研组建设永无止境的。他们表示将进一步加强组织领导，增添学术氛围，完善教学考研资料积累，突出株洲市四中的教研特色。

02

序言杂陈

有人说，绪言与序言的共通之处，旨在说明某著作的宗旨与内容。其不同之处，绪言隶属于作品本身，不可独立于作品之外；序言则可评论作者与作品，并对有关问题进行研究阐发。其实，本人对此一窍不通，往往信马由缰，贻笑大方。

本人每出版一部拙作，往往难以免俗，为说明其宗旨和相关内容，便不得不撰写一篇所谓的绪言或序言。有时，我甚至不知轻重，竟然大胆给他人大作写序，今天想来，实在汗颜。

社会存在决定社会意识。教育，历史教育，是一个永远也说不完的话题。因为，时代在发展，社会在进步，人们对教育的发展也会不断地提出新的要求，世界上不存在一劳永逸的教育，也不存在一劳永逸的历史教育。本栏目所选入的绪言或序言，或许难入大家法眼，但或多或少地体现了本人对教育、对历史、对历史教育的肤浅思索，或许能给读者一点有益的启迪。

高中历史新课程教与学 ①

绪言

从2004年广东、海南、山东、宁夏四省率先实施历史新课程以来，全国至今已有10多个省市加入历史新课程的行列。几年来，全国历史教学界以极大的热情关注着历史新课程的实施，由此也产生了不少研究成果，对中学历史教学产生了不可估量的影响，可谓是中学历史教学的一大幸事。

但是欣喜之余，我们也应理智地看到，在有关高中历史新课程研究成果中，或高深莫测，令广大中学历史教师不知从何下手，不知怎样做才能真正实现历史新课程理念；或局限于教学实例，令广大中学历史教师亦步亦趋停留于简单模仿。各种历史新课程培训千篇一律，或停留于理论的探讨和推介，或止步于一两堂示范课的观摩，有些培训甚至于南辕北辙，令人不知所云。

2007年我所在的湖南省也进入高中历史新课程改革实验。有意思的是，在一些培训活动中，一些主讲者，或大力宣讲制定历史新课程标准之难，现行《普通高中历史新课程标准（实验）》还存在哪些缺陷；或大力宣传人民教育出版社编写的历史新课程标准教材优长；至于高中历史新课程有哪些新的理念？为什么要提倡实施这些新理念？历史新课程标准教材是如何体现这些新理念的？在日常历史教学中如何高效地实现这些新理念？主讲者很少理论联系实际地分析说明，也说不出所以然。一位来自江苏实验区的一线教师，更是大谈特谈每节课前如何设计和要求学生落实预习，如何将教材条理化和要点化，如何提高学生的考试成绩，特别是学生的高考成绩。这是在进行新

① 《高中历史新课程教与学》由北京线装书局2007年11出版。本书曾于2009年3月荣获第二届湖南省基础教育教学成果二等奖。

课程培训吗？这有利于新课程改革理念的落实吗？当时参加新课程改革培训的骨干教师都感到茫然。有人曾戏言："现在的教师培训，是让一些不懂中小学教学的'教育专家'，培训一群会教书育人的教师，结果是弄得大家都不会教书育人。"虽然这些言语有些尖刻，但也在一定程度上反映了当今教研成果、教育教学培训，存在纸上谈兵、理论与实践相脱离等问题。

我作为工作在中学历史教学第一线的教师，因教育教学和教研的需要，既接受了各级各类教育教学培训，拜读了不少名家的研究成果，也给不少教师进行了所谓的培训。在这些学习和讲学过程中，我深知当今教师不是不爱培训，也不是不爱读书学习，而是渴盼那些理论联系实际、通俗易懂、生动活泼、操作性强、能举一反三、令人豁然开朗的教育教学培训和教研成果著述。正是基于这一现象和要求，我尝试撰写了《高中历史新课程教与学》一书。

本书以科学的教育教学理论为指导，坚持理论与实践相结合，从理论与实践操作两个层面，依据《普通高中历史课程标准（实验）》，从课程标准、课程标准教材、历史教学三维目标、新课程背景下的教师与教学方式、学生与学习方式、历史研究性学习、历史教学评价、历史课程资源开发与利用等方面，进行了全方位地分析说明。我衷心希望本书能给广大中学历史教师实施历史新课程有所助益。

我对中学历史新课程接触和认识，始于20世纪90年代末初中历史新课程的实施。但因我的水平和能力有限，加之缺乏实施高中历史新课程的经验，书中谬误难免，也难以满足广大读者实施历史新课程的高标准要求，敬请广大读者谅解！

2007年国庆节于株洲市第四中学

自然环境与人的生存发展 [①]

绪言

世界上有不少人相信"命运"。

什么是"命运"？迷信的人将其解释为人一生中生死、贫富、祸福等遭遇，意为人生"命中注定"，非人力所能改变。实际上，"命运"是存在的，这种"命运"是指人或事物发展变化的趋势。

个人有"命运"，家庭、国家、民族等也有其发展的"命运"。左右个人、家庭、国家、民族"命运"的因素甚多，其中自然环境因素是不可忽视的重要因素之一。

人对自然的关注起于其诞生之日，并始终不渝。

在人类诞生的蒙昧时代，人类是以恐惧、敬畏、虔诚的心态关注大自然的，并小心翼翼地从大自然中获取自身生存所必需的生活资料。可以说，原始时代的人们完全或基本依赖于大自然的恩赐而生存，多以采集狩猎为生，聚居在自然条件优越、天然食物丰富的区域，被动地适应自然，人与自然处于原始和谐状态。

人是聪明的。人类在长期与大自然打交道过程中，对自然环境的认识逐渐加深，征服大自然的能力也随之增强。于是，人类在敬畏大自然中诸如风、雨、雷、电、地震、洪水、干旱等威力巨大的自然现象和灾害的同时，也加大了对大自然的索取。从原始社会末期开始，产生了以耕种与驯养技术为主的农业生产方式，特别是铁器的应用，出现了过度开垦与砍伐以及为争夺水

[①] 《自然环境与人的生存发展》由湖南长沙岳麓书社2008年出版。本书曾于2009年10月荣获株洲市第九届哲学社会科学成果二等奖。

土资源而频繁发动的战争，使得人与自然的关系出现局部性和阶段性紧张。但由于人类开发利用自然的能力有限，人与自然的关系仍能基本保持相对和谐。

工业革命后，随着科学技术的发展，人类认识和征服大自然的能力进一步增强，加之急剧膨胀的人口压力，人类开始逐渐藐视大自然，对大自然的索取越来越多，越来越毫无节制，似乎大自然是取之不尽，用之不竭的宝库。然而，大自然并不像人类所想象的哪样，由于资源消耗超过自然界承载能力，污染排放超过自然环境容量，导致了人与自然环境关系的失衡，造成了人与自然环境关系的尖锐化。大自然对人类无休止、无节制地索取极为不满，并开始向人类咆哮和报复……

实际上，人与自然关系是人类生存与发展的基本关系，一部人类社会的发展史，也是人与自然环境的关系史。人与自然环境共处在地球生物圈之中，人类的繁衍与社会的发展离不开自然环境，必须以自然环境为依托，利用自然；同时又必须改造自然，让自然环境造福于人类，服务于人类。

人与自然环境的关系主要表现在两个方面：一是人类对自然环境的影响与作用，包括从自然界索取资源与空间，享受生态系统提供的服务功能，向环境排放废弃物；二是自然环境对人类活动，如生存、生活、生产、发展等影响与反作用。

从人类历史上看，自然环境对人类活动与发展所产生的影响是巨大的，表现也是多方面的，涉及人类文明的产生与消亡、人类心理和文化特点、人的外貌特征、生活习俗、宗教信仰、疾病防治、居住生活、社会经济发展、政治兴衰、军事胜败、中国和世界历史的发展。

例如：我国从北到南的史前文明，之所以呈现出蒙古高原、黄河流域和长江流域三大不同文化区，在相当程度上是自然环境制约的结果。我国长城以北的蒙古高原地区，自史前以来地貌多呈起伏缓和的波状高原和切割丘陵，并由于地势较高、气温较低、降水量较少，在风力和干燥气候条件下，沙漠草原广泛发育。因此，人类所能从事的主要是采集、狩猎和游牧经济，于是这一地区成为中国历史各时期游牧民族的主要活动区域。长城以南的史前黄河流域，降水量相对较少而气候干燥，大部分地区分布着结构松软而易于耕作的黄土或黄土状土。这里的土壤渗水性强，地下水位一般较深。在这种自然环境下，人们培植出耐干旱、易生长的粟类；并逐渐形成以旱田粟作农业为主要特征的繁荣史前文化。这里的人们还利用黄土的特性，挖穴造屋。这种穴居建筑，冬暖夏凉，至今仍是黄土地带居民最主要的建筑形式之一。然而，我国史前的长江流域和华南广大地区，较之今天更为温暖、降水量更多，加之土壤中所含黏土较多而渗水性较差，因而平原地带水网密布，山区林木茂盛。受这种水热、土壤等条件的控制，最早发现与培植出的农作物只能是喜水的稻类，因而水田稻作农耕是这一地区史前乃至以后的历史时期最主要的农业生产形式。同时，在温暖多雨的热带、亚热带地区，房屋的主要功能在于防潮而不是避寒。所以无论是河姆渡文化的"干栏"式建筑，还是近代华南地区少数民族的竹楼，无不反映出人类利用和改造自然生态环境而产生的文化特色。

人与自然是一对永恒的矛盾，人与自然的关系也是一种永恒的关系。人与自然和谐，从理论层面上看，它应是人与自然互相适应的辩证统一、互动和谐；从实践层面上讲，它应有人与自然双方均处于既被改造又应保护的关系之中。历史经验表明，当人类与自然处于平等、互利、和谐关系的时候，自然也能为人类提供良好的生存和发展环境。正如恩格斯在《自然辩证法》一书指出："我们不要过分陶醉于我们对自然界的胜利。对于每一次这样的胜利，起初确实取得了我们预期的结果，但是往后和再往后却发生完全不同的、出乎预料的影响，常常把最初的结果又消除了。美索不达米亚、希腊、小亚细亚以及其他各地的居民，为了得到耕地，毁灭了森林，但是他们做梦也想不到，这些地方今天竟因此而成为不毛之地，因为他们使这些地方失去了森林，也就失去了水分的积聚中心和贮藏库。……"总之，人类社会是在认识、利用、改造和适应自然的过程中不断发展的，谁违背大自然的规律谁就会遭到大自然的报复，自然生态失衡即生态平衡受到破坏的根本原因是人与自然关系的失衡，只有正确处理和协调好人与自然的关系，遵循自然生态规律，才能确保人自身的生存和发展。促进和保障人与自然和谐发展，是时代赋予我们的历史使命。

你想知道人与自然环境的关系吗？

你想知道自然环境是如何影响我们的生存与发展的吗？

你想具体知道自然环境是如何影响人类的心理和文化特点，人们的外貌特征、生活习俗、宗教信仰、疾病防治、居住生活、社会经济的发展、政治兴衰、军事的胜败、中国和世界历史的发展吗？

这本书或许能为你提供一些有意义的答案和思考，从而使你的生活、学习、工作更美好，使你的生存和发展条件更优越！

2008 年初于株洲市第四中学

心灵的放飞

——一位中学教师的教育独白 ①

教育是近年来国人一直关注的一个热门话题之一。

社会关注教育最多的话题，莫过于学校升学率、教育不公和教育乱收费，且往往借助个别现象丑化教育，丑化、辱骂、殴打老师的现象也不时发生。

家长关注教育最多的话题，莫过于我的孩子成绩如何？你们学校一年高考、中考升学率几何？有多少人考入北大、清华？有多少人考入全国知名重点大学？有多少人考入名校或示范性（重点）学校？家长见到教师后，多不会忘记说这样的话："老师，我孩子还小，不懂事，你一定要多多关心他，多促进他学习成绩的提高，等孩子考上大学我们一定会好好感谢你的！"

有人将上述现象归结于中国基础教育不发达，政府投入不足，优质教育资源（学校、教师）太少，不能满足广大人民群众对教育的需求。从一定层面来说，这种归因没有什么问题。但如果深入研究，你就会发现这些归因未必尽然。

1978年改革开放和恢复高考制度以来，国家基础教育得到了长足发展，高考升学率由原来的2%-3%，上升到80%多，而教育遭受非议却是有增无减。其中缘由固然很多，但国人缺乏正确的教育观，也是导致上述现象出现的重要原因之一。

社会关注教育不公和教育乱收费问题并没有错，家长关心小孩的学习成绩和希望他们将来考入名牌学校的心情也可以理解。但什么是教育不公？什

① 《心灵的放飞——一位中学教师的教育独白》由北京光明日报出版社2011年6月出版。本书作为"株洲市四中特色学校建设丛书"曾于2013年6月荣获株洲市第五届教育教学改革研究优秀成果一等奖。

么是教育乱收费？升学率高的学校就一定是教育质量高的学校吗？广大社会成员为何有这些认识或感觉？他是缘于所有的儿童或学生都能获得优异学习成绩的教育观念还是其他？我们是否有能力做到将所有学生送入名牌或重点示范性学校？是否仅仅因政府教育投入不足而导致了各学校教育设施优劣差距？造成了各学校师资水平不一样？如果是，我们能解决吗？如果不是，那还有哪些原因？仅以教育资源分配不公为例，政府就永远无法做到绝对平均，尤其是师资水平；政府也永远无法做到满足所人对优质教育资源的需求。我们应深刻认识到，优质的教育资源永远都是有限的，而不是无限的。

一般而言，名校、示范性（重点）学校的师资水平，因种种因素在整体上确实优于其他学校，但也未必尽然。名校里有名师，一般学校也常常冒出名师。同时，当今一些名校、示范性（重点）学校的学生成绩好、升学率高，是建立在不平等的生源基础之上的。这里，既有历史原因，也有师资水平问题，还有教育行政因素，甚至有社会民众从众心态的推动。

我们是否想过，导致这些乱收费现象的责任仅仅在学校或教师吗？有没有我们领导、社会、家长的一份责任？不少情况下，学校乱收费是被逼出来的。因为你要升学率，你要名牌大学生，你要升入名校或示范性（重点）学校……"天下没有免费的午餐"，你既然要求教师牺牲节假日为学生补差培优，实现你和孩子的愿望或理想，那就应该给予教师适当的经济补偿。因为，作为国家公民的教师，他有权享受国家法律赋予的节假日休息权和节假日加班津贴权。家长如果将孩子送到其他由社会所办的补习学校学习，所付出的成本肯定是学校的数倍。学校因补课、招收择校生等因素而乱收费，有时确实应当加以制止，甚至加以处罚。但如果我们对教育有个科学的正确认识，如果我们不歧视一般学校，不崇拜名校，不送子女挤破名校大门，不频繁要求学校给学生补课，不盲目要求子女考入大学甚至于名牌大学，上述一些教育问题或许就可以得到缓解，甚至于不成为问题。

曾有不少人问我："当今对中国基础教育发展贡献最大的是哪些学校？"我开玩笑回答说："是那些升学率不高，且有自己办学特色的学校。"我之所以这样回答，并不是否认名牌学校、示范性（重点）学校为发展中国基础教育和培养人才所做出的巨大贡献，而是为纠正我们在教育认识上的误区。

前面已述，当今中国基础教育的名校、示范性（重点）学校的升学率是建立的优质生源基础之上的。如果，我们将这些优质学生交给一般学校的教师去教，这些学生的学业成绩就一定差得远吗？他们以后就一定不能成才吗？相反，将一般学校的学生交给名校、示范性（重点）学校的教师去教，这些学生就一定能考进名牌学校吗？就一定能成为杰出人才吗？如果有人不服气，大可进行实验。因为，实践是检验真理的唯一标准。实际上，只要我们留意每年各级各类学校的招生大战，你就什么都清楚了。没有哪所名校或示范性（重点）学校不在处心积虑挖招优秀学生。

在中国基础教育中，那些升学率不高，且有特色的学校，之所以对中国的教育贡献最大，一是他将不少被名校、示范性（重点）学校所遗忘的学生培养成才，考入自己理想的学校，甚至有些学生的学业成绩还优于名校、示范性（重点）学校的学生。二是他为中国社会发展培养了大批合格、甚至优秀的劳动人才大军。什么是人才？难道只有考上大学的人才是人才？古今中外，各行各业，有多少有作为的人不是大学毕业？有多少杰出人才，不是名牌大学毕业？当今中国劳务市场，不是缺大学生、研究生，而是缺优质、合格的劳动技术工人。三是这些学校，在升学率压迫之下，依据自己的生源基础与特色，大胆进行教育教学改革，不断创新教育教学理念，逐步形成了自己的办学风格与特色，并以自己的个性而挤入"名校"之列。这就在一定程度上满足了不同家长、不同学生的学习需求；在一定程度上满足了社会对教育发展的不同需求。这或许就是当今株洲市四中发展成长起来的真实写照，这或许就是中国当今不少名校、示范性（重点）学校所或缺的。

我们应怎样构建自己学校的办学特色？这是一个巨大课题，需要多方面长期不懈的努力。拙著《心灵的放飞》，表面上看，直接论述特色学校的文章不多，本人不揣浅陋，在"株洲市四中特色学校建设丛书"中将其推出，是缘于本人拙著中所论述的问题，有助力于特色学校建设与发展，其中的某些实践也是卓有成效的。思想意识决定人的行动。特色学校的建设，有赖于领导、社会、家长、老师、学生树立科学正确的教育教学观念。本书中的文章，或许有利于我们科学正确的教育教学观念的形成，并付诸实际的教育教学行动之中。这也是我在本序言中，不厌其烦地说一些与"特色学校建设"看似无关话题的原因所在。

2011年1月9日于株洲市第四中学

精彩·荒谬·效率

——中学历史课堂教学探微 ①

从课堂实践的层面探索性撰写一本历史课堂教学有效性的小册子，一直是我近几年来想要做的一件事。何哉？因为，近几年来，因工作和教研的需要，我每年都要听100节左右的历史课，既感受了历史课堂教学中的种种精彩，也发现了历史课堂教学中存在的种种问题，并由此引发了自己的思考与探索。但因忙于日常历史教学和种种教育教学研究工作，多年夙愿总是难以落实。

2010年，我所主持的湖南省教育学会规划课题《历史研究性学习理论与实践》终于圆满完成，并先后荣获了教育部中国教师发展基金会全国"十一五"教育科研成果二等奖，湖南省教育学会规划课题一等奖，于是，深入探索中学历史课堂教学效率的想法更加强烈。加之，本人有幸担任株洲市"名校长名教师工程历史学科基地"主持人，兼任株洲市第四中学历史教研组组长，并先后申报了两个与历史课堂教学效率有关的教育科研课题，即湖南省教育规划办规划课题《新课程背景下中学历史有效教学行为的研究》[课题批准文号为 XJK001CJJ060] 和湖南省教育学会规划课题《新课程背景下中学历史课堂教学行为有效性研究》[课题批准文号为 B—97]。这样，总结和进一步探索历史课堂教学的效率终于提上了日程。经过一年多的努力，终于有

---

① 《精彩·荒谬·效率——中学历史课堂教学探微》由北京线装书局2012年4月出版。本书为湖南省教育科学规划课题"新课程背景下中学历史有效教学行为的研究"和湖南省教育学会教育规划课题《新课程背景下中学历史课堂教学行为有效性研究》重要研究成果之一。前者曾于2017年3月荣获株洲市第六届教育教学改革研究优秀成果一等奖，后者曾于2016年9月荣获湖南省教育学会"十二五"教育科研成果一等奖。

机会将自己的研究与探索成果奉献给广大读者。

提升课堂教学效率是当今教育界的热门话题之一。什么是课堂教学效率呢？到目前为止，能直接准确地回答这个问题的人似乎并不太多，以致教育界至今还争论不休，没有定论。这实在是一个耐人寻味的现象。

何谓"效率"？《现代汉语词典》是这样解析的："效率是单位时间完成的工作量"。如果套用这一解释，"课堂教学效率"那应是"教师一堂课所完成的教育教学量"。若依据这一解释，表面看似乎任何一节课的时间（即40或45分钟）和所要完成的教学任务（即课程标准与教材所规定的一节课所要完成的教学内容）都是一定的，这样不同教师同一内容的课堂教学不应存在效率高低问题，事实当然不是如此。因为，就课堂教学效率而言，不仅存在教师的教，还存在学生的学；不仅存在教与学的量（内容），还存在教与学的质（内容正误与三维目标实现程度）。因此，在我看来，"课堂教学效率"是指教师和学生在规定的课堂教学时间内通过双边活动所消耗的劳动量与教学三维目标实现程度之间的比率。

影响课堂教学效率的因素众多，但主要因素还是教师、学生、教学内容与教学方法。如何评价中学历史教师的课堂教学效率，一直是困扰中学历史教育教学发展的重大问题。为此，《普通高中历史课程标准（实验）》曾给我们提出了如下建议："学习评价必须以《普通高中历史课程标准（实验）》为依据，遵循既注重结果，也注重过程的基本原则，灵活运用各种科学有效的评价手段，对学生的知识与能力、过程与方法、情感态度与价值观做出定量和定性相结合的评价。"为此，他还给出了学习档案、历史习作、历史制作、历史调查、考试等具体评价方法。然而，纵观当今历史课堂教学效率评价，实际上起决定作用的、甚至唯一起作用的，还是学生的考试成绩。原因何在？因为这种评价是以学生考试分数出现的，简便易行，有人还美其名曰：考试评价公平、公正，让人口服心服。

从某种角度而言，以学生的考试分数来评价教师的课堂教学效率，确实能在一定程度上体现公平、公正。但我们也应看到，以学生的考试分数作为评价教师的课堂教学效率，也未必就像人们主观想象那样全面、客观、公平与公正。因为，一方面学生任何一次考试分数的高低都要受到多种因素的影响，如知识、能力、方法、心身健康、情感态度、价值追求、试卷命制水平等；另一方面任何一科课堂教学目标都是多重的，而当今任何一科考试试卷都无法全面、客观、公平、公正地考查其课堂教学所完成的多重教学目标。因此，仅凭一张考试试卷来评判教师的课堂教学效率，事实上是不太科学的。

以历史课堂教学为例，其教学目标包括知识与能力、过程与方法、情感态度与价值观三个方面，就目前历史试题命制技术水平来说，仅情感态度与价值观目标就难以准确考查。尽管每年高考结束，都有人撰文认为，当年某某高考历史试题如何考查了考生情感态度与价值观等，实际上这基本上是撰文者的主观臆想。因为，当今中国教育功利性太重。学生在教育功利心态影响下，他们在考试过程中虽不赞成、甚至于反对教师某种价值观，但为满足自己升学成绩的需要，他仍能根据教师的平时讲评，运用自己所学会的相关理论和方法选择自己不喜欢、甚至反对的观点与结论作为标准答案。可以说，任何学生都不会因为自己不赞同甚至反对某观点或某结论而拒绝"正确解答"试卷中的问题。这与当今社会上一些人说一套做一套是一样的。因此，用纯考试分数来评价教师、特别是用纯考试分析来评价社会科学教师的课堂教学效率，从某种意义上说，这是我们当今教育的悲哀！

如何评价中学历史课堂教学效率是一个既复杂又简单的问题。说其复杂，是因为影响学生单位时间历史学习效率既涉及学生的学习基础、学习动机、学习态度、学习方法、学习目标追求等等，又涉及历史教师的教学动机、教学态度、教学情感、学识水平、教学方法、教学能力等等，还涉及历史教材的编写水平、呈现方式、价值追求等等。说其简单，历史课堂教学水平主要是教师的学识水平（即教师教给学生的历史知识、观点、方法是否科学正确）和教师的执教方式（即通过什么途径或方法来实现历史教学三维目标）。在以往历史课堂教学效率研究与探索中，人们多关注历史教师的教学方式和学生的学习方式，而对历史教师的学识水平关注不够，甚至基本不太关注。拙著《精彩·荒谬·效率——中学历史课堂教学探微》，则主要从教师的学识水平和教学方式两个方面来研究与探索中学历史课堂教学效率的。我衷心希望自己这一研究与探索能给读者以思想上的启迪。

从教以来，为不误人子弟，我主要是从理论与实践两个层面来学习、研究与探索教育教学理论的。多年来的教育教学实践和理论学习、研究与探索告诉我，当今许多教育教学理论专著、论文多是阳春白雪，理论性有余，实践操作性不足。加之一些专家著述学术概念成堆，语句艰涩，读之如坠五里云雾，不知所云，兴趣索然，更不要说给教师启迪和促进教师在教育教学中应用了。

为克服上述缺陷，拙著并不追求理论上的高深莫测，而是从历史课堂教学实例入手，运用先进的史学理论、史学成果和教育教学理论，或对具体的历史课堂教学案例进行剖析，总结其经验教训，供读者借鉴、思考和进一步探索；或用相关历史课堂教学案例来印证自己的研究与探索成果，供读者举一反三，在实际历史课堂教学中使用。如果读者在阅读拙著后，哪怕有丁点收获，我的目的就达到了！

2012年1月5日株洲市第四中学

中学历史自主学习导引①

序

教育教学的有效性，既是一个热门话题，也是一个见仁见智的话题。

教育教学的有效性成为热门话题，是因为有太多的人关注中小学教育教学。教育教学，尤其是中小学教育教学，他事关国家和民族强盛与衰落，社会的稳定与发展，家族的荣光与颜面，学生的成长与腾达……中小学教育教学如此重要，人们没有理由不关注教育教学，尤其没有理由不关注中小学教育教学的有效性。

教育教学的有效性成为见仁见智的话题，是因为人们关注教育教学的视角不同。有人认为，中小学教育教学理应为国家培养出政治、经济、军事、科学等方面的杰出人才和巨匠大师奠基；也有人认为，中小教育教学是全民教育，其任务就是提升全民族的道德和科学文化素养；也有人认为，中小学教育教学是一种公民教育，其任务就是将学生培养成为合格的当代公民；还有不少人认为，在一个独生子女为主的社会里，每位学生都是家庭的唯一，中小学教育教学就是不断满足家长和学生发展的需要，甚至是学生的升学、升入名牌中学和名牌大学的需要……于是，中小学教师重任在肩，不论你愿意与否，你必须勇于面对和接受形形色色的品评。

不论社会如何关注中小学教育教学，不论人们以何种标准品评中小学教育教学的有效性，作为中小学教师，我们都必须关注哪些因素影响着中小学

---

① 《中学历史自主学习导引》由北京光明日报出版社2013年7月出版。本书为湖南省教育科学规划课题"新课程背景下中学历史有效教学行为的研究"重要研究成果之一。该课题曾于2017年3月荣获株洲市第六届教育教学改革研究优秀成果一等奖。

教育教学的有效性。

实事求是地说，影响中小学教育教学有效性的因素实在太多，但就中小学教师而言，教师的"教"与学生的"学"，始终是制约教育教学效率的主要因素，这应是没有疑问的。

然而，认真回顾和总结我们的教育研究与中小学教育教学改革，我们可以发现：长期以来，人们关注中小学教育教学有效性最多的是教师的"教"，而非学生的"学"。学生是学习的主体，我们经常挂在嘴边，但落到实处的并不多。尽管当今中小学教育教学改革方兴未艾，各种发挥学生主体作用的教育教学模式也在不断推出，"传统"课堂教学方式在那里已基本上被他们所抛弃，学生的学习活动也基本上占据了课堂教学的全过程。他给人们的印象，就是学生已经成为课堂教学的主体。这些学校的学生升学率高，就是其教育教学有效性最有力的证明。

恕我孤陋寡闻，我至今没有到过那些因教育教学改革而闻名的学校考察学习过。但从一些报道与道听途说来看，这些课堂教育教学改革似乎也存在不少问题，值得我们深入研究，以进一步深入推动中小学教育教学改革，真正提升中小学教育教学的有效性。

教育部基础教育课程教材发展中心主办的《基础教育课程》杂志，2013年第3期发表周自横老师的《永威经验质疑——一个教师的独白》，就河南省的"教育名片"——"永威现象"或"永威经验"，即永威学校以学生为主体的教育教学改革和改革成果提出了质疑。本杂志还配发了 [主编的话]《我们为什么讨论"永威"》。2013年第4期，以 [再议"永威"] 的专栏形式，刊发了石原《永威现象引发的思考》、赵志昇《我不明白》和王天长《也说永威模式》三篇文章，对"永威经验"进行了全方位质疑。他们在充分肯定"永威经验"对夯实学生（尤其是学困生）的基础知识和基本技能十分有效的同时，也对永威学校教育教学的种种做法提出了广泛质疑。如：永威学校到处张贴的"沁阳市各学校中考、高考成绩排名"（细到每学科）单，排名的后面贴着靠后学生的照片，照片下面是学生的保证书，保证下次考试进步的名次。听语文讲评课，一脸怨气的语文教师是要学生花20分钟时间背1-9题的答案，然后是抽背；学生没有过关，再临时组建学习小组以背诵的方式互查，教师再抽查。结果，听课的老师走得一个不剩。一堂英语课，"共教7个单词，5

个词组"，方法就是学生反复背诵，老师反复提问。课间操上，是老校长的咆哮"做不好操的学生就不是好学生。不会做操的老师，也不是好老师！"操场"除了做操，操场无其他利用，为了迎接复习考试，音体美课早就停了。"学校实行每半个月休息两天的制度，教师与学生同时住校。学生"月清不过关，不能回家。老师要留下来补课，促使他们过关。"学生什么时候过关，教师才能回家探亲……

周自横老师认为，永威教育"就是专制！人性中的专制！用专制手段培养出的人，只知道：服从。他们的未来只有两个结果：要么是主子，要么是奴才。他们理解不了自由。内心将再也无法体会真正的快乐了。""教育穷得只剩下标准答案了，就连生活也穷得只有高考一条路了"。

石原老师认为："永威学校的'先学后教'，没有从教师的引导逐步走向学生的自觉，对被引导者的主动性、主体性、实践性和创造性养成和发展重视不够，带有'驱使''奴役''强制''灌输'的痕迹，还不是真正意义上学生自主学习和以学定教。"

永威我没有去过。在全国产生广泛影响的"洋思模式""杜郎口模式"，我也没有亲自考察与体验过。但与此类似、换汤不换药的课堂教学模式我是体验过的，也听过他们的领导课改报告。应该说，这些课堂学生确实"动"了起来，教材被学生划得红蓝黑相间，"导学案"也基本上被做完。至于，学生是否真正领悟，各学科的课程三维目标是否实现，我不得而知。学生负担是否真正减轻，我想大家不用调查就可得知：学生能在一堂课中迅速完成课文阅读和导学案中的问题，并将其记住甚至默写出来吗？据我考察所知，这类课堂教学模式下的学生负担实际并没有减轻。每天，学生早上7点半之前就要到校，实际放学时间（不是课表上的上课时间）为晚上9点之后。学生家长还反映，学生回家后家长必须监督子弟默写当天学习或复习的政史地的教学内容等。认真深入追问这类教学现象，我觉得也不奇怪。因为该校领导与传经送宝的"名师"，对什么是"教"与"学"，什么是"教学效率"都不能科学界定和回答，你能指望他们真正提高课堂教学有效性吗？你能指望他们真正减轻学生负担吗？你能指望他们真正实现素养教育目标吗？说白了，炒作课堂教学改革形式，扩大影响力，再用师生"死逼"出来的考试成绩证明一切！

以学生为主体，让学生成为学习、特别是课堂学习的主人的教育教学理念是正确的。广大教师对此并无异议。现在需要解决的问题，就是如何让学生真正成为学习、特别是课堂学习的主人，并获得良好的教育教学效益。学生要真正成立学习、特别是课堂学习的主人，仅有"动"是远远不够的。因为，影响学生学习效率的，不仅仅是学生外化的"动"，还有学习动机，学习方法，解决问题的思路，解决相关问题所必需的知识与能力储备，教师是否为学生解决相关问题提供足够的学习材料，教师是否为学生创设符合学生思维能力和习惯的问题情境，学生能否在规定的学习时间里完成相关的学习任务，并达到课程标准所规定的三维目标。

人们常说，"授人以鱼，不如授人以渔"。就学生自主学习效益而言，当今学生最需要的不是"鱼"，而是"渔"；不是"金"，而是点石成金的"手指"。《中学历史自主学习导引》，就是一部试图给学生自主学好历史的"渔"和"手指"。

历史学习，在不少人看来是一件十分惬意的事。这里有鲜血染成的长河，有断垣倾颓边的滚滚硝烟，有饮马寒江的无限感慨，有踏伐胡虏的壮怀激烈，有保家卫国的满腔热血，有建功立业的兴奋豪迈，有荣归故里的热泪盈眶，有缠绵不尽的爱，有难以忘怀的恨，有百感交集的诗，有五味杂陈的羹，有恐怖的过去，有光辉的太阳，有借光的月亮，有透视未来的明镜……他能供人任意品读，使读者在短时间里，从远古走到今天，走向明天；从黑暗走到黎明，走向光明！

然而，我们是否想过，当今中学历史教材依然没有摆脱"压缩饼干"的困境，作为年少且缺乏生活阅历、缺乏足够知识与能力储备的中学生，他们能否通畅阅读中学历史教材中种种远离今天现实的历史材料？他们能否理解中学历史教材所叙述的被高度概括了的历史事件、历史现象、历史人物、历史术语、历史概念、历史结论？他们能否领悟隐含在历史教材中的种种情感、态度与价值观？他们能否在有限的时间里达到历史课程标准和考试大纲所提出的知识、方法与学科能力方面的要求？《中学历史自主学习导引》，或许能为中学生解决这些问题和学好中学历史提供有益的帮助。

2013年4月30日于株洲市第四中学

思索与成长 ①

序

"教而不研则浅，研而不教则空。"它高度、形象概括了教育、教学与教研之间的关系，揭示了教研的价值。常言道：话好说，事难做。何谓"教研"？为何"教而不研则浅"？如何防止"研而不教则空"？怎么处理好教育、教学与教研之间的关系？怎样发挥教研在教育、教学中的作用？说实话，要科学解决这些问题，确实不易！

何为"研究"？《辞海》的解释是"用科学方法探求事物的本质和规律"。看到这一解释，我相信很多人头是大的：什么是科学方法？就教育教学而言，教育教学的本质和规律是什么？既然是教育教学的本质和规律，怎么可能人人探而得之？这绝非一般人所能做到。于是，我们在不自觉中对教研"敬而远之"，并安然地认为，教研是专家学者的事，与我们无关，离我们太过遥远，实在是高不可攀。

其实，教研并不神秘，教研无处不在，教研就在我们身边，每个教师都是货真价实的教育教学研究者。教研，顾名思义就是研究教育教学现象及其存在的问题和科学解决之，并在此基础上总结和探求出教育教学规律和方法。

本人曾与不少教学成绩好但没有"教研成果"的教师交流。谈起对学生的教育，谈起对教学内容的处理，他们都能娓娓道来，方法也不少。当问其为什么对学生如此教育、对教学内容作如此处理时，他们却说不上来。当问其为何不对自己的"研究成果"进行梳理、总结、研讨并撰写成论文时，他

---

① 《思索与成长》由湖南长沙岳麓书社2017年7月出版。

们的回答多为"教研"不是我的本职工作；或不知道怎么"研"，不知道如何将自己的想法写出来；抑或是认为"教研"见效慢，对提高教学成绩作用不大，等等。可见，教师在教研问题上的症结是他们无意教研，教研意识淡薄和教研能力有待加强。没有教研意识，就只能周而复始地教；没有教研能力，教学经验就得不到及时总结和提升。教而不研而浅，他们也只能变成熟练的"教书匠"，难以能成为专家型教师，教学成绩提升的空间也将会变得越来越小。

实际上，作为一线教师，如果你肯留心观察反思身边的现象，并想方设法解决之，你其实就已经不自觉地走进了教研；只要你继续不懈努力，你就可以在教育教学领域里形成自己的观点和理念，寻找到解决相关教育教学问题的途径和方法；你若能将自己的研究成果撰写成文与他人分享，你就有机会成为教育教学研究大家。请相信自己，你完全拥有教育教学研究能力。

今年教师节，我执教的1410班学生给所有科任教师赠送了贴满"贺卡"的"贺板"。我十分高兴地阅读了每位学生给我的"贺卡"，在心存幸福的同时，也有少许研究性思考，现选摘如下，以示教研无处不在，教研就在我们身边，教研并不神秘和高不可攀：

TO 汪老师：

虽然您当我们的老师没有多久，但是很喜欢您！本以为"汪特"应该是很严肃的老师，没有想到您这么亲切慈祥！课堂很有趣！喜欢您的口音，给课堂带来了轻松！您的方法也很有效！阿拉伯！祝汪老师教师节快乐！

——熊依恋

、——百闻不如一见。如何让学生见到你不感到严肃？不感到可怕？如何让学生见到你能感受到你的可爱？那就是你的爱，且通过你的言行让学生感受到你的爱。

敬爱的汪老师：

教师节快乐！对于这次的历史成绩，我感到非常尴尬、内疚，因为我做选择题时，感觉每个都对，都是凭感觉，结果错了很多。我个人是非常喜欢历史的，我喜欢看古装剧，读历史书，做历史题，但历史感悟还是不够深。也不知道是不是历史太差的缘故，以至于我在您前面不太自信，甚至于有点怕您。但仔细想想，您是那么爱笑，那么和蔼可亲、平易近人，我为什么，又有什么必要怕您呢？我以后会加强对历史的学习与感悟，一定要增强自己的历史，高考一定不能败在这一科上！希望您以后也多关心我，帮助我，谢谢！

——余湘君

——子曰："知之者不如好之者，好之者不如乐之者。"学生喜爱学习历史，不等于善于学习历史。善于反思的学生肯定是学习成绩整体优秀的学生。但学习成绩整体优秀的学生不等于没有薄弱学科，这就需要教师帮助他们科学分析其学习中存在的问题，授予他们解决相关问题的思路和方法。当然，这里需要一个前提条件，那就是教师必须爱生，必须让学生感受到老师是可爱的、是可信赖的，让学生从心里接受老师，并希望得到老师的关爱和指导。如是，老师的教育教学指导才会有效、才会高效。

TO 汪老师：

祝教师节快乐！谢谢您对我们的教导。虽然，这次我们没有考得很好，但要相信我们绝对是潜力股。加油，相信我们一定能成功，喜欢那个知识渊博的您，喜欢那个可爱的您。

祝：天天健康，开心！

——刘倩

——有信心的人，可以化渺小为伟大，化平庸为神奇。怎么保持学生自信？怎么激励学生自信？那就是教师必须热爱学生，用自己的品行与渊博的知识帮助学生树立自信、保持自信。

TO 汪老师：

虽然您的普通话不好，但其实还可以，正是您这种独特的口音，让我们更加被您的课所吸引。您总是可以带给我们欢笑，您也是一个非常负责任的老师，尽管讲学很多，但仍不落下一节课；尽管我们的问题多，进度赶不上，但您还是会耐心解答。我们考试考得不好，您先反省自己，其实您教得很好，只是我们可有点不努力。教师节到了，希望您教师节快乐。

——颜宇宣

——说好普通话，是中国教师必须具备的教育教学基本技能。因天生对语音不敏感，乡音难改，确实给我的教学带来过不少困惑。从这个角度来说，我常对学生说自己是一个不合格的历史教师。怎么办？尺有所短，寸有所长。为提高自己的教育教学质量，我必须另辟蹊径，从爱生、从责任、从学识等方面弥补自己的不足，以赢得学生的喜爱、尊敬，激励学生自我反思并努力学好历史。

汪老师：

　　一直只是知道您而已，如今却有幸能成为您的学生，都说"百闻不如一见"，但您却一如传闻，功利、名望，仿佛已经完全从先生心里消失。从不对学生耳提面命、疾言令色，也不肯当面表扬，或者说些惯常的客套话。谢谢您对我们一直以来的栽培！

　　祝愿您教师节快乐！

——12X

——"名师"对于我来说与其说是一种荣誉，不如说是一种压力。教师能否获得学生的尊重和喜爱，不是你过往的荣誉与声望，而是你如何真诚地直面学生，如何让学生真切地感受到你的学识与教育教学能力。表扬固然能激励学生，但表扬如果泛滥，在学生心里就不是一种激励，而是一种虚伪的客套。

敬爱的汪老师：

　　我们相识的日子不长，但的确感觉您是一个很亲切很厉害的老师！从前对历史其实兴趣不大，但您讲起课来却让我感觉历史有一种神秘、莫名的吸引力！

教师节快乐！您很棒！我会都会加油的！

——陈可欣

——学生是否佩服你，不是你的过往声望，而是你的实际学识与教育教学能力。人们常说："兴趣是最好的老师。"但学生的学习兴趣从何而来？教师拥有扎实渊博的知识固然很重要，但教师对学生的爱，无论如何是不能缺席的。

和蔼可亲的汪老师：

教师节快乐！

很开心高三这一年由您担任我们的历史老师，特别喜欢你每次进教室时那一脸和蔼可亲的笑容，简直让人在即将开始的历史课上充满能量。你讲课时洪亮的嗓门，也让我一节课都精神满满。你的讲课方式方法也最让我喜欢。比以前总学不好的历史终于上了道。喜欢你的课，但更喜欢您，希望你以后开心每一天，带来蒸蒸日上！

——1410李舒婷

——学生是否喜欢某位教师，是否喜欢某位老师所执教的学科，固然与这位教师的专业学识、课堂语言、教学方式方法等密不可分，但教师对学生的爱更不可或缺。

好了，我不能再列举学生的祝福了。否则，真有点王婆卖瓜，自卖自夸。但愿大家读后感受到的不是我自卖自夸，而是一种教育教学反思和教研就在我们身边。

教研也并不像我们想象那么难。教师在教育教学实践中，总会遇到大量的、随机的、偶发的、情境的、个别的教育教学问题，不是吗？如学生为什么厌学？为什么有的学生有逆反心理？外来务工子女的学习问题？这些都是发生在我们身边的常见现象。或许因为"常见"，时间久了就难免习以为常、司空见惯、见怪不怪。原因在于我们不想成为教育教学的研究者。其实，发现这些现象的过程，就是发现问题的过程；提炼这些现象的过程，就是归纳问题的过程；解决这些现象的过程，就是研究这些问题的过程。只要我们把"常见"现象视为教育教学研究的问题；只要我们经常阅读与教育教学密切相关的书籍文章，将教育教学理论作为自己认识和研究"常见"现象的指导思想；只要我们多看看人家是怎么撰写教研文章的，并加以揣摩、临摹，自觉地撰写教育教学反思或论文，就能获得某些教研成果，就能帮助我们解决教育教学问题。心动最终需要行动，思想影响行为，行为决定结果。

在广大中小学教师中，一些教师不喜欢教研，不关注教研，甚至对教研嗤之以鼻，还有一个重要原因，即"教研太空"和"教研无用"的思想观念在作祟。

坦言之，在当今教研领域确实存在一种假大空现象。有些教研论文、教研专著、学术报告，确实存在作秀和远离教育教学实际的现象。这些"教研成果"大致有两种：一种是脱离教学实际的所谓的理论著述，概念、名词满天飞，令人不知所云。另一种是点滴技法，就事说事，就题说题。在这些教师的"研究成果"中，缺乏对教学经验的提升，缺乏对教学生成问题的反思，更缺乏对问题解决策略的探求，以及从教育教学理论的视角审视自己的教育教学工作，更遑论提出有推广价值的理论性的教育教学成果。这类"教研成果"绝大部分不是源于教育教学的探求，其教研的目的，多为教研而教研，为出名、评职称而教研。由于忙于"教研"，追求"教研"的数量或名声，常常无暇思教。因此，这类教研行为实际上属于假性教研。但这并不等于"教研无用"，而只能说明"研而不教则空"。

教研到底是追求理论还是为了实践，在教育界是存在分歧的。主张教研追求理论的人认为，既然是教育教学研究就要遵守研究的"规则"，就要遵照"学术"标准。持有这种教研主张的人大多是专业的教学理论工作者，他们强调教育教学研究重在描述、解释教育教学现象，建构教育教学理论，落脚点在"研究"。而主张教研为了实践的人则认为教师的教育教学研究应有自己的研究"规则"和"学术"标准（质化研究、行动研究、叙事研究、校本研究等）。持有这种教研主张的人大多是脚踏实地、兢兢业业从事一线教育教学的教师，他们强调教师的教育教学研究无须追求宏大的理论建构，而是从自身教育教学实践中发现问题，然后通过反思或分析解决这些问题，落脚点是在

"行动"，是为了"行动"而"研究"。在本人看来，教研与教育教学实践并不矛盾，教师的教育教学研究，既要关注教育教学实践，也应学习掌握科学的教育教学理论，因为教育教学理论可以帮助教师冲破习惯和经验的束缚，为解决问题提供不同的视角和理论基础。

真正的教研不是教师一个人闭门造车，更不仅仅等同于撰写论文。教育案例、教育叙事、教育日志、评课交流、教育课件、反思记录等，都是教师的教研。就一线教师而言，教研多为"行动感悟"式研究，而不是"旁观发现"式探究，是属于原生态的教育教学研究。它要求教师把自己置于教育教学之中，聚焦自己特定的教育教学情境经历、体验与感悟，描述自己的教育教学实际境遇、困惑与迷茫，以及尝试理解、诠释与解决教育教学问题，是对自己生存、发展意义的不断探寻与叩问。教研只有源于教育教学实践才有活力，教育教学只有基于研究才有生命力。无教之教研，则空洞乏味，无教研之教，则坐井观天。能教者必能教研，善教研者才善教，教与研本为一体，不能完全割裂。

当然，有教师或认为自己的时空有限，教研是无底深渊，势必影响自己的教育教学实践。其实，这是对教研活动的误解。因为，教研源于教育教学实践，服务于教育教学实践。试想，作为完整的教育教学过程，总结反思应是必备的一个环节。如果说教研影响教育教学实践，最多是教研占用了我们一点休息时间而已。从实质上看，不从事教研才会真正影响教育教学实践的发展和质量的提高，影响我们自身的进步。从教育教学意义上说，教师只有在教研的思维中才能发表自己的教育教学观点，不从事教研，我们只能一辈子学习别人的经验，心会更累。教师开展教育教学研究是教育教学所向，是大势所趋。不管你承认与否，作为教师，你必须接受教育教学研究的挑战。

教师的教研本质是全心全意为教育教学实践服务，其使命就是认识教育教学实践、改进教育教学实践、完善教育教学实践。像李镇西的语文生活化教学、窦桂梅对"主题教学"的思考等，无一不是从教学出发又回到教学的。当今教育教学实践表明，教师时常处于危机、困惑与尴尬的"压力情境"之中，教育教学情境的"不确定性"、职业领域的"无边界性"和责任的"无限性"，让教师深感苦闷和苦恼，甚至出现"我是谁"的审视、"我从哪里来"的诘问、"我要干什么"的求证、"我要到哪里去"的探询。作为教师，我们该如何有效化解教育教学情境的"不确定性""无边界性""复杂性",教研或许就成为教师的必然追求。

作为长期坚持教育教学的一线教师该如何进行教育教学研究?我认为,一是端正自己的教育观、教学观、人才观、质量观,不断学习和掌握先进科学的教育教学理论,用理论指导自己的研究,用自己的研究成果丰富和发展教育教学理论。二是开展教研活动,要从实际出发,从实践出发,从"小"事做起,把理念转化为行为,坚决杜绝"假大空"式的研究。三是积极与他人合作交流,开阔自己的教育教学视野,取他人之长,补自己之短,在融合中创新与发展。

我之所以将本书名曰《思索与成长》,实在是本书所收录的文章,多缘于我对无意中遇的教育教学现象的思考,谈不上系统深入的研究,它或许有益于读者借鉴与深入思考和研究。书中的《"梅花香自苦寒来"——湖南省优秀教师汪瀛专业发展探微》,是我指导过的华东师大研究生陈新幻的研究成果,或许它能给读者从事教育、教学和教研工作有所启迪与裨益。

从踏上教育教学岗位那时起,我就与教育、教学和教研结下不懈之缘,既紧张劳累,也进步发展;既辛苦忙碌,也收获成长。我真正感受到因拼搏而带来的辛劳和欣慰,也切实体验到成长和成功送来的快乐和喜悦。幸运之神无时无刻不在我们身边,但它只会给那些有充分准备的人带来成功和荣誉。

我将一如既往地跋涉在属于我的成长发展之路!

2016年12月10日于株洲市第四中学

高中历史"四环两化"教学指南 [①]

序

2014年12月，因株洲市教育科学研究院张建军先生的邀请，我参加了他主持的湖南省教育科学"十二五"规划课题"普通高中历史'四环两化'课堂教学结构的理论建构与教学策略研究"（课题编号为XJK015CZXX072）的研究工作。

普通高中历史"四环两化"课堂教学，从本质上讲，它是一种很好体现历史核心教育素养和新课程改革理念的高中历史课堂教学策略。这里的"四环"是指高中日常历史课堂教学中的四个教学环节，即情景导入、自主构建、合作探究和同步反馈。"两化"是指"基本历史知识教学问题化"和"重难点历史教学问题材料化"。

新课程改革以来，我国基础教育教学改革的理论与实践研究成果丰硕，这是毋庸置疑的。但我们也必须看到，我国目前高中历史课堂教学方式转变并不普遍，传统的以历史知识传授为主的讲授式教学、以练习和解题为主的课堂学习活动，在诸多普通高中历史课堂教学活动中仍然占相当大的比重。也就是说，当今普通高中历史课堂教学方式仍未发生实质性转变。因此，从理论与实践上两个方面，探索充分体现历史核心教育素养和新课程理念的高中历史课堂教学策略，就显得很有必要。

新课程改革的核心理念，就是以学生发展为本。新课程实施的核心，就是最大可能地促进学生参与教学过程，让学生在参与教学过程不断提升自己

---

① 《高中历史"四环两化"教学指南》由湖南长沙岳麓书社2017年8月出版。

的历史核心素养。普通高中历史课堂教学改革，就是要在学生为主体、教师为主导的理念下，重构新的教学关系，即变"以教中心"为"以学中心"。

当前，我国中学历史课堂教学结构所呈现的基本教学模式，主要有三种："讲谈——接受式""自学——辅导式"和"参与——活动式"。"讲谈——接受式"教学模式，以讲述法和谈话法为主要教学方法，同时采用指导阅读、看图、图示、讨论等法，属于接受式学习的教学范畴。"自学——辅导式"教学模式，又称"导学式"教学模式。它是学生在教师引导下的自学，与教师有的放矢、相机点拨辅导紧密结合在一起，是自学和辅导有效配合的一种教学模式。"自学——辅导式"教学模式，在功能目标上突出强调了学生自学课本知识的能力和习惯的培养，它对学生思维能力的提高有明显效果，能在相当程度上保证历史教学质量。但是，这一模式要求学生要有一定的历史知识基础，有一定的历史思维能力和自学能力，因此，它比较适合于高中历史教学。"参与——活动式"教学模式，特别适合于地方史和有关专题史的教学。它对学生有较强的吸引力，教学效果明显，有一定的教育意义和现实意义，是实施中学历史素养教育的较好的教学模式。但是，这一模式的运用要求较高，它不仅要求有恰当的教学内容，明确的主题思想，还要求教师的精心组织和指导，最好与校、团、队的活动结合起来，并选择恰当的教学时机进行。另外，当前一些学校为实现历史新课程改革目标，他们在历史发现式教学、范例式教学和目标式教学方面做了不少有益探索，并取得了一定成效。

"四环两化"历史课堂教学结构的理论建构与教学策略研究，积极吸收了上述课堂教学模式的优点并加以整合和创新，通过情景导入、自主构建、合作探究和同步反馈四个教学环节，通过"基本历史知识教学问题化"和"重难点历史教学问题材料化"，既充分发挥了教师的主导作用，也充分发挥了学生的主体作用，因而从根本上扭转了中学历史课堂教学方式，促进学生学习能力、独立思维能力及动手能力的不断提高，有效培养了学生历史学科核心素养。

本人作为"普通高中历史'四环两化'课堂教学结构的理论建构与教学策略研究"的核心成员，承担该课题两项重要研究任务——普通高中历史"四环两化"课堂教学结构的理论建构研究、课堂教学案例的研究与编写。于是，就有了这套《高中历史"四环两化"教学指南》编著与出版。

可以说，《高中历史"四环两化"教学指南》是"普通高中历史'四环两化'课堂教学结构的理论建构与教学策略研究"成果的具体呈现。它不仅在形式上展现了"四环两化"教学理论与策略要求，更在教学实践检验中不断完善，并取得显著成效。我们编著出版《高中历史"四环两化"教指南》，其旨在为广大中学历史教师理解和实践"普通高中历史'四环两化'课堂教学结构的理论建构与教学策略研究"成果提供有价值的教学指导。

《高中历史"四环两化"教学指南》编著出版过程中，得到了岳麓书社领导和编辑的大力支持，特在此深表感谢！

2017年5月8日于株洲市第四中学

如沐雨露春风 ①

也许因为机缘，我有幸成为姜野军校长所著的《架起学校管理与课堂教学的桥梁——一个教育人的诚实思考与实践》的第一位读者。掩卷细品，深感本书是一部不可多得的佳作，这绝非虚骄溢美之辞。

人们常说，一位好校长，就是一所好学校，此言确实不虚。因学习、工作与交流之故，我有幸接触过不少中学校长，有些还是享有盛誉的名校的名校长。说心里话，听他们说话与做报告，不少味同嚼蜡。他们除了竭力宣传本校如何抓高考、抓奥赛，学生高考升学率几何，进入名牌大学的学生多少，又有多少学生在各种竞赛中获奖，再无其他。当今中国，不缺名校与名校长，也不缺因中考、高考或奥赛出色的学校与校长，所缺的是特色学校和将学校办出特色的校长。株洲市四中从一所城乡结合部不起眼的普通中学，一跃成为三湘有影响、有特色的湖南省示范性高中，既是几代"四中人"艰苦创业和辛勤耕耘的结果，也是姜野军校长独具特色的砥砺治校的结果。本书中的"思考与实践"，集中体现了姜校长10年来的心路历程和具有特色的治校方略。株洲市四中兴盛大势之因，我们可以从这里找到答案。

不是吗？姜校长从2000年上任伊始，就将"一切为了学生终身发展"作株洲市四中办学的基本理念和指导思想。随后，又先后提出着力内涵提质，提升学校品位；成就事业成就人；建设美丽校园、精致校园、书香校园、和谐校园，提高教育生态质量；推进特色学校建设，提升学校核心竞争力等治校方略，从而有力推动了株洲市四中教育教学的发展，办学质量与品位的提升。

---

① 本文是为姜野军校长所著的《架起学校管理与课堂教学的桥梁——一个教育人的诚实思考与实践》所作的序言，该书由北京光明日报出版社2011年6月出版。

以德育为例，当前中国处于社会转型期，教育功能上的德智失衡；家长"望子成龙"中的重心失误；文化市场上的审美错位，未成年人的健康成长缺乏良好、健康的社会文化舆论环境；网络、短信监管乏力。于是，学生不再单纯，校园不再安宁，教师不再权威，德育成为中国实施与落实素质教育重要瓶颈之一。然而，姜校长作为四中一校之长，在学校德育方面确有独到之处：他高度重视德育的实效性，注意正确处理德育的阶级性和人文性的关系，德育的继承性与创新性的关系，德育的主导性与主体性的关系；坚持实施德育课程化、序列化、生活化和艺术化，将学校德育与家庭教育、社区教育有机地结合起来，将德育与生活、情感等感恩教育结合起来，从而收到很好的教育效果。

当今中国健谈能侃的校长不少，但真正"依其言"而"行其实"者几希。放眼普通中小学校，我们可以发现，素质教育口号震天响，但真正落实者寥寥无几。真可谓"竭尽全力喊素质，一心一意抓应试"。但翻开本书，你就可以发现姜校长则不同，这不仅体现在其治校理念上，也反映在其治校实际行动中。书中的"方法与经验"，就是姜校长贯彻落实其治校理念最好的注脚；附录《奋斗奋进，更高更强》《立足新起点，推进新创业》《坚持内涵发展，提高办学品位》，则是株洲市四中认真贯彻落实姜校长治校理念所获成果的集中展现。

何谓"校长"？不同的人自然有不同的回答。姜校长以为，校长只是一个岗位，教师才是一种职业。在姜校长眼中，校长既是学校的管理者，也是学校普通的教育教学工作者；校长不是行政官僚，而应是教育教学专家；校长一旦离开了课堂，离开了一线教育，经验就会出现"负增长"。因为，校长先进的教育教学思想是实施良好的教育教学管理的重要前提条件。但符合本校实际的先进的教育教学思想，仅靠坐办公室是无法想出来的，只能从教育教学一线实践中探索得来。书中的"文学与教学"，既体现了姜校长在文学上的高深造诣，也反映姜校长是语文教育教学方面的专家。或许，正因为姜校长既精通语文教育教学，又深入教育教学第一线，才有其先进教育教学管理理念的不断推出，才有其管理学校教育教学的高效。

实事求是地说，姜校长作为一校之长，平时工作甚忙。因而，我与他直接交流不多。我对姜校长的认知与理解，更多源于他执着的办学追求，源于他的静心读书，源于他埋头若干与奋战在教育教学第一线，源于株洲市四中的发展。认真品读本书，或许你我对姜校长治校理念与追求会有更进一步的理解，会有更进一步的支持、运用与传播，株洲市四中乃至中国的教育会有更美好的明天。

人们常说，听君一席话，胜读十年书。品读本书，我如沐雨露春风，确实获益良多！

2010年12月16日于株洲市第四中学

高效的示范①

说起教育、说起学校、说起教育教学改革，人们往往想到的是教育行政领导的决策、学校领导的教育教学管理、教师的敬业精神与教育教学能力，鲜有人想到在中国的教育体系中还有一支独特的专业队伍——教研员。

历史课程在不少人心目中，就是讲讲故事，抓住学生抄抄背背，就能在考试中获得良好成绩，这有何难？这还需要教研吗？这还需要设置专职历史教研员吗？其实，有这种想法的人，不外乎为两种：一种是不知教育教学艰辛和技术含量的外行，一种是得过且过不思进取的同行。其实，做一名优秀教研员不易，做一位优秀历史教研员更不易。因为，一位优秀历史教研员，必须是历史教师教学的专业指导者，区域历史教学研究的组织者，历史教师专业发展的促进者，国家和地方改革政策的转化者，历史课程改革的推动者。你说，要做到这些容易吗？在我眼里，张建军老师不仅做到了，而且做得很好。《中学历史教学与教研探析》付梓出版，则证明我言之不虚！

有人说，进入21世纪以来，全面深化课程改革、以培养学生核心素养为重点成为落实立德树人的教育根本任务。如何完成这一教育根本任务？无他，全面提升教师队伍的专业素养、研究能力、服务精神，就成为重中之重。谁来完成这一光荣任务？非各级教研员、特别是基层教研员莫属。正如教育部基础教育课程教材发展中心刘月霞副主任在《中国教研的价值与使命》的报告中指出："'整个教育系统有本事把原来一般的老师，变成非常有工作效率的老师'，这是谁的本事呢？我想这应该是教研员的本事。"

---

① 本文是为张建军所著的《中学历史教学与教研探析》所作的序言，该书由湖南长沙岳麓书社2017年4月出版。

如何提升历史教师的专业素养、教研能力和服务精神，就学校领导、学生和中学历史教师而言，他们首先关心的莫过于教师如何"站稳"课堂，成为课堂教学的能手。那么，什么样的历史教师是课堂教学能手？在领导和学生心目中，教师授课得法、通俗易懂、教学效果好、有自己的特色就是好老师，就是教学能手！正所谓"教学有法，教无定法，贵在得法。"可以说，张老师对此深有研究，书中的"教学设计篇"揭示了教学精髓，无疑能有效指导广大中学历史教师有机融合各种教学方法，扬长避短，不断提升自己的教学设计能力，优化自己的教学过程，提高自己的课堂教学效率，进而形成自己的教学特色。

课堂教学评价素为教师所忽视。新课程改革以来，因强调转变教师的教学方式和学生的学习方式，鼓励学生积极参与教学过程等，于是历史课堂上又出现了另一种极端：只要学生参与学习活动，不论其言行是否正确，教师均给予"你是最棒的""你的见解新颖""你的思维独特""你确实太棒了"之类的教师反馈评价。其实，教师的课堂评价远没有那么简单。正如本书作者所说："教师课堂评价在课程改革中起着导向和监督作用，是课程改革的一个重要环节。教师正确的课堂评价可以培养人才、造就人才，错误的评价则可能扼杀人才、埋没人才。"教师课堂教学评价一定要"关注学生的情绪和情感体验，关注学生的道德和人格养成。作为新课程重要组成部分的学生评价必将起到应有的导航、护航作用。"张老师对当今历史课堂教学评价的真知灼见——"十条要领"，对提升广大中学历史教师的课堂教学评价能力，无疑具有重要作用。

历史教学评价不仅是教学质量评估的温度计，更是历史教育教学发展的风向标。走在历史教育发展之前的历史教育教学评价，才能真正发挥引领与促进的作用。传统的历史教育教学评价，往往多凭借经验、印象，多重视结论性评价，忽视或不关注过程性诊断与评价。面向历史教育教学发展的未来，从经验为主转向以数据说话，还原评价的指导工作，就成为历史教育教学改革重要方向。张老师作为资深历史教研员听课评课无数，不仅自己思考、探索与成长乐在其中，并从中深刻感悟到："听课与评课是教师基本技能和成长的重要途径。"那么，什么样的听课与评课才是有效的呢？本书不仅给予了不同听课目标的"观察量表"，给予了一堂好课的标准，而且就如何做好听课准备、做好课堂观察和记录、做好课后思考和整理，评课应遵循的评课原则、评课的基本内容，以及如何自我反思等，都做了详细分析论证，为广大中学历史教师建立了一整套可供操作、行之有效观察量表和听课评课方法、策略和原则，为促进教师成长和提升课堂教学效率提供了新思路。

教学的有效性是新课程改革以来关注的热门话题之一，作为中学历史教研员，张老师有自己的独到见解。他认为"（历史）教学的有效性主要体现在四个方面：价值、效果、效率和魅力。即教学满足学习者的学习需要，做值得去做的事，吸引学习者继续学习，具有长久深远的感染力、穿透力和亲和力。""明确把握教学目标，是实现有效教学的前提和关键。"他把理论与实践相结合，详尽论述了如何有效实现教学目标的途径、方式和方法，从而为广大中学历史教师提升课堂教学效率提供了可供操作的借鉴。

"考、考、考，教师的法宝！分、分、分，学生的命根！"考试，特别是高考是中国当今说不完的热门话题之一。人们之所高度关注考试、特别是高考，是因为考试深刻影响着中国教育的发展，蕴含着无数家庭的冀盼，寄托着众多青年学子的梦想。如何提高学生的考试成绩，尤其是提高学生的高考成绩，事关学校、教师、家长、学生的切身利益，他们能不关心吗？但作为历史教研员的张老师，他该如何关注高考呢？用他自己的话来说，那就是中学历史教师必须研究高考，关键在师生教与学得法。那么，在日常历史教与学、特别是高三历史教与学中，师生应如何得法呢？为此，张老师在系统研究课程标准、考试大纲和高考试题的基础上，提出了一整套行之有效的教与学方法，并通过一系列研讨活动无私地奉献给株洲市全体高中历史教师。株洲市高三历史考试成绩多年位居全省三甲便是有力证明。

进入21世纪以来，历史新课程改革理念虽然给中学历史教学指引了前进的方向，但是"纸上得来终觉浅，绝知此事要躬行"。如何去将历史新课程理念落实到具体历史教学之中，并没有我们想象那么简单。怎样引导教师从传统的教育模式中走出，逐步改变教师的教学行为、学生的学习方式，需要所有历史教育工作者研究和实践探索。张老师利用自身的岗位优势，经过深入探索研究，形成了一系列行之有效的历史新课程教学策略、方法，有力推进了历史新课程改革和新课程理念的落实。

作为历史教研员，如何顺应形势的要求，实现转型发展，是一种挑战。

目前，历史课程改革步入攻坚克难的"深水区"，历史教研员在历史新课程改革中必然要承担起更多的推动与引领责任。怎么办？作为教研员，自己以身作则、深入探索研究是必须的，但仅此又是远远不够的。为推动一线历史教师加强历史教学研究，借以提升他们的专业素养和教育教学能力，全面实现历史新课程改革目标，张老师特撰写了"课题研究篇"，从理论与实践两个方面为一线历史教师提供示范与借鉴，其价值毋庸置疑。

"竹外桃花三两枝，春江水暖鸭先知。"长期坚持深入一线历史教学与教研的张建军老师，对中学历史教学与教研无疑有更多的发言权。本书对提升一线历史教师教育教学素养，改善他们的教育教学行为，其作用是不言而喻的。

2016年8月19日于株洲市第四中学

校长之美①

爱美之心，人皆有之。

美，是人类的永恒话题。

美是一种功用，美是一种效益。

美就是人的美的品质、理想和本质力量，并以适当的形式呈现出来，给人以愉悦，并孕育出更好的美，使人类更愉悦、更文明、更和谐、更崇高。

那么，什么是校长之美？人们似乎很少思考这个问题，当然也就没有所谓的标准答案。在现实社会生活中，尽管总有人忘不了从自己的功利出发来品评校长，赞美那些在同一学段升学考试中名列省、市、县前列的学校的校长。但若如评说校长之美，似乎显得有点狭隘与肤浅。

或许有人会问："赞美考得好的学校校长有错吗？你当过校长吗？你说什么是校长之美？"的确，赞美考得好的学校校长肯定没错。本人愚笨，从教以来，作为一名纯粹的历史教师，做好本职工作已深感力不从心，更遑论做校长和思索什么是校长之美了。不过，我虽然没有做过校长，但因工作单位的变动和学术交流的需要，也曾接触过一些校长，如果一定要说什么是校长之美，我以为原株洲市第四中学的姜野军校长就具有校长之美。我之所以做出这样的品评，并不是因为姜野军校长曾是我的老领导，也不是因为株洲市第四中学是我现在工作的地方，而是基于我对校长之美的理解及其基本事实。

首先，校长之美，应美在拥有自己独特的教育思想。

思想决定态度。教育思想水平的高低是校长专业化程度的标尺。校长管

---

① 本文是为姜野军校长所著的《美，教育的内核》所作的序言，该书已于2019年3月由上海华东师范大学版社出版。

理教师的方法很多，可以是严格的奖惩制度，也可以是哥们儿义气，还可以是笼络或专制独裁。不过，这样的校长管理，很难形成有品位的校风，教师的专业发展也不会有多大进步，也难以办成有特色的好学校。

姜野军校长就是一个拥有独特教育思想的校长，其核心就是以"美"育人。具体而言，就是教育美、师生美、环境美。用他自己的话说："教育是美的。以美育德，以美施教，以美促学，用美的教育塑造美的心灵，实现人的幸福成长，是教育的理想追求。""学校里的一切人、事、景、物包括楼、堂、亭、馆，都是学生认知世界的起点，其意义，其影响，都是非常深远的。一所学校，如果这般充盈着温情，就会促进学生的精神成长。"他以"美"为学校教育宗旨，不仅先后制定了切实可行的"三年办学方案""五年发展规划""三年中期发展规划"，并以"申重""创优""创文""创特色学校""建立园林式校园"等为抓手，与全体师生一道坚定从容地改变了株洲市第四中学的面貌，学校的影响力也得到了全面提升。《湖南教育》先后发表了《和谐校园的理想追求》《生命，高雅地拔节——株洲市四中创艺术教育特色学校纪实》。今天，只要你步入四中，园林式的校园环境、优雅文明的师生言行就会扑面而来。"四中真美！"将不由自主地从你心底涌出。

其次，校长之美，应美在创办特色学校。

什么是特色学校？特色学校是指在长期教育实践中形成的独特、优秀、稳定的教育风貌和办学风格，具有较高办学水平和显著育人效果的学校。

姜野军校长就是一位追求创办特色学校的校长。他认为："一所有特色的学校必须为开发学生潜质，培养学生素质，发展学生个性和创造力，营造和谐的教育环境。""普通高中无论规模大小，力量强弱，都应该各有自己的办学特色，各具鲜明的学校个性。多样化特色化是高中教育高效、快速发展的必由之路。多样化特色化发展，其核心内容应该是人文精神的培养。""艺术教育的目的，不是为了培养艺术家，而是让艺术的元素融入学生生活。让学生带着热爱艺术、享受艺术的素质走向社会，他的人生就会多一些韵致，多一层亮色。"正是基于这一教育思想，他率领全体师生将株洲市四中打造出课程、文化、质量、管理均具特色的学校。

第三，校长之美，应美在成就事业成就人。

教师是学校重要的人才资源，教师的激情是学校青春活力的源泉。在姜野军校长看来："教师是时代的精神标杆。但具体到每个教师能否成为一个时代的精神标杆，则取决于其是否修炼出勤、和、智、艺等文化精神。"教师之美在于"人格独立自持，不从流俗，轻人之所重，重人之所轻，需要一种充盈的底气。这种底气，来自崇高的人生使命感，来自坚实的专业自信心，来自矢志不移的做人原则。"因为"教师留给学生最深刻的印象往往不是知识，而是姿态。教师以怎样的姿态对待工作、生活和他人，就可能影响他的学生也以怎样的姿态对待工作、生活和他人。"故追求学校教育之美的姜野军校长，在长期学校管理中，一直致力于成就教师，成就学生。

为了实现自己以"美"为核心的教育思想，成就株洲市四中的教育事业，成就株洲市四中的师生，他想方设法用先进的教育理念引领团队攀登教育教学高峰，让教师体验到教育教学的无穷乐趣，让教师品尝到教书育人的幸福与快乐。他实施人才强校战略，推出"名师·名生"工程和"成长·成熟·成名"教师培训计划，加速中青年教学骨干成长；他力推"参与式学校管理"，因为"参与式学校管理建立在全面发展的理论基础上。它是以学校内的信息共享、自我导向、师生员工广泛参与学校各种决策和实践活动为特征的一种管理制度，是一种人性化的、高效率、高合作、高激励的管理方式。"据此，他主持改革了学校考核方法与评估制度，创造参与式学校管理制度，建立一种激励与内驱相结合的动力机制；他采取措施积极预防"职业倦怠"，努力让教师享受身心舒展，思想活跃，充满竞争与成功、关爱和帮助的高质量的校园生活。正因为他大力解放教师，成就教师，让教师善于工作、乐于工作、享受工作，从而创造了出和谐幸福的教育氛围，而教师的幸福迁移给学生，又成就了一串串成熟的教育果实。

有人说，人生有三幸："成长中幸遇好老师，生活中幸遇好伴侣，工作中幸遇好领导。"我想，这正是我作为株洲市四中人的感受。

第四，校长之美，应美在引领师生读书和学习。

学习是思想的源泉。校长与教师的先进教育思想和教育理念从哪里来？这在教育迅速发展的今天，若仅靠当年在大学里所学的那点知识是远远不够的。故姜野军校长主张："我们需要培养对书的亲近感。对书的亲近，既是态度，又是行动。所谓亲近，亲者，有情也；近者，无间也。亲近书籍，阅读经典，时间长了，这就是趣味，就是素质，就是一种生活状态。……找到那一本能够相伴一生的书，肯定会帮助同学们精神成长，走向成功。记住：找到了，别放下！"从某种意义说，学校的教育教学管理是一种文化管理，"文化管理影响的是'人'，这从根本上奠定了一所学校的品格。这种品格对于一所学校生存发展是恒久起作用的。"

作为一校之长的姜野军，不仅是这样说的，也是这样做的。他不知疲倦，始终坚持不断学习古今中外的教育名著、教育大师的教育理念，领会其精神实质；始终坚持直接与教育大师、专家对话；始终坚持与多家教育研究部门进行广泛的交往与联系，不断吸收先进教育理念，从而不断开阔自己的教育视野与思路，把握教育思想与发展脉络。

为推动教师读书，姜野军校长亲自率领教师参加各级各类培训；他每年不定期给教师作读书报告，免费为教师发放教育教学等经典书籍，积极营造学校读书氛围，倡导和激励教师勤于学习，乐于学习；不仅要向书本学，成为读书人，也要向能者强者优者学，成为读人的人。因为与智者同行会成为智者；与思想者同行成为思想者；与能者同行会成为能者。

第五，校长之美，应美在深入教育教学第一线。

教育思想的实现，需要付出艰辛的行为努力。在教育行为实践上，校长的行为最具表率和号召力。常言道，一位好教师不一定是一个好校长，但一个好校长一定要是一个好教师。作为校长，一定要深入教学第一线，脱离教学第一线的校长在教学管理中是没有发言权的。姜野军校长曾明确指出："校长应该是教育教学的专家。校长主要管的应是影响学校生存与发展的教育教学思想。那么，切合一所学校生存与发展的教育教学思想从哪里来？大部分应从课堂教育教学中来。"

作为语文教师出身的姜野军校长，不仅长期坚持执教一个班的语文课，而且对语文教学之美，拥有自己的独特理解与追求。他认为，作为语文教师，应"正确理解语文课程价值，准确把握语文考试技术，让语文的教与学的实践回归于语文本身。""坚持语文工具性与人文性统一，从根本上决定语文课堂的面貌。"语文教学应"引导学生研读经典，打牢学生精神成长的底子。"要注意引导学生"差别化阅读，领略文本的情、志、理、趣、境、韵之美"；"教作文其实就是教做人"，作文应"写真人、记真事、抒真情，感受生活"；写诗歌应"用字求准，用词求活，音韵求美，句式句法求灵活多变。鉴赏诗歌语言的趣味美，在境界，在情态，在虚实。"于是，就有了他"淡定安然的气质，从容平和的教态，简洁秀美的板书，着力于关键问题而不纠缠于细枝末节的教学风格"。因此，他执教的班级，学生不仅考试成绩优秀，更重要的是学生从此爱上了语文学习，爱上中国汉语之美。

当今世界是一个浮躁喧嚣的世界，教育领域也同样浮躁喧嚣不止。曾作为一校之长的姜野军先生，不慕虚名、不作秀、不盲目跟风、不浅薄创新，而是关照校情、立足实际、肯定自我、传承传统、俯下身子、放低调子、沉下心来、扎扎实实办教育，实实在在谋教学，真抓实干求质量，确实相当不易，也实在罕见难得！

我在姜野军先生麾下十三年有余，耳闻目睹了他在道德与教育思想上的修为，深刻感受了他在实现其教育思想上的执着。有幸先睹姜野军先生大作《美，教育的内核》，实是我生平中一件幸事！

2017年9月23日于株洲市第四中学

03

我本愚笨

"知之者，不如好之者；好之者，不如乐之者。"故好教者不如乐教者，乐教而好学，学而不厌，诲人不倦，得天下英才而教育之，师之大乐。师乐教而弟子乐学，教乐乐，学乐乐，教学相长，乐在其中矣。

为师，切忌以己为傲。为师，必须知晓人皆各有所长，也各有所短。孔子曰："三人行必有我师。"又曰："不耻下问。"韩愈云："古之圣人，其出人也远矣，犹且从师而问焉。"又云："弟子不必不如师，师不必贤于弟子，闻道有先后，术业有专攻。"《学记》云："学然后知不足，教然后知困，知不足然后能自反也，知困然后能自强也，故曰教学相长也。"

有人说，生活不能靠运气，因为好运气毕竟不常有。但一个人品好的人，他的运气应该不会太差。我本愚笨，更不敢说自己人品多好，扪心自问，唯有善良、诚实、认真、勤奋与持之以恒的追求。或许有此，故运气还不算太差，成长路上因得到不少贵人的鼎力支助才有今天的少许成绩。衷心感谢曾经帮助我成长的人！

成功，在于持之以恒的追求 ①

也许是我三生有幸，《湖南教育》的编审李老师，要我以"特级教师成长笔记"为题写一篇文章。说心里话，对于这一约稿，我是诚惶诚恐。因为，我深知自己并无过人之处，甚至于有些笨拙。如果说，自己在历史教育教学和教改教研方面曾有过少许成功，那也离不开领导的关怀，专家们的帮助，同事的协作，妻子的支持。当然也离不开本人长期以来持之以恒的追求。

一

现代社会，一个人要想在某一方面取得成功，就必须不断地学习，求学是人生成功前提。

我的求学之路是比较曲折的。我生于20世纪50年代末，这正是我国三年国民经济最困难的时候，真可谓生不逢时。1966年启蒙读书，又遇上"文化大革命"，学校教育受到了极大的冲击。或许是我年龄太小不懂革命，也或许是我天生酷爱读书，尽管当时教师"民办化"，教材"革命化"，学习"劳动化"，我还是手不释卷，在整个小学和初中学习阶段，除在学业上取得了"优异"成绩，还读了不少课外书。在所读书中，既有"革命类"小说和中国古典名著，也有不少通俗普及性的社会科学和自然科学的书，这为我后来的求学与发展奠定了基础。

"文革"时代，升学不兴考试选拔，学生的学业成绩不是最主要的，当时大行其道的是"推荐制"。1974年初中毕业成绩优异的我，因没有特殊关系而无机会进入高中继续求学。说心里话，在当时的历史条件下，一个偏远的无

---

① 本文发表于《湖南教育》2006年第1期，发表时有所删改。

机会上高中的农村小孩，是不敢做上大学这样的春秋美梦的，但我并没有放弃读书。无论是在家种地，还是外出学徒和搞农田基础建设，我都坚持读书。不同的是，所读内容则不再是数理化，而是以当时实际需要为主。这些知识，虽然对我后来考大学没有直接作用，但它帮助了我解决了不少实际问题，充实了我的生活，开阔了我的视野，更使我认识到了读书的重要性。

1977年我国恢复了高考制度，这对于酷爱读书的我来说，无疑是一件天大的喜事。但由于我当时在外地修水库且不准回家，因此与"文革"后的第一届高考失之交臂。1978年，初中毕业的我参加了这一年升中专考试，因失学多年，考前劳心劳力过渡，考试前两天我因病而住进了医院。尽管我坚持带病参加了考试，但因药物副作用而导致头晕眼花，我还是以5分之差而名落孙山。当时不少人笑我"癞皮蛤蟆想吃天鹅肉——痴心妄想"，但我并没有因此而屈服，仍坚持在劳动之余复习相关课程，准备明年再考。谁知1799年国家高考政策调整，规定国家大学和中专招生一律考高中课程，这对于初中毕业的我来说，又是当头一棒。也许是我苦苦追求感动了"上帝"，我村一位知青的母亲在一区中任教，她劝我到区中学"复读"一下高中课程。当时我已经20岁了，家里又相当贫困，姊妹多，全靠我做农活争"工分"养家，但年老体弱的父母和年幼力薄妹妹们还是大力支持我去拼搏一期。我不敢辜负老师和亲人们的期望，为了成功，我放弃自己喜爱的理科，改学文科，并背水一战，终于在1980年考上了衡阳师专。高考后，1.75米的我，体重只有96斤。就这样，我还是给人留下了千古笑柄——本来我的高考成绩已经超过当年的本科分数线，但因老师和我都不知道本科好还是专科好，我竟然将衡阳师专填在第一志愿，将湖南财政学院和湖南师院分别填在第二和第三志愿。这一错误，对我的学业、工作和人生的影响自然很大。我虽然后悔，但它绝没有成为我的求学障碍。我不仅以优异成绩从师专毕业，而且在参加工作后，我并没有放弃对学识的追求。参加工作以来，我不仅坚持刻苦自学了大量的史学和历史教育教学著述，辑录了上百万字的资料，而且先后参加过吉林社会科学战线青年社会科学研究辅导中心为期一年的"社会科学研究班"的函授学习，北京大学中国文化书院为期三年的"中外比较文化研究班"函授学习，湖南师大为期三年的历史专业专升本的函授学习……

也许会有人问，我为什么那样拼命学习。其实我的理由很简单：一是学习对我来说是一种快乐；二是我是教师，我害怕误人子弟。要知道，我们做学生时是如何期望和要求老师的啊！那么，现在的学生也就会怎样期望和要求我们，甚至于更高。每想到这里，我就如芒刺在背，不敢不学呀！

二

在工作上，我本来有不少机会可以不从事具体的中学历史教学。或许是命中注定，我至今仍然在中学第一线从事历史教学。

1983年衡阳师专毕业，当时本来有机会留校从事大学地理教育的。由于我先天不足，当年高考大学时英语是免试的。师专三年又学两门专业（历史和地理），尽管我挤出了大量时间学习英语，还是成绩平平。这是我至今还感到十分遗憾的事。在大学从教，没有良好的英语水平，是难以有较大发展的，更何况留校是从事地理教学，更是缺不了英语。师专三年我的地理学科成绩固然很好，但我攻读的重点是放在历史学科上，于是我主动放弃了这一难得的机会，毅然决定到中学从事历史教育教学工作。现在不少大学毕业生，在选择就业或是否考研时，往往把地位和待遇放在第一位。当时，我首先考虑的不是地位和待遇，而是选择有利于自己专业发展的工作。这或许是我后来能取得点滴成绩的重要原因吧。

师专毕业后，我被分配到核工业部中南地勘局303大队子弟学校从事历史教育教学工作。这在20世纪80年代，是十分受人羡慕的事。我所在单位，不但级别高，而且待遇丰厚，工资比地方学校高20多元。但从历史教育教学发展的角度来说，那又是不幸的。因为，我所在的子弟学校，位置偏远，规模小，全校只有我一个历史教师，与地方学校很少交往，高中生中学习成绩稍微好一点的学生都去了地方重点中学，在本校就没有考上大学的。凡此种种，都在相当程度上制约了我在历史教育教学上发展。不少成绩优异的师范大学生到了我所在的子弟学校后，都成为应付教学的教书匠。但我还是要衷心感谢子弟学校11年的特殊的教学生涯。因为，这11年里，我每一年都包揽全校初高中各年级的历史课，它使我对初高中全部历史教材了如指掌；这11年里，由于无高考升学压力，我能挤出大量时间进行学习和历史教育教学的研究，使我有幸从1985年开始就不断有史学、历史教育教学论文发表，甚至有专著出版。真可谓塞翁失马, 焉知非福!

1992年, 原零陵地区教科所历史教研员刘林生老师调到省教科所工作, 由于他的推荐, 本来我是有机会到地区教科所任历史教研员的。但因学校只有我一位历史教师, 地区教科所派人来单位考察时, 所在单位领导不仅不同意, 而且还不告诉我。事后, 我到市里参加教研活动才得知此事, 虽然心里气恼, 但自己所承担的工作还得照常干好。因为我们是人民的教师, 不能因自己的得失而误人子弟啊!

1994年, 由于核工业大改革, 所在子弟学校因生源和资金问题, 裁撤了高中部, 初中部也难以维持下去。于是, 我调到了永州市三中工作。从历史教育教学的角度来说, 这是我教育生涯的一大转折。但为此, 我也付出了巨大的代价。因为, 就在我到永州市三中报到没有几天, 我妻子和小孩从原子弟学校准备到永州时出了车祸, 我8岁的儿子身亡。中年丧子, 这对已到中年的我和妻子来说, 是一个巨大的打击。妻子因此而变了一个人, 我们至今心里仍难免隐隐作痛。培养一个小孩是多么不容易啊! 当然, 我并没有因此被击倒。在永州市三中工作期间, 我连续十年奋斗在高三历史教学第一线, 且长期担任高三文科班的班主任工作。2004年, 因事业发展的需要, 我又调到了株洲市四中从事高三历史教育教学工作。目前, 我所执教过的班级, 已为高等院校输送各类人才逾千人。每当看到学生成功的笑脸, 我心里由衷地感到欣慰。

三

要做一个成功的教师, 认真研究自己所教的专业和教育教学规律, 则是不可或缺的。

我对史学和历史教育教学的研究始于衡阳师专读书时期。当时对研究之所以感兴趣, 一不是为了出名, 二不是为了评职称 (当时还不知有评职称之事)。其实原因很简单, 在学习过程中我发现那些对所教学科有较深研究的老师知识渊博, 授课生动, 观点新颖, 说理透彻, 深受学生欢迎。自己将来是一位教师, 要让学生欢迎, 做到不误人子弟, 就不能不研究历史问题和历史教育教学规律。当然, 因当时学习任务太重, 自己知识储备不足, 因而没出什么成果。但研究历史问题和历史教育教学规律的志向形成了。

从事中学历史教学后，起初我把研究的重心放在历史专业研究上。第一篇文章《矜功不立，虚顾不至》，刊发在中华书局主办的《文史知识》1985年第1期。其实，这只是一篇豆腐块式的小议文章，没有理论价值。但它起了兴奋剂作用，鼓励和鞭策我继续前进。从此，我每年都有几篇文章见诸报刊，且文章也由豆腐块变成了数千字的长篇，甚至于专著。至今已在10余家省级以上刊物发表史学论文和历史教研论文等70余篇，20多万字。其中不少拙作为权威信息刊物中国人民大学报刊复印资料《中学历史教学》全文转发，有些被收入《中学历史教学新论点》《中国当代教育教研成果概览》《21世纪中学历史创新教学实验设计与探索全书》等著作；出版了《汉武帝》《中学历史题型解法研究》等专著，主编、参编的中学历史教材、教参和教辅用书30余种（册），数百万字；教改教研课题、论文和教案，荣获全国、省、地、县优秀成果和优秀论文奖（一至三等奖）20余篇次。又有10多篇教改教研论文在国家、省、市等不同学术研讨会上做了专题讲座和交流。我还是2004、2005年湖南省教育电视台"高考论坛"历史复习指导专题讲座的主讲教师……

教研工作，既是一种费时费力相当艰苦的工作，也是一种快乐的劳动。说教研不苦，那是假话。当别人在谈天说地、玩牌搓麻、喝酒闲聊、网上浏览、合家欢乐时，我必须躲在书房里，伏在书案上，坐在电脑边，把所有的空余时间用在读书、搜集资料、思考问题和写作上。当然，教研也有快乐，那是发现问题的快乐，解决问题的快乐，文章发表的快乐，著做出版的快乐，上课思路敏捷、说理左右逢源的快乐，学生尊敬你的快乐……这些快乐只是一种自我体验，旁人是不太感觉到的。在我看来，教研必须持之以恒，教研如果是为了职称、名誉、金钱，那是很难持久和有大的成功的。

在旁人看来，作为中学教师的我，现在已功成名就。实际上，教学是个无底洞，只要去想、去做、去研究，那就永无尽头。我深知自己智商不高，学识先天不足，且胸无大志，但为了不误人子弟，我必须竭尽心智，持之以恒地追求下去。至于，能取得多大的成就，我就管不着了，也不想去管。做教师，只要问心无愧就行了……

勤奋求索，跬步前行 ①

　　或许是种种机缘，或许是勤奋求索，我一不小心竟然成了人们心目中的"名师"。"我真的是'名师'吗？"每当有人说我是"名师"时，我就不由自主地反问自己。什么是"名师"？是桃李满天？还是教研成果卓著？或因教书育人事迹突出被传媒渲染？认真反思，所有这些，我似乎平平，没有骄人之处。这实在不是我谦虚，因为桃李天下是教师集体劳动成果，并不是我一人之功；自己在教研上虽时有拙作面世，但当今时代真正读这类作品的人并不多，更多的时候是"孤芳"自赏；虽因种种机缘上过一些媒体，但多为昙花一现，并不为人关注。我虽不是"名师"，但愿将自己的成长历程与感悟写下，希望对读者有所启迪、有所助益。

一

　　在学业上，我是一个先天不足之人。

　　我的启蒙教育始于1965年"文化大革命"。起初，我在农村"中心小学"学习。在我的记忆中，我的老师是相当不错的，虽然我不知他们是何种学历，但他们都是公办教师，上课深受我的欢迎。只是好景不长，一年后因国家教育改革，"中心小学"被解散，我回到自己村里刚开办的小学学习。由于师资、校舍条件有限，我在二个年级同在一起上课的复式班里学习，教师也换成了本村读过一些书的"民办教师"，其授课水平自然与原来受过正规训练的老师

① 本文发表于《中学历史教学参考》2010年第11期，发表时略有删改。同时，早在2008年，我曾应《新课程》杂志编辑之约，在其2008年第9期"特级教师"栏目中，发表过《我的成长历程：梅花香自苦寒来》；后又为湖南教育新闻网发布，内容与此有不少相似之处，这里不再录入。

不可同日而语。或许从这时开始，我就隐约体会到教师智能水平的重要。整个小学阶段，我学过什么，现在除能背诵一些毛主席语录外，其他基本上没有印象了。他留给我的记忆是快乐好玩——打球、打纸板、做弹弓、打弹子、滚铁环、掏鸟窝、钓鱼、搞劳动、追逐嬉戏、喊口号游行，远不如今天的儿童，从幼儿园开始，就训练有素，文武双全。

我的初中是在乡中读完的，那时称祁阳县塘弦湾公社中学。学校虽不著名，但机缘不错，授课老师个个和蔼可亲，课也讲得有声有色、生动形象、通俗易懂。尽管当时教材简单，我在自愿状态下还是学了一些知识，尤其是数理化知识，至今令我难以忘怀。今天，我讲科技史可谓左右逢源，有时兴起，将相关原理说得头头是道，令学生五体投地，应得益于此。语文老师的声情并茂、数学老师深入浅出、理化老师的形象演示，至今还历历在目，挥之不去。我有时甚至怀疑，自己今天在教育教学风格上的追求，是否在还原他们的影子。因为，榜样的力量是无穷的。

也许时运不佳，也许造化弄人，在当时推荐升学制度下，1974年初中毕业后，我就失学了，无缘接受高中教育。作为一个农村娃，我自然回乡务农，直到1980年考入衡阳师范专科学校，才再次走上正轨的求学之路。说句题外话，"文革"结束至今，不时有人通过不同途径为城市知青下乡打抱不平，返城工作的知青，下乡时间时下还算工龄，而农村失学少年回乡务农，一切似乎理所当然。我虽酷爱读书，但现实生活并没有给我这个条件，也就只能安心务农。在家6年，我除参加常规农业劳动外，外出修过电站、水库、公路，也拜师学过木工、漆工，还利用劳动之余自学过绘画，只因种种原因而一事无成，但也学到了很多学校里、课堂上学不到的东西。它磨炼了我的意志、广阔了我的视野、也为我后来求学与成就事业提供了无限激情和动力。1977年底高考制度恢复后，我还远在外地修建水库，尽管劳动强度很大，但我始终坚持每天挑灯夜战，认真复习初中各学科内容，希望能在来年考上一个中专。但事与愿违，1978年中考，终因准备不足而名落孙山。1979年，国家改革招生制度，大学与中专统一招收高中毕业生。作为初中毕业的我，不得不在劳动之余，自学高中数理化教材。谁知，由于长期劳累过度，考前我竟然住进了医院。自己虽以顽强毅力带病参考了考试，但在病痛与药物双重作用下，我两眼晕花，无论读题书写，只见文字重叠，图成双影，最终以5分之差与当年高考招生失之交臂。考试结束后，1.75米的我，只有47公斤。

我的真诚和艰难求学，感动了我村一位下乡知青的母亲——黄紫云老师，她是我们潘家埠区中学一位小有名气的数学教师。她针对我的实际情况，建议我弃理学文，且最好到她们学校复读班就读一个学期。20岁的我，当时在农村已经是一位全劳动力了，家境本就贫寒，父母能允许我到学校读书半年已属不易。由于无力交纳生活费，我只得自备咸菜，请黄老师在学校给我打"白饭"，如此坚持奋斗了5个月。1980年，我的高考成绩终于超过了当年本科录取分数线。也许命中注定，在填写高考录取志愿时，因缺乏教师指导，我竟然分不清本科与专科的差别，自认为专科是专学某一学科，而本科则什么都学，于是将衡阳师范专科学校填在第一志愿，将湖南师范学院和财政学院分别填在第二、第三志愿，留下千古笑柄。曲折与磨难，我已习惯，她不是灾难，而是一笔宝贵财富。

进入衡阳师专后，我被分配在80级史地班学习。该班专业设置特殊，同步开设分属文科的历史和理科的地理。于是，在对学业追求上，我坚持从实际出发，力避好高骛远。衡阳师专三年，我虽然各门专业成绩优秀，但深知自己在数学、物理、化学和英语等方面存在先天不足，而地理学涉及这方面的知识太多，自己在地理学方面难以深入下去。因此，1983年衡阳师专毕业时，我毅然放弃留校从事地理教学教研的机会，也从不做考历史研究生的美梦，决定到中学从事历史教育教学工作，希望自己在这方面能有所作为。就这样，我在中学历史教学第一线，一拼就是20多年。

20多年来，我深知自己知识浅薄，教书育人能力有限，时刻不敢放弃学习。我不仅坚持自学了大量史学和历史教育教学方面的著述，辑录了上百万字的资料，而且先后参加过吉林社会科学战线青年社会科学研究辅导中心为期一年的"社会科学研究班"的函授学习，北京大学中国文化书院为期三年的"中外比较文化研究班"函授学习，湖南师大为期三年的历史专业专升本的函授学习……

每当人们问我为什么拼命学习时，我的答案很简单：一是学习对我来说是一种快乐；二是我是教师，我害怕误人子弟。要知道，当年我们做学生时是如何期望和要求老师的啊！我每当想到自己的老师，每当看到学生向我求学的目光，我就如芒刺在背，不敢不学呀！

二

教师是当今社会一种很平凡的职业，既劳力又劳神，且待遇不高。在五彩缤纷，社会浮躁、文化多元、价值取向迥异的今天，要坚持做好这份工作实属不易。

我是一个凡夫俗子，说自己从事教育工作以来，一点也不想从事轻松体面和待遇丰厚的职业那是自欺欺人。从事教育工作以来，我能始终坚持在历史教学第一线，实在是因为我有自知之明和能静下心来体验教书育人的快乐。

1983年我被分配到中南地勘局303大队子弟学校从教，参加工作伊始，我就是学校团委书记。只要自己潜心经营，再凭自己的才干，跳出学校从事303大队其他管理工作也不是没有可能，至少成为学校的校级领导。事实上，后来接替我做学校团委书记的人，现在已是大队长了。我之所以放弃从政之路，是因为我秉性直率，不愿隐匿自己的观点，曲意奉承上级领导，最多只能以自己心灵痛苦为代价忍住不说。这一点，我的师专班主任早就看出，他曾告诫我说："汪瀛，你秉性太直，毕业后最好不要从政，专心搞你的专业，定会有所成就。"也正因为如此，四年之后，我以年龄大了为借口，辞去学校团委书记之职，专心从事历史教学。1992年，我本来有机会到当时零陵教育科学研究所从事历史教研究员工作，但因种种原因，我最终还是选择了放弃。历史教研员工作虽然相对轻闲，也没有中学教学的种种压力，但因远离教学第一线，往往难以成就研究事业。这或许是当今众多教研员，其研究成果反没有中学教师多，且富有影响力的原因所在。有时，我甚至在想，中国教育界之所以出不了教育大师，其根源可能在教育教学第一线的教师不想研究，即使有想深入研究的教师，终因经费、时间、精力、交流等因素限制，难以做出高水准和有巨大影响力的成果；而各级教研员虽没有上述因素之忧，但高高在上，所作研究，多理论脱离实际，或照搬国外研究成果，做文字游戏，即使名噪一时，但终因华而不实，若干年之后便无人知晓。

或许有人会问，教师本来地位就低，作为中学历史教师因学科的原因地位更低，在这种境遇下，我是如何体验教书育人快乐的呢？其实，我的法宝就是欣赏自己的教育教学过程，欣赏成长中的学生，坚持把自己的本职工作做好，从而赢得领导、同仁、学生和家长的欣赏，由此体验到教书育人的快乐。

以备课和书写教案为例，不少教师觉得心烦，总认为自己年年在做无用功，而我则没有这种感觉。我或许过于愚笨，尽管对中学历史教材我早已烂熟于心，但每次备课还是有令我欣喜的发现，更何况我所执教的每一轮学生都是不同的，它需要我从不同视角审视历史教材，审视学生，审视教学方法和每个教学环节。唯有如此，我才有足够的底气走进课堂，走近学生，在教学中真正做到左右逢源、有的放矢、游刃有余，获得教学的快乐。其实，备课和书写教案也是一个快乐的过程，我每当将自己的新发现、新思考写入教案，每当看到自己精心编撰的成册教案，总有一种说不出的快感。因为，它可以成为我教学的新起点，是我可以时常观赏和触摸的教研成果，不会因时间的消逝和空间的变幻离我而去。

学生既有顽劣令教师烦恼、甚至痛苦的一面，也有令我们可亲和快乐的一面，是痛苦还是快乐，关键是我们以什么心态去面对，以什么专业水准去面对。我不怕读者们笑话，在语言上，我是一个不合格的教师。因种种原因，从教以来，我至今还不能说好普通话，每接一届新生总免不了有学生当面以此来笑话我。然而，学校每次组织"民意"调查，我却是最受学生欢迎的教师之一。原因何在？我不会因学生"笑话我"而生气，我会在第一堂课第一句话，就开宗明义告诉学生："在语言上我是一个不合格的教师，你有权以此笑话我，我真诚欢迎大家及纠正我'语音'上的错误。我虽然无力改变自己的语音现状，但我会加倍努力改变自己的学识现状，尽力满足大家在学习上的要求。"说实在话，我是靠真诚面对学生，用自己丰富的学识、生动有趣的授课和对学生的真诚关爱而赢得学生爱戴的。我参加工作的第二年（1984年），中南地勘局303大队子弟学校全体师生投票"海选"，我与一位40多岁的数学教师脱颖而出，一起当选为学校优秀与文明教师。2005年，也就是我到湖南省株洲市四中工作的第二年，又被全校师生推选为十佳教师之一。这种奖赏虽然级别不高，但他是全体师生对我工作的肯定，我感到无比快乐。

在教书育人问题上，我与其他教师不同，只全心全意关注现有学生的培养和成长，从没想过学生在校或毕业后会给我带来什么利害得失。也许正因为如此，在教书育人过程中，我从不患得患失，而是勇于真诚面对每一位学生，关注每一位学生的成长，从而赢得了学生长久尊敬与赞誉。我获知这种尊敬与赞誉并不源于师生面对面的交谈，而是无意间发现于网络之上。网名

"洞庭一扁舟"学生，曾在其《琐忆》一文中写道："……那时老师用有色眼镜来看人，学习是一落千丈。给我印象最深的是初一的班主任，……他是教生物的。生物课上他唤我呆小症，他还说他会看八字，预测我活不过18岁，到现在我还怀疑他是不是老师。……除了冷嘲热讽、挖苦玩弄，还有什么呢？一次我在课堂上看课外书，被班长发现，他惩罚我向全校学生做检讨，给每个学生发检讨书，发了几百份，一周的伙食费都用在这上面了，忘了那周是怎么熬过来的。事后他还大肆宣扬，我父亲允许我上课看课外书。我真纳闷，是这样吗，原来父亲到一老师家去吃饭，没给郭先生送礼，他气愤。我真不明白，老师也是如此之俗。仍是这样混日子过，虽然父亲经常教育我，但我在那种环境之下，同流合污着，用弹弓打女生、吸烟、逃课，坏事做尽了，但绝没干偷盗之事。……1998年我落榜了。我选择了复读，复读的心情是沉重、焦虑的，我的成绩还是不太好，主要是在数学上花的时间太多，连擅长的英语都落下了。我们的班主任是汪瀛先生，他教历史的，他上课非常精彩，我的思维是被他的课堂激活的，听他的课简直是种享受，没想到历史是那么的有趣啊。那时我便学会了思考，喜欢一人在永州八景之一的'恩院风荷'沉思漫步，学会忘掉学习上的一切不快。"我引入这段话，无意贬低他人，抬举自己。我只是想说，这种源于学生毕业后冷静而毫无功利的赞誉，是他们最真实的思想与情感流露，他给我带来莫大的鞭策与快慰。

"淡泊可以明志，宁静可以致远。"只要我们静下心来，始终坚持以学生为本，以教书育人为第一要务，真心实意地做学生知心朋友，用爱抚育学生的心灵，就能化解师生、生生、学生与家长之间的矛盾，解除学生的"心魔"，赢得学生的爱戴；只要我们长期不懈，集中精力研究教学，千方百计提高教学质量，并把学科前沿的高新知识自然融入教学之中，就能教出高水平的学生，就能赢得学生的崇敬，享受教书育人的快乐与幸福。天空不留下飞鸟的痕迹，但我已飞过！只要付出，就会无悔；只要经历，就会无憾；只要坚持，就会拥有成功的教育人生。

三

在教研问题上，有不少教师感到困惑：我为什么要搞教研？有的教师则认为教研太深奥，咱搞不了；有的教师甚至认为教研没有用，提高成绩才是正路。实际上，教研并不深奥，也不神秘。我们平时的公开课是教研，集体备课也是教研，课题研究是教研，将日常积累的思考撰写成论文发表也是教研。同时，教研和提高成绩并不矛盾。试看，哪位名师不是教有成效，研有所成呢？教学研究是教师的天职。一个只关注教科书的教师，他传授给学生的只是"就事论事"的知识"复制品"，是不可能教出境界来的，更不能引领学生走向人生的更高境界。

"问渠哪得清如许，为有源头活水来"。我深知教学不易，要做一位有学识、有品位的历史教师更不易。因此，从参加教育工作的第一天起，我除了忘我学习，还忘我研究。因为"教而知不足，学而知困"。要成为一名优秀的历史教师，仅有学习是不够的。任何教师在教学过程中无论是历史知识，还是教育教学方法，都会遇到他人没有遇到或没有解决的问题，这就需要自己去研究、去探索。我的历史教学研究包括三个方面：一是教育思想，因为思想决定行动，没有先进科学的教育教学思想理论做指导，是无法全面完成教书育人任务的。二是教育教学方法技巧，这是提高教育教学效果的利器。三是学科理论与知识的研究，这是教学高屋建瓴、游刃有余、培养创造性人才的基石与法宝。

在历史教育思想方面，我注意结合历史学科特点和自己面所对的实际问题而展开。我曾围绕历史学科的教育功能、学科价值和怎样发挥这些功能和价值展开过研究。我在《历史学习与复习迎考》一书第一讲"学习历史的几个疑问"中，就从"为什么要学习历史"的角度，回答了历史学科的教育功能和学科价值。在另一部理论性专著《高中历史新课程教与学》的"历史新课程的教学三维目标"中，我又围绕如何实现历史历史学科的教育功能和学科价值展开过较为深入的研究。此外，我还研究和发表过《历史教育断想》《历史教学中自然灾害防治意识培养刍议》《试论历史图画在教学中的功能》《历史教学中国情国策教育一例》《利用历史插图进行审美教育》等教研论文，从而有效地提升了自己的历史教育思想。

历史教育教学方法与技巧是我的研究重点，我不仅先后研究出版过《历史题型解法研究》《历史学习与复习迎考》和《高中历史新课程教与学》等专著，而且研究和发表过不少这方面的研究论文。如《历史作业设计探微》《历史教学中板书设计初探》《历史教学中如何实现"主导"与"主体"有机结合》《运用历史课堂提问开发学生智能》《问疑教学与素质教育》《历史研究性学习初探》《网络环境下历史研究性学习》《"自主感悟，互动创新"历史课堂教学模式概说》等。这些探索在方家眼中虽然显得粗浅，但有力提升了本人历史教育教学技能。

在中学历史教学岗位上，我虽然不能如大学历史教师和历史科研单位的研究人员那样从事高深的史学研究，但出于教学和自身发展的需要，我也是做过一些粗浅研究的。既出版过《汉武帝》和《自然环境与人的生存发展》专著，也发表过《浅析黄兴实业救国思想》《善照"镜子"的唐太宗》《古史传说与我国原始社会文化》《中国历史问题中的地理因素解析》《日本传统文化对其经济发展的积极影响》等论文。这或许是我不同于那些只重视历史教学方法研究的教师之处。实际上，在长期中学历史教学过程中，学生向我提出过许多涉及史学研究的问题，只因我心智、能力有限，而没有深入展开研究而已。

20多年来，我虽在历史教育教学方面取得过一些成绩，党和人民政府也给了我极高的荣誉，不仅被评为历史特级教师，而且在2007年被湖南省人民政府授予湖南省最高教育奖"徐特立教育奖"。我真的成功了吗？五十而知天命，是知天命之有限。"一腔热血勤珍重，洒去犹能化碧涛"。我不得不告诫自己，不可为几个蝇头小利，而过度消耗，也不可为一时义气，而肆意挥霍。我必须慎重地使用生命，把之用于最值得投入的无限教育中，以实现心之想，梦之求，以获得人生价值。

春残依旧未残，梦断依旧未断。大漠与孤烟、长河与落日、光荣与梦想已成为遥远的背景。50岁的我已经被挟裹在奔驰的时间列车上，时间是一维的，空间是狭小的，方向是明确的，唯有前行。

历史的磨砺①

　　《湖南教育》因配合教育厅培养"名师工程"的需要，何宗焕主任专程赶到株洲市第四中学，采访我这个所谓的"名师"，并要求我就个人成长写一点东西。

　　说实在话，"名师"既是一个吸引人们眼球的话题，也是一个沉重的话题。它所以吸引人们的眼球，是因为当今人们太渴望成名。它之所以沉重，是因为要成为一名真正的"名师"，绝不是一件易事。我以为，真正的"名师"，其内涵不仅仅是因为某教师有"名"，更在于某教师能为他人"师"。如果说，"名"尚可通过各种媒体宣传打造，那么"师"则无法在短期内轻易造就。韩愈曾说："师者，传道，授业，解惑也"。作为一名教师，要真正具备这些素养，绝不可一蹴而就。一想到这些，我就诚惶诚恐。因为，反思自己近30年的教育教学经历，我实在没有"名师"的底气！不是吗？论桃李天下，那是教师集体的劳动成果；论教研成果卓著，自己在教研上虽时有拙作面世，但当今时代真正读这类作品的人并不多，更多的时候是"孤芳"自赏；论教书育人事迹突出被传媒渲染，我虽因种种机缘上过一些媒体，但多为昙花一现，并不为人所关注。实际上，人生不如意十之八九。今天，我将自己的成长历程与感悟写下，希望对读者有所启迪、有所助益。

　　我曾不止一次向人坦言，学识上我是一个先天不足之人。从小学启蒙到1974年初中毕业回乡务农，我是伴随"文革"喧闹与"教育革命"走过，说自己读了很多书，学业成绩优秀，既无人相信，也没有价值。1977年，高考制度恢复后，我虽悬樑刺股，终因学历太低和智能有限而两度名落孙山。

---

① 本文发表于《湖南教育》2011年1月（上）。

1980年，我接受名师指点弃理从文，考入衡阳师专，苦混了个史地科班出身。曾有人这样诠释师生关系："老师是太阳，学生是月亮。当太阳温暖明亮时，月亮柔和可人；当太阳冰冷阴沉时，月亮暗淡无光。学生的美丽，源于教师的光芒。"那么，教师的"光芒"是什么？无疑是高尚的师德和渊博的学识。在师德方面，我不敢说高尚，但也无不良思想行为。说到学识，我深知自己知识浅薄，教书育人能力有限，20多年来，我不敢有丝毫懈怠，唯有学习、学习、再学习。我曾先后参加过吉林社会科学战线青年社会科学研究辅导中心为期一年的"社会科学研究班"的函授学习，北京大学中国文化书院为期三年的"中外比较文化研究班"函授学习，湖南师大为期三年的历史专业专升本的函授学习。现在湖南师大历史系的一些教授，既是我"中外比较文化研究班"的同学，又是我函授专升本的老师。至于研讨名家著述，浏览百家大作，反思自己的教育教学行为，已成为我日常生活的常态。在教育教学发展日新月异的今天，我尚能嗟强人意，当得益于此。

说到工作，顺利与轻松也似乎与我无缘。衡阳师专毕业时，本有机会留校从事地理教学的我，因虑及自己英语和数理化先天不足，决然放弃。学校出于好意，决定将唯一的部属单位指标给了我。于是，我兴冲冲地赶到长沙核工业部中南地勘局报到，谁知一纸介绍信又把我派遣到了偏远的蓝山县乡下核工业中南地勘局303大队子弟学校任教历史。当时，这所子弟学校历史教师只有我一人，每年初高中各年级的历史课全由我一人包干。每天，不是备课与批改作业，就是上课。走错教室、拿错教材，发错试卷或练习，似乎成了我的专利。如此一干，不知不觉中完成了11个轮回。现在想来，这特殊历史教学经历，我确实获益匪浅：几种不同版本的初高中历史教材内容我烂熟于心，融为一体；初高中学生心理、智能与学习特征，初高历史教育教学特点与衔接，于我已轻车熟路，举重若轻。1994年7月，因军工改制，子弟学校萎缩，我有幸调到永州市三中工作。然上天不公，准备跟随我夫人来永州的小孩因车祸身亡。当年，35岁的我，真是欲哭无泪。时至今日，每想起此幕，心里便隐隐作痛。永州市三中10年，我一直奋战在高三第一线，既要承担几个班的历史教学，还连续7年担任过高三班主任工作，又做过永州市和芝山区（今零陵区）的兼职历史教研员，零陵电大兼职教授，一年365天，几乎全部与学生为伍，以办公室为家。深陷丧子之痛的妻子，我没有时间安慰；妻子再孕、生子、抚养、读书，我无力关照；母亲病重、病危我没有前去照料，我才赶到她床前时，她已无意识，30分钟不到就永远离开了我。用我妻子的话说："汪瀛，您已经卖给了学校！"2004年7月，因株洲市教育局和株洲市四中领导的关怀，我们举家来到株洲市四中工作。我虽然没有担任班主任，但被任命为历史教研组长，并继续执教高三，有时还得跨年级任教。同时社会专业兼职更多。目前，我是中华人民共和国教育部国家基础教育课程教材专家工作委员会委员。湖南省普通高中新课程实验教学指导委员会历史学科组指导专家。湖南省教育科学研究院兼职教研员。湖南省教育学会历史教学研究会常务理事、株洲市教育学会理事和历史教育学会副理事长。湖南出版投资控股集团历史学科教材培训专家。教育部全国中小学教师继续教育网远程培训辅导教师。湖南省中小学教师继续教育指导中心"国培训计划"市级指导教师。湖南省"株洲市名校长名教师培养工程历史学科名师培养基地"主持人。人们往往以为我十分"风光"，并将这些视为我功成名就的标志。却不知，我的事务之繁多，工作之艰辛。当然，不管他人如何看待，我都得默默承受，且必须一丝不苟地将所有工作做好。

曾有不少人羡慕我在职称问题上肯定是一路顺风，然实则不然。我们是一个论资排辈的国度，实际上，我的职评是屡次受挫。20世纪80年代我所在子弟学校第一次评职称，若以教育教学和教研实际而论，我当时完全有机会评为中教一级。但因学校年长教师众多，作为专科学历的我，任职年限不到，没有批准我的申报。1992年，中南地勘局高级职称评审委员会明确表示，我可以破格申报中教高级。但所在单位认为，如果将33岁的我评为中教高级，如何说服一大批较我年长的教师与工程技术人员，其结果又不了了之。1995年，所在的永州市三中，依据我的教育、教学和教研业绩，极力推荐我申报中教高级。但上级主管部门认为我已经超过35岁，且中教一级任职年限已满，不符合破格条件。如果学校推荐我评中教高级，就必须占学校仅有的两名指标。当时，我到永州市三中工作只有一年，自然又黄了。说句自大的话，我当时的业绩比现在众多评上特级的教师也是有过而无不及。但政策与现实如此，我只能泰然处之。"世人都晓神仙好，唯有功名忘不了，古今将相今何在，一堆荒冢草没了。"我是学历史的，既知功名利禄的现实价值，更知历史的公平与无情。当1999年所在学校推荐我破格参评特级教师时，我不再凑热闹，立马决定放弃。我就是一名普通教师，只要所教学生和其家长认可，只要当地社会和历史教学界认可，没有特级教师光环又如何？我可以明确地告诉大家，我身上尽管光环不少，但多是专业荣誉，我从未评过市级上优秀教师、模范教师、优秀班主任和模范班主任之类。

或许会有人问我："作为一位有名的特级教师，你上课受学生欢迎吗？你上课是否也存在败笔？"我的回答是肯定的。

不知出于什么原因，或许是本人说话语音、语调特别，或许是本人天生和蔼可亲，或许是本人知识比较渊博，或许是本人讲课生动形象、通俗易懂，或许是本人敬业精神强，或许是本人善于理解、尊重和关爱学生，普通话说不好的我，自从教第一天起就比较受学生欢迎。1985年，刚参加工作不到两年，就被所在学校的学生"海选"为文明礼貌教师，2005年到株洲市四中不到一年，又被学校师生民主推荐为十佳教师。有一天，我无意中在网上发现一位曾在永州三中学习的学生在其《琐忆》一文中写道："1998年我落榜了。我选择了复读，复读的心情是沉重、焦虑的，我的成绩还是不太好，主要是在数学上花的时间太多，连擅长的英语都落下了。我们的班主任是汪瀛先生，他教历史的，他上课非常精彩，我的思维是被他的课堂激活的，听他的课简直是种享受，没想到历史是那么的有趣啊。那时我便学会了思考，喜欢一人在永州八景之一的'恩院风荷'沉思漫步，学会忘掉学习上的一切不快。"这种源于学生毕业后冷静而毫无功利的赞誉，或许是我深受学生欢迎的原因之一吧。

要说自己授课从不出问题那是假的。刚参加工作不久，在一节历史课上，学生洪峰讲小话，且不接受我的劝告。年轻气盛的我，喊他站起听课，但事与愿违，他就是不站起来。我怒气冲天，强行拉他站起，结果吵了起来，从而影响了整个上课。事后，经过多次找他做思想工作，才终于解决问题。有了这次教训，我此后遇到课堂偶发事件便冷静多了，再也没因学生过错处理不当而影响上课。

就历史教学方法与内容来说，出现意想不到的影响也是有的。如2009年12月底，我在执教人教版《祖国的统一大业》一课中的"香港、澳门的回归"时，播放了《邓小平与英国首相撒切尔夫人会谈》的录像资料，其旨在营造爱国主义氛围，展现中国共产党及国家领导人在涉及国家主权和民族利益问题上的原则性、灵活性，培育学生的爱国情怀；展示中国领导人在收回香港主权这一问题上的坚定态度和自信，让学生深刻领会强大的综合国力、领导人维护国家主权和利益的坚定意志等是实现了香港顺利回归的重要因素。

然而，令我始料不及的是，"录像"播放过程中，学生对"录像"画面是否真实地再现了当时历史纷纷向我提出质疑："老师，这影像是真的吗？"我不假思索地说："是真的，难道历史录像还有假的？"但学生并不这样认为，他们运用教材中的插图——《邓小平会见英国首相撒切尔夫人》指出这一录像是"假的"，其理由有三："一是教材插图与'录像'中的邓小平和撒切尔夫人身后的翻译人员根本不是同一人。教材插图中邓小平身后翻译是一位白发苍苍戴眼镜的男士，而录像中邓小平身后的翻译是一位戴眼镜的中年女性；教材插图中撒切尔夫人身后的翻译是一位留着卷发戴着眼镜的中年女性，而影像中撒切尔夫人身后的翻译则是一位留着青年发型没有戴眼镜的青年女性。二是影像与教材插图的背景不一样。教材插图中的邓小平和撒切尔夫人背后还有其他人员，而影像中则没有，代之为高大花盆。三是邓小平与撒切尔夫人相貌、服饰等也存在较大差异（在我看来，这才是问题的关键）。"说实在的，学生敏锐的观察力，求真、求实的治学态度，在当时深深地感动了我，也引发了我无限感慨与思索。说真的，我当时并没有足够的底气肯定这一录像的"原始性"。因此，我在充分肯定学生观察力和求真求实态度的同时，只得说："邓小平曾几次会见英国首相撒切尔夫人，教材插图《邓小平会见英国首相撒切尔夫人》，可能取材于另一次会见拍摄的照片吧。但邓小平与撒切尔夫人的对话，则是真实的。"我虽然凭自己的教学"机智"化解了这一课堂偶发"危机"，但课堂教学的实际效果与我展示这一录像的初衷已经相距甚远，学生当时的注意力已不再集中在这段视频给予他们的情感体验和隐藏在其背后值得深入思考的问题，而是影像资料是否展现了真实的历史。说心里话，我当时若不"机智"地化解这一问题，整个堂课关注的焦点都会因此而转移。于是，我将本课的教学得失与思考，撰写成《"历史影像"的真实性与历史教学效果——从影像"邓小平与英国首相撒切尔夫人会谈"的材料说起》，发表在《中学历史教学参考》2010年第9期上，供同仁们教学参考。

春残依旧未残，梦断依旧未断。大漠与孤烟、长河与落日、光荣与梦想已成为遥远的背景。50余岁的我已经被挟裹在奔驰的时间列车上，时间是一维的，空间是狭小的，方向是明确的，唯有前行。

癞蛤蟆也吃天鹅肉 ①

高考是人生的重要里程碑，不论你是否喜欢，也不论你如何看待，它都如影随形进入我们的视野，或自己、或兄妹、或亲朋、或子孙，并成为我们的心结！

1974年初中毕业的我，自认为学业成绩不错，但因推荐"条件"不如同村同学优秀，也就无缘高中。自此，我便致力在家务农，也学过木工、漆工、画工，以增强自己谋生的手段。或许是出于喜爱，常趁休闲时刻，读过一些小说农业科技之书，但做梦也没有想过读大学。

我获悉国家恢复高考制度是在1977年深秋。当时，我正在陶铸家乡修筑石洞源水库，工地广播转播了国家恢复高考制度的消息。或许是修筑水库太苦，或许是灵魂深处仍存在读书梦，我竟然托回村人从家中捎来破旧的初中课本，利用休息时刻温习。但因自知准备不足，加之修筑水库无假，也就与"文革"后的首届高考失之交臂。

那个时代的农村，是靠工分吃饭。我作为家中主要劳动力，不能为圆自己的读书梦而给家里添负。业已失学三年的我深知，没有一年多的苦读准备，是难以在考试中获胜的。1979年初，我自以为参加当年的中专招生考试已万事俱备，然而准备没有变化快，当年国家取消了中专单独招收初中毕业生的政策，统一招收具有高中学业水平的学生。为此，我只得放手一搏，拼命自学高中教材，但终因劳累过度，考前3天因胃痛住进了公社医院。

我不甘就此罢休，决定带病参考。医生为防止我考时疼痛，每次进考场前要我服用一小瓶"颠茄剂"。这样，每场考试虽没出现胃痛，但却出现视力

---

① 本文在2017年《教育家成长书院建设》之"高考·青春·梦想"主题征文活动中荣获一等奖。

模糊，见字"如双"，无法正常阅读试题和撰写答案，最终以5分之差而名落孙山。

1979年高考失败后，难免招来闲言碎语和冷嘲热讽。"癞蛤蟆也想吃天鹅肉，一个初中生也想考大学！"。这不仅没成为我求学障碍，反而激发了我求学信念。我坚信，只要自己努力，肯定能考个学校读书，不论是大学还是中专。

正当我在为来年高考积极备战时，家乡附近的祁阳六中的黄紫云老师向我建议——请放弃自己喜爱的理科，选择相对容易自学的文科。我不仅听从了她的建议，而且加强了祁阳六中的联系，并在她的帮助下有幸成为祁阳六中高三文科班的业余旁听生。

回想当年高考，有两件事相当幼稚可笑：

一是1980年高考招生政策出现新变化——增考英语学科，且按30%计入高考总分。这对从未接触过英语的我来说，无疑一个沉重打击。好在当年允许免试，我毅然选择了免考。以今天学生的智慧与机灵，总觉得自己太笨，我为何要申请免试？难道胡乱打个√×、选个ABCD都不会？哪怕是碰个十分八分也好呀！我想，要是今天的学生，肯定不会犯这样的低级错误。

二是填报高考志愿，竟然不知本科好还是专科好。或许功夫不负有心人，没想到：我这只癞蛤蟆竟然在1980年高考中，获得了355分的好成绩，超过当年湖南省本科文科340分的录取线15分。但在填写录取志愿时，孤陋寡闻的我，竟然不知报考本科好还是专科好。询问有关老师，他们也不知所以然。有人说，专科院校在学业上可能更强调专业性，本科可能要学得更宽泛一些。于是，我在填写学校时，将衡阳师范专科学校填在第一志愿，将湖南师范学院和湖南财政学院分别填在第二、第三志愿。于是，我便有幸成为衡阳师范专科学校的学生。曾有不少人问我："今天你是否后悔？"我坦然回答："我一点也不后悔。理由何在？因为师傅领进门，修行在个人。更何况本人无英语起点基础，加之自己在语音方面相当笨拙，根本无法完成大学英语四级毕业考试。如此，我可能无法顺利毕业。真是塞翁失马，焉知非福？"

人生不如意十之八九；人生的选择有时也难免失误。但人生成功，最关键不是万事如意和一帆风顺，而是如何勇于面对自己的坎坷与失误，符合自己的，就是最好的！

选择 ①

选择，是任何人都必须勇于面对的课题。

无论我们是否承认，选择都与我们人生相伴而行，如影随形。

无论我们是否喜欢，我们都无法逃避选择。

我们的选择，无论是重大还是轻微，是有意还是无意，是主动还是被动，它都会影响着我们人生的未来。我们今天的学习与工作、情感与友谊、成功与失败、幸福与痛苦，美善与丑恶……从某种意义说，都是我们自己选择的结果。

有人问我：你作为一位成功的教师，是如何面对种种选择的？

我说："我作为教师，如果说自己算不上成功者，肯定会有人指责我虚伪。"

不是吗？你现在是中组部国家"万人计划"领军人才、全国模范教师、徐特立教育奖得主、教育部国家基础教育课程教材专家工作委员会委员、中国教育学会理事、正高级教师、特级教师、硕士生导师、大学客座教授，还说自己不成功，那我们没有这些光环的教师该怎么活？

其实，判定一位教师是否成功，关键不在于这些荣誉性光环，而在于我们是否很好地履行了教书育人义务与职责。作为教师，只要他认真履行了教书育人的义务与职责，获得学生、家长和社会的认可，他就是一名成功的教师！

当然，作为一名中学教师，我今天所拥有的一切，确实是过去不断选择的结果。

---

① 本文撰写2017年6月，曾发表于《株洲市四中》第34期，2017年6月30日。也曾以报告的形式在一些教师培训班上交流。

我曾经是一位地地道道的在家务农6年的农民，1977年高考制度恢复后，因立志选择了高考，从而有幸成为一名天之骄子；当年，为了确保自己能考上大学，只有初中学历的我，不得不听从他人劝告，放弃自己喜爱的理科而改考文科，并阴差阳错地成为衡阳师专史地班的学生；因深知自己对英语一窍不通且难以突破，师专毕业本可留校的我，毅然选择当一名普通中学历史教师，且根本不做考研之梦；因性格过于直率与毫无心机，从教伊始就有幸成为学校中层领导的我，决绝地辞去领导之职而专事中学教育教学；为不误人子弟，我不得不放弃绘画、书法等爱好，曾专攻历史研究，后又听从高人指点，将自己的研究重心由史学转为中学历史教育教学；因不愿为五斗米折腰，本有机会成为专职历史教研员的我，选择坚持在中学历史教育教学第一线……

谁知道，今天临近退休的我，仍然面临着种种选择。

不是吗？因各级领导抬爱，我有幸成为"湖南省首批高级培训师培训班"的学员。该培训班要求严格，只要缺一次培训活动，就意味着不能结业。或许因自己专业兼职太多，因常常参与种种教育教学培训、种种教育教学研讨活动，故时空冲突不断，且经常无回旋余地。在这种背景下，我不得不做出选择——放弃"湖南省首批高级培训师"的培训学习。

我为何要选择放弃"湖南省首批高级培训师"的培训学习？因为，我是一名中学历史教师，我的工作重心是中学历史教学，我的研究重点理应是中学历史教育教学面临的诸多问题，至于如何策划教师培训项目、如何提升培训技巧等，应处于次要地位。当然，若因我这一选择而被相关机构和领导排斥于教育教学培训聘请之外，那也是自己选择的结果，怨不得他人。尽管与同仁分享自己的教育教学研究心得是本人的一大乐事。

或许因长年撰写教育教学拙文太多，或许因年老教育教学思维日渐僵化，今天大有江郎才尽之感。如是，我的研究重心也该由中学历史教育教学转向历史本体。更何况，作为教师，一旦离开了教育教学第一线，很多教育教学问题的研究就会变得空泛，甚至隔靴搔痒。

……

人生历程面临诸多选择。至于选择什么最好，很难给出标准答案。我以为符合自己的，就是最好的。你以为呢？

作文的价值 [①]

　　作文！作文！为何要写作文？我想，不少同学会这样反问自己。

　　有人说，作文是为了完成语文教师规定的学习任务！

　　有人说，作文是为了在考试中获得高分，步入大学殿堂！

　　有人说，作文是为了将来当作家、记者，谋求一份好的职业！

　　有人说，作文是为了向心爱的人表达情愫，诉说离愁！

　　有人说，作文可以炫耀才情，赢得他人青睐，换得美好前程！

　　有人说，作文可以布道赎孽、拯救黎民、普度众生！

　　有人说，作文就是将自己的思想用文字记录下来，是一种自我诉说！

　　我想说，作文是人们运用文字语言来表达和交流自己的认知、情感和技能，借此来影响他人。叶圣陶先生曾说："咱们平时作文总是为了实际的需要。凡是好的文章必然有不得不写的缘故。自己有一种经验，一个意思，觉得它跟寻常的经验和意思有些不同，或者比较新鲜，或者特别深切，值得写下来作为个人生活的记录……否则就是自己心中有少数或多数的人，由于彼此之间的关系必须把经验和意思向他们倾诉，为了这个缘故，作者就提起笔来写文章。前者为的是自己，后者为的是他人，总之都不是笔墨的游戏，无所为的胡作妄为。"

　　作文的力量是不可估量的。好的文章不仅可以带来感动，想要展示自我认知、情感和技能，最有说服力的手段莫过于作文。作文也是一门艺术，能给人带来美的享受。作文可以提高语言的表达能力，进而能提高与人交际的能力；作文可以提高悟性及理解能力，有了悟性对学习理科或其他学科也都

[①] 本文撰写于2016年12月，是为株洲市第四中学的《小荷》杂志（2016年第四期）撰写的卷首语。

大有裨益；作文也是一种很有效果的思维锻炼，不但锻炼了感性思维，而且锻炼了逻辑思维。作文训练，能使人思维活跃。

　　人生是离不开作文的，不论你是否愿意，是否高兴，作文都如影随形。要知道，脑子越用越灵，笔锋越磨越利。我手写我心，何等快意！

附一：

| 成就门生 |

为师，当有仁爱之心。仁者德也；爱者慈也；师者父也；弟者，子也。故为人师者，唯以父母慈爱儿女之心爱人，方可行师道于天下。

教师，待门生子弟，一要鼓气励行。鼓其气，为子弟不断前行提供动力；励其行，劝子弟致力于实践修炼，两者相得益彰，就能力促其不断前行。二要诱导创造。诱者，因势而利导子弟学习修炼；导者，则致力引导子弟自达创造。诱导创造，能帮助子弟创造属于自己的成就，而成就则能助子弟树立必胜的信心，信心的树立又能为其创造新的成就提供动力，创造出新成就。

有人说："师傅是徒弟前行的灯塔。"也有人说："没有不合格的徒弟，只有不合格的师傅。"还有人说："教会徒弟，饿死师傅。"其实，一花独放不是春，万紫千红春满园。为师，应持开放的心态，要甘做人梯，力促门生子弟茁壮成长。作为教师，若能以自己的阅历、学识、能力和人脉来帮助他们快速成长，使他们成为师德高尚、境界高远、能力高强和成果丰硕之师，那将是一件功德无量之事。青取之于蓝，而胜于蓝，何乐而不为！

变·不变·应万变 ①

——2012 年高考历史大纲解读及复习建议

匡志林

2012年高考越来越近，如何抓紧最后两个多月时间，加强历史教与学的针对性，有效提升高考历史成绩，就成为高三历史教师和文科学子十分关切问题之一。实际上，高考并不可怕，可怕的是我们自乱阵脚，可怕的是我们盲目应对。只要我们深刻领悟《文科综合考试大纲·历史》要求的精神实质，利用最后两个月的时间，进一步夯实基础，提升解决问题的能力，就能在即将到来的历史高考中做到游刃有余。

2012年《文科综合考试大纲·历史》包含了哪些重要命题信息，他究竟能给我们高三历史教与学哪些启示？本人在此做一粗浅解读，希望能给你的历史高考带来好运。

一、《文科综合考试大纲·历史》之"变"

每年高三文科师生关注《文科综合考试大纲·历史》最多的莫过于其"变化"，希望能从其"变"中领悟出当年高考历史命题趋势。那么，2012年《文科综合考试大纲·历史》与2011年《文科综合考试大纲·历史》相比有哪些重要变化？我们能从中获得哪些重要启示？比较分析2012年与2011年《文科综合考试大纲·历史》，我们发现其变化不大。如果说有变化，主要表现在下

---

① 2012年初"全国高考考试大纲"颁行后，本人指导徒弟匡志林撰写了该文，并发表在《中学政史地·高中文综》，2012年第4期。

列两个方面：

第一，考试内容基本上保持与2011年的一致，变化主要集中在选考内容。变化之一是由2011年的"历史上的重大改革""中外历史人物评说"二选一，变成了由"历史上的重大改革""近代社会的民主思想与实践""20世纪的战争与和平""中外历史人物评说"四选一。变化之二是删减了一些考点，删减的分两种：一种是必修内容上有的，第二种是比较偏的、历史上相对不太重要的，以减轻备考负担。变化之三是增加了"宪章运动"。但这些变化，对于今年高三文科考生而言，基本上没有什么意义。因为，既然是选考内容，我只要不选做这类试题就没事。当然，如果有教师和学生认为，《文科综合考试大纲·历史》补充这一"考点"，今年就很可能考这一历史知识，就不妨就英国"宪章运动"的历史背景、进程、主要内容、作用和影响进行深入复习，且最好从网上搜索有关"宪章运动"最新研究成果，以增强应对这方面考试的能力。不过，我认为，《文科综合考试大纲·历史》补充英国"宪章运动"，并不在这一历史知识的本身，而更多的是为了突出历史上的法制建设，引导我们高度重视思考与探索历史上的法制建设对人类社会发展的意义。也就是说，《文科综合考试大纲·历史》补充"宪章运动"给我们的最大启示，就是要求我们在历史教学中，应关注历史上的法制史的教与学，提升考生认识法制建设与社会发展的关系，认识法制建设与民主建设的关系等方面的能力。因此，有关民主与法制建设史，理应成为高三历史教与学关注的问题之一。

第二，2012年《文科综合考试大纲·历史》"题型示例"变化很大。其中，"理解试题提供的图文材料和考试要求""辨别历史事物和历史解释""理解历史史实，分析历史结论""使用批判、借鉴、引用的方式评论历史观点"四个层次的例题均置换为2011年的高考全国新课程试卷中的试题。"理解试题提供的图文材料和考试要求"将2008年海南卷毕加索绘画特点置换为海南卷第21题（马歇尔计划）；"辨别历史事物和历史解释"将2010年新课标全国卷第25题（秦"公天下"）置换为2011年新课标全国卷第24题（西周对秦汉影响）；"理解历史事实，分析历史结论"将2009年新课标全国卷第35题（史学原论）置换为2011年全国大纲版卷文综第19题（美国政治文化）；"使用批判、借鉴、引用的方式评论历史观点"将2007年海南卷第33题（探索历史的奥秘·非洲）置换为2011年新课程全国卷第41题（评"西方的崛起"）。这些试题的置换，不仅说明了2012年的高考历史学科将继续秉承的新课程改革的精神与理念，更加注重对历史史实的把握和对历史学科基本素养和能力的考查；同时也说明了2012年高考将会继续加强对历史观点评述的力度，凸显历史学科能力素养的考查。虽然今年《文科综合考试大纲·历史》中的"题型示例"所展示的题型和作答所运用的学科主体知识并没有变，但几道试题的置换，反而进一步说明借助高考推行课程改革、教育改革的内涵及精神、考查特色、考查宗旨不变，但试题的难度特别是学科能力考查会有所加强。特别是非选择题的置换，更是暗示了今年就统一历史大事或历史话题带来不同评价，实现"古今贯通""中外关联"的基本格调将会继续保留，试图将主观题的革新、历史论证进行到底。这就为高三历史教师和学生进行最后阶段的高考历史复习指明了方向。

二、《文科综合考试大纲·历史》之"不变"

比较分析2012年与2011年《文科综合考试大纲·历史》，我们发现其更多体现的是"不变"。如2012年《文科综合考试大纲·历史》在考核目标与要求方面，依然是"获取与解读信息；调动和运用知识；描述和阐释事物；论证和探讨事物"四个方面的能力目标与要求。在考试内容（只增加了"宪章运动"）、考核目标、题型题量、试卷结构甚至是试题难度等方面没有什么大的变化，与去年保持基本一致。因此，"稳中求新"仍然是《文科综合考试大纲·历史》的基本特点与信息；实实在在提升学生"获取与解读信息；调动和运用知识；描述和阐释事物；论证和探讨事物"能力，应是我们高三历史教与学的主攻方向。为此，我特结合往年高考试题做一简析，希望对提高我们的相关能力有所帮助。

（一）获取和解读信息

获取和解读信息在能力方面的要求包括三个方面：第一，理解试题提供的图文材料和考试要求。第二，理解材料，最大限度地获取有效信息。第三，对有效信息进行完整、准确、合理的解读。为了帮助大家理解与认识这些能力要求，现以2011年全国文综新课标卷第25题为例，做一简要说明。

第一，理解试题提供的图文材料和考试要求。本题提供的图文材料"是依据《隋书·食货志》等制作的南北朝时期各地区货币使用"（文字材料）情况。他要求考生对地图（图片材料）和图例中的文字材料所提供的信息做出正确解读。

第二，理解材料，最大限度地获取有效信息。①整体信息：本图文材料包括一幅历史地图和解读这一历史地图的图例信息。②时空信息：本图文告诉我们其所处历史时空为南北朝时期的中国。③内容信息：本题图文提供的是属于经济方面的货币信息。④货币信息：中国南北朝时期使用的货币包括铜币、金银和绢、帛。⑤货币使用区域信息：黄河流域使用绢、帛，长江流域使用铜币，河西走廊和岭南地区使用金银。⑥隐含信息：货币是如何反映经济发展的水平的；黄河流域、长江流域、河西走廊和岭南地区南北朝之前使用什么样的货币。

第三，对有效信息进行完整、准确、合理的解读。①如何对试题图文提供的有效信息进行完整、准确、合理的解读，这要依据试题的具体要求进行。就本题而言，就是运用图文所提供的信息，逐一分析四个备选项，看哪一选项的评述能准确、合理反映中国南北朝时期的经济发展状况。②从前面分析我们可以看出，本题图文至少包含了5个方面的信息，但真正的有效信息是时空与不同地区使用不同的货币信息。③我们通过对本题信息解读发现，仅依靠本题图文所提供的信息是无法对四个备选项的评述做出准确、合理解读的，他还需要我们调动所学知识。这些所学知识包括政治学科中有关货币的产生、演变及其原因方面的知识；秦统一全国与统一货币方面的历史知识；我国经济重心逐步由北向南转移的历史知识。有了这些知识，我们就可以准确、合理解读本题四个备选项了。

（二）调动和运用知识

这一能力要求包括三个方面：第一，辨别历史事物和历史解释。第二，理解历史事实，分析历史结论。第三，说明和证明历史现象和历史观点。

"调动和运用知识"的能力就是对所获得的信息解读和接受，并根据试题创设的新情境，启动原有的知识储备，迅速与相关知识内容建立起准确而有效的联系，再经过分析、判断、推理、归纳等思维过程解决问题的能力，又称知识迁移应用能力。调动和运用知识成败的关键，就在于能否将我们头脑中的"记忆库"里的相应知识与题目建立起正确的联系，并进一步应用这些知识认识和说明问题。为了帮助大家理解与认识这些能力要求，现以高考试题为例，做一简要说明。

例如：（2011年全国新课标卷24题）董仲舒认为孔子撰《春秋》的目的是尊天子、抑诸侯、崇周制而"大一统"，以此为汉武帝加强中央集权服务，从而将周代历史与汉代政治联系起来。西周时代对于秦汉统一的重要历史影响在于

A. 构建了中央有效控制地方的制度

B. 确立了君主大权独揽的集权意识

C. 形成了天下一家的文化心理认同

D. 实现了国家对土地与人口的控制

第一，调动所学知识。由"崇周制"可以联想西周的分封制、宗法制和井田制。由"大一统""汉武帝加强中央集权"可以联想汉武帝解决王国问题、接受董仲舒的新儒学，加强中央集权。

第二，运用所学知识。根据所学知识可知，分封制和井田制中的诸侯国拥有较大的权力，不利于加强中央对地方的控制，且分封制和井田制到春秋战国时期都已瓦解，由此看来，西汉的"崇周制"不可能是分封制和井田制。这样，所调用的知识只有宗法制。宗法制用血缘关系维系统一，形成了家的认同感。宗法制还将"国"和"家"联系在一起，从而形成"天下一家"的观念。董仲舒的罢黜百家、独尊儒术和三纲五常，从政治思想和伦理道德方面加强了对人们思想统一，做到了"国"和"家"的一体化。由此就可以知道，西周时代对于秦汉统一的重要历史影响。另外可运用分封制和井田制的内容分析判断四个选项的正确性。

（三）描述和阐释事物

描述和阐释事物在能力方面的要求包括三个方面：第一，客观叙述历史事物；第二，准确描述和解释历史事物的特征；第三，认识历史事物的本质和规律，并做出正确的阐释。为了帮助大家理解与认识这些能力要求，现以高考试题为例，做一简要说明。

例如:（2011年海南省单科历史26）根据材料并结合所学知识回答问题。

材料 唐中期，杜佑感叹秦朝"以区区关中灭六强国"，而唐朝同样定都于关中，版图广阔，"竭万方之财，上奉京师"，国势却日益衰落。他分析说，"商鞅佐秦，以为地利不尽"，扩大每亩的面积，以此增加农夫耕种数量；招纳秦国以外的人前来耕种，"优其田宅，复及子孙"；"非农与战不得入官。大率百人以五十人为农，五十人习战，故兵强国富。""其后仕宦途多，末业日滋。今大率百人才十人为农，余皆习他技。又秦汉郑渠（郑国渠）溉田四万顷，白渠溉田四千五百顷，永徽（唐高宗年号，650-655年）中，两渠灌浸不过万顷，大历（唐代宗年号，766-779年）初减至六千亩。亩朘（削减）一斛，岁少四五百万斛。地利耗，人力散，欲求强富，不可得也。"

——据《新唐书》

（1）根据材料，概括指出唐代关中社会经济状况与秦相比有何变化。

（2）杜佑所批评的"大率百人才十人为农，余皆习他技"现象，实际上反映了社会经济的发展。简析这一现象产生的原因及其影响。

答案要点:（1）水利工程衰败；农业收获量减少；越来越多的人从事工商业等活动，农业劳动力剧减。（2）原因：农业技术改进，农业生产水平提高，以人力投入保证农业收入的状况得以改变。影响：工商业获得发展的基础，从事工商业的人口增加，商业活动趋于繁荣。

本题第（1）问中的"根据材料，概括指出唐代关中社会经济状况"，就描述和阐释事物能力要求来看属于"客观叙述历史事物"能力。"与秦相比有何变化"实质上是考查"准确描述和解释历史事物的特征"的能力。因为，"变化"只有比较异同，明确其不同点（特点或特征）才能知晓其变化。第（2）问"简析这一现象产生的原因及其影响"，就是考查"认识历史事物的本质和规律，并做出正确的阐释"的能力。

（四）论证和探讨问题

在能力方面的要求包括三个方面：第一，运用判断、比较、归纳的方法论证历史问题。第二，运用批判、借鉴、引用的方式评论历史观点。第三，独立地对历史问题和历史观点提出不同看法。为了帮助大家理解与认识这些能力要求，现以高考试题为例，做一简要说明。

例如：（2010年高考全国文综新课标40题）

材料三　包含着整个资本主义生产方式萌芽的雇佣劳动是很古老的；它个别地和分散地同奴隶制度并存了几百年。但是只有在历史前提已经具备时，这一萌芽才能发展成资本主义生产方式。

——恩格斯：《反杜林论》

（3）根据材料并结合所学知识，阐述对恩格斯所说"历史前提"的认识。（13分）
（要求：以对"历史前提"的认识为中心；观点明确，史论结合。）

本题主要是考查学生"运用判断、比较、归纳的方法论证历史问题"的能力。

其一，考查判断能力，即判断恩格斯在材料中所说的"历史前提"所指对象；

其二，考查学生结合所学知识，归纳材料中恩格斯所持观点的能力；

其三，考查学生运用所学知识，通过比较和归纳的方法从正反两面来论证恩格斯的观点。

三、基础、能力与规范始终是历史高考获胜的法宝

高考历史命题是"稳中求新""稳中求变"，但万变不离其宗。夯实历史基础知识，提升历史学科能力，规范作答行为，始终是历史高考获胜的法宝。

第一，以教材为依托，注重基本史实的把握，构建宏观知识网络

新课改以来，高考命题的主导思想集中为透过历史基本史实考查学生对历史学科基本技能掌握程度和综合运用所学知识分析、解决问题的能力。即"以学生所学的各学科知识内容作为载体或背景，或是在提供新情境的条件

下，分别用各学科的知识解决问题。"历史学科的能力主要分为三个层次：识记、理解和运用。识记——准确地识别和记忆基本的历史事实及其相关的历史知识，主要的历史结论。理解——理解不同历史时期的主要特征以及基本的历史概念、结论和观点；理解历史的变化、发展及其原因；理解历史材料的内容、要旨。运用——初步运用辩证唯物主义和历史唯物主义的基本观点分析历史现象、评价历史事件和人物，将历史材料中的有效信息与所掌握的知识相结合进行论证。理解、运用能力的培养与考查离不开基本史实的掌握。丢失了历史基本史实，理解、运用能力就如同空中楼阁、海市蜃楼无从说起。历史学科基本史实包罗万象，丰富多彩，但是，在复杂灵动的历史史实中又蕴含了其发展的基本脉络和独特规律。细化而言，历史学科的主体知识主要包括了历史事件与现象，历史人物，历史群体、组织与机构，社会制度与条约协定，文化成果。高考主要也是运用选择题、非选择题的形式对这些历史学科主体知识相关内容及其相互之间的联系进行考查。但由于现有各类教材抛弃了原有通史编排体例，采用政治史、经济史、文化史专题知识体系，这就需要在高考复习备考中打破现有教材体例，帮助学生依照历史发展各个阶段或者时段从政治、经济、思想文化、科技教育、民族外交关系、国际关系与格局等各方面重新构建相对全面完整的知识框架。从而令原来分散、零乱、割裂的各类知识点系统化、整体化，同时，也使得相互之间的联系、区别及其各自基本特征清晰可见。

第二，创设新情境，增强提取信息、解读史料的能力

新课改以来历届高考给广大中学历史教师和考生带来了很大困惑：高考试题测试与中学历史教材之间没有多少联系。中学历史教材的地位与处境就日益显得尴尬，很多中学历史教师与学生开始质疑以中学历史教材为主体的课堂教学是否真正有效培养了能力，能轻松从容地面对高考测试的考查。的确，近年的历史高考试题貌似与中学历史教材没有任何联系，高考试题几乎都无法从中学历史教材上找到原型或直接联系。事实上，高考测试"以能力测试为主导，考查学生所学的相关课程基础知识、基本技能的掌握程度，以及运用所学知识分析问题、解决实际问题的能力。"换而言之，高考试题的设计主要是以课本相关知识为依托，在逻辑或结构上运用不同于课本知识的直接表达或阐述。因而，这就要求高三历史教学及其复习在注重基本史实的基

础上，至关重要的是培养学生解读史料、提取有效信息、分析整合信息并能灵活运用其解决问题的能力。

历史学科的能力要求除准确把握、记忆历史基本史实之外，关键在于是否能正确调用自己存储的知识发现问题、分析问题、解决问题。前者只要肯花费时间、精力，不存在很大的难度。但后者的提升却要依靠长期有针对性的训练。缺乏相应训练，历史学科基本素养与技能无从谈起，历史也如同缺乏生命力的枯树，既无美感可言，也不能为现实服务。在习题训练上，高三不同于高一、高二，其侧重点不再是吃透教材中的"理"，而是大胆取舍，有针对性、有目的性地选取大量"新颖""形象"的试题或史料，特别是与《考试大纲》中"题型示例"命题形式与风格一致的试题，丰富充实课堂。可以创设新情境，活跃课堂氛围，激发学生思维，不落俗套；同时，也能更好地借助审题能力的训练等为突破口，培养学生阅读、提取有效信息、挖掘史料或试题背后的隐性信息的能力，熟练地掌握历史学科的基本解题方法和技巧，最终实现"试题"这一"形"与教材中的"理"完美结合，出奇制胜。这样一来，任何陌生的从来没有见过的"新材料、新情境"对他们而言都不再陌生，甚至是熟能生巧。这就是授人以渔而非鱼。

第三，关注社会现实，注意历史与现实及中学各学科之间的联系

历史教育的终极目的是"以史为鉴"，为现实社会服务。社会中的各类热点、焦点问题折射了民众的社会诉求与政府的努力，如何解决应对？其方法之一就是从历史之中寻求借鉴与答案。因而，历年各地的高考都无一例外会涉及"时政热点""社会焦点"等重大社会现实问题。当今的社会热点与重大事件往往会成为高考试题命题的重要背景材料。这既突出了历史学科时代性、人文性等基本特征，也实现了从历史的维度看现实问题的历史学科思维与理念的考查。而这事实上也就将高考对历史学科能力的考查上升为一个更高的层次，它不再是单纯地凭借历史学科的基础知识就能解决，还需要对时政、社会重大现实问题敏锐的洞察力，以及能够灵活地综合运用政治学、经济学、军事学、文化学知识和科技知识等各个领域的知识加以思考，发现问题、分析问题、解决问题的能力。我国现行教育制度下的高中学生，通过在校期间语文、政治、历史、地理、物理、化学、生物等课程的学习以及业余自学，对于上述各个领域的知识均已有所接触，有所掌握，将它们融会在一起，形

成了相关的知识结构。高考历史学科应用能力测试，特别是现实社会问题的运用，要求从多种思维角度和学科角度能够灵活地运用这些知识来进行尽可能正确、全面、深刻的阐释，实现历史教育和历史学习的现实服务功能。

高考历史通过时政热点和社会重大现实问题的考查，既有利于实现历史教育与历史学习的社会功能，还在无形中多角度考查了学生是否具备最为基本的史学素养和理念。重大的社会现实问题皆有其"源"，"为什么会出现？"或者说现实问题皆有其历史影子，而历史问题也常常会"重现"于现实社会，重大社会现实问题的考查研究就是探索历史问题的现实切入点与现实问题的历史链接。这其中，渗透了历史学的基本研究方法和史观。不管词句多么华丽，但若脱离了文明史观、全球史观、革命史观等指导，违背"论从史出""史论结合"的基本原则，给人始终是一种缺憾之美，经不起细细的推敲与时间的沉淀，也就无从谈起"史论结合""论从史出"的完美呈现。

我认为，2012年高考历史应关注的热点问题主要有：中国共产党成立"90周年"与中共成就。辛亥革命和中华民国成立100周年。"议会民主政治"问题（源于美国、台湾地区选举及伊斯兰国家政治动乱）。中国与世界科学发展成就与影响（源于意大利科学家发现超光速中微子挑战相对论和中国科学家屠呦呦获得拉斯克奖）。兴修水利与中国农业发展史。中国近代以来经济结构变化与城市化问题。晚清中国社会的历史巨变与向近代社会的转型。中共十七届六中全会《中共中央关于深化文化体制改革推动社会主义文化大发展大繁荣若干重大问题的决定》与中外思想文化发展成就及意义。东西方政治制度比较。外交策略与国家发展等。

第四，进一步强化答题规范、表述准确等常规训练

如何在有限的时间内完成相应的试题测试，答题的规范性、遣词造句的准确性、历史概念或历史术语的正确使用等一直以来也是高考对广大学生的一种能力考查。但是，这些日常细节问题常常被许多老师和学生忽视。"细节决定成败"虽然有其片面性，但在高考测试中，却是毫无疑问的金科玉律。答题的规范性、用语的准确性、解题的速度甚至是先审题后读材料这种小技巧无一例外会影响测试成绩的高低，因而，在后阶段的各类测试及其教学中，尤应关注这一问题并加强训练与指导，从而最大限度地避免出现非智能因素失分，将误差降低到最低。

动机·行为·效果 [①]

——基于 2012 年高考历史选择题考生感受调查的反思

匡志林

  凡教学，自然离不开教育者的教学动机，在相关教学动机支配下的教学行为，以及由此产生的教学效果。新一轮历史课程改革以来，高中历史教师的教学动机、特别是高三历史教师的教学动机是什么？在这种教学动机支配下他们是一种什么样的教学行为？而这些教学行为又取得了怎样的教学效果？面对这些问题，回答者肯定会仁者见仁、智者见智，令人莫衷一是。但我敢说，在众多的回答中，有一点应是共同的：在历史新课程理念指导下，在无情的历史高考指挥棒的指挥下，培养学生的历史学科素养和解决历史问题的能力（主要是指高考历史大纲所要求具备的获取和解读信息、调动和运用知识、描述和阐释事物、论证和探讨问题的能力），应是当今高中历史教师的课堂教学动机与教学行为、特别是高三历史教师的课堂教学的动机与教学行为的主流。然而，高中历史教师这种教学动机与教学行为，并没有使学生在近几年解答高考历史选择题中获得相应的成绩回报，即高三历史教师的教学动机、教学行为与实际教学效果不统一，甚至相背离。我说的这些是真的吗？是什么原因造成的？我们该怎样应对？现以今年高考后，我所做的相关调查为例，做一简要反思。

[①] 这是2012年高考结束后，本人指导徒弟匡志林撰写的文章，并发表在《中学历史教学参考》，2012年第9期。

一、问题的缘起与调查

今年文科综合高考一结束，我与往年一样，混于考生群中，耳闻目睹着出场的考生对历史试题的感受。只见考生，有的兴高采烈，有的唉声叹气，有的埋怨教师，有的痛骂命题，"今年历史试题、特别是历史选择题不难，比我们平时训练与检测题还容易一些。""我们忙乎了三年，四册高中历史教材被我们翻烂，结果如何？没劲，高考历史试题几乎与历史教材无关！""今年历史选择题的备选项太模棱两可了，我的得分肯定没有平时好。这简直是坑爹啊！"……回到家，我打开自己的QQ，发现一些同仁也在群里发牢骚，"今年高考历史试题太难，简直是考研究生，甚至是考博士！""唉！我们高中历史老师太难当了。""每年高考，总是我们历史学科分数最低！我们在同仁、家长、学生和社会上抬不起头阿！"

高考历史试题答案公布后，去年学生向我反映的历史高考现象又发生了。一些平时考得好的学生向我哭诉："老师，我的历史选择题错了5个""我的历史选择题错了6个"，"12道历史选择题我只对了7道，但非选择题我做得不错，估计不会低于42分。"而一些平时考得不好的学生则纷纷向我报喜："老师，我历史选择题只错了二个，可惜非选择题估计得分不会超过29分""哈哈，我的历史选择题只错了一个，但非选择题得分不会高于25分。"我问："怎么会是这样？"学生不好意思地说："老师，我猜对了5道历史选择题。""老师，说实话，我也有4道历史选择题是蒙对的。如果像平时那样，你要我说出选择理由，我现在都说不好。"学生所反映的这一考试现象普遍吗？学生的历史学科高考结果与其平时历史考试成绩反差为何如此之大？我们在以后的历史教学过程中如何解决这些问题？于是，我便设计了如下调查：

直击2012年湖南高考文综历史试题选择题部分的问卷调查

（本调查为无记名调查，请大实事求是地填写）

亲爱的同学们：

大家好！

2012年全国统一性高考结束了。为了更好地全面了解高考文综历史选择题考生存在的问题和优势，了解大家对高考历史试题的认识，有助于普遍中学历史教师改进教学方式，提升教学实效性，特编写了如下调查问卷，请你如实回答。衷心感谢您的参与！

1. 你对2012年高考历史试题的客观试题——选择题的主观感受是什么？请你用一两句话形容。

2. 你在平时高三历史检测中，客观选择题的得分率大概（你的实际得分 /48分 *100%）多少？

3. 在2012年高考中，你做历史选择题得了多少分？与平时考试得分是否存在很大差异大？如果存在，请从自身角度分析影响你得分的主要因素是什么？

4. 你做今年高考历史选择题是否存在猜对的情况？如果存在，你乱猜对了哪几道选择题？又是怎样猜对的？

5. 今年高考中，你做错了哪几道选择题？选错的原因是什么？是缘于深入分析的结果，还是缘于确实不知道的结果？

6. 你或者你身边的教师对2012年高考历史选择题的客观评价如何？据此，你对你们学校或者老师今后的历史教学有何建议？

7. 对于历史这一学科，你是如何理解的？基于你的理解，你对2012年高考历史选择题有何建议？

8. 除教师的课堂教学，你历史知识的来源还有哪些主要渠道？结合你平时历史学习和今年高考的实际情况，对学弟学妹们你有哪些提高高考历史选择题得分的策略与建议？

9. 你的老师平时的教学实践主要注重培养你的是什么？你对此有何看法？

10. 高考试题是属于高利害性测试，对于其主体构成的一部分，你希望以后的历史选择题朝着什么方向发展？

本次问卷调查说明：第一，本次调查的主要对象为刚刚参加了2012年高考的株洲市四中文科文化班学生，也包括一小部分其他学校高三文科生。第二，株洲市四中是湖南省处于城乡结合部的一所示范性（重点）中学。接受问卷调查的这一届学生，其入学成绩约位于本市中等水平，其中考成绩多为4A1B和3A2B，5A学生的比重仅占8% 左右；高三文科班中的5A学生屈指可数。因而，以整个株洲市四中文科班学生为问卷调查的主要对象，应该具有相当的普遍性、代表性。第三，问卷调查的时间是今年7月初，距离高考实战已近一个月有余，受时间、学生记忆与心态等因素影响，少数学生在回答调查问卷时对试卷中的部分细节和解答时的思维可能存在一定的偏差，但整体判断是没有问题的，值得肯定和信赖。

二、调查的结果与思考

新一轮历史课程改革以来，对于历届高考历史试题有褒有贬，声音不一。但被誉为"国考"，备受西方部分国家推崇为公平公正真正选拔人才的高考，在广大当事人——高三考生心目中的定义究竟如何？对于2012年湖南高考历史客观题选择题的调查分析或许会掀开冰山一角，确实能引发我们对当今高考历史命题、对中学历史教学更深层次的思考。

第一，今年高考，考生历史选择题得分率与平时考试历史选择题得分率确实存在较大反差。约2/3平时在各类大考小考中历史选择题正确率在80%以上甚至是100%的考生，在今年高考历史选择题中如同拿破仑滑铁卢之役惨不忍睹，得分率只有60 — 70%；另1/3的考生历史选择题得分率与平时大约持平。而约1/2平时历史选择题得分率在50 — 70%的考生，在今年高考中其历史选择题的得分率在70 — 90%之间，成绩斐然，令人大跌眼镜；另1/2的考生历史选择题得分率约与平时持平。

第二，考生反思自己做历史选择失分原因多种多样。有些考生反映考试时间短了些，在有限时间内为完成相应题量，无法做到细致研究发掘题干与选项中所隐含的历史知识或信息；有的考生则认识自己高考恐惧症作祟；还有一些考生认为是自己平时答题习惯不够好所致……不过，我在此次问卷调查中发现，平时"能力优异"与历史选择题考试"成绩优秀"的学生，历史选择题的失分原因主要集中表现在两个方面：一是参与调查的"优秀考生"普遍认为部分试题脱离了中学生的生活实际，依据自身的生活经验、认知能力，无法在较短时间内琢磨理解到位。因此，这些考生在回答"基于你的理解，你对2012年高考历史选择题有何建议"时，几乎80%被调查的学生希望高考命题者"多出一些接近现实生活的题""引导我们多角度观察现实生活，帮助我们正确认识世界""多出一些与现代生活息息相关的题目，让学生们感觉历史就在我们身边"。二是参与调查的"优秀考生"普遍认为，部分试题"旧史料新解读"混淆了其解读方向，有些历史选择题的备选项"模棱两可，太模糊，越思考问题越多，令人无法甄选"。为此，一些"优秀考生"还举例论证自己的观点。如第27题，理学家王阳明说："士以修治，农以具养，工以利器，商以通货，各就其资之所近，力之所及者而业焉，以求尽其心，其归要在于有益生人（民）之道，则一而已……四民异业而同道。"，我们为什么不能根据材料中的"其归要在于有益生人（民）之道，则一而已……四民异业而同道"得出其答案为"关注的核心问题是百姓生计"，难道仅仅是因为王阳明是心学的代表人物？就必须依据材料中的"以求尽其心"选择"阐发的根本问题是正心诚意"这一答案？难道王阳明创立"心学"的终其目的只是为了标新立异独创一个学派？而不是为了解决当时社会的统治者与百姓共同所面对的民生问题？真是越想越糊涂。又如第33题，据统计，1992年全国辞去公职经商者达12万人，未辞职而以各种方式投身商海者超过1000万人，这种现象被称为"下海潮"。这一历史现象为什么只能反映了"市场经济改革成为社会共识"，而不能反映"计划经济开始转向市场经济"及其他？他们认为，依据试题提供的材料，根本无法得出"市场经济改革成为社会共识"这一历史结论。1992年的中国社会，农村人口应占全国人口80%以上，对于那个时代的农民来说，他们确实尝到了"家庭联产承包责任制"的甜头，但他们的思想意识中，什么是市场经济？为什么要进行市场经济改革？市场经济改革会给他们带来什么？绝对是一头雾水。即使城市居民，又有多少人明白上述问题？在当时城镇居民中，还有多少人为找不到"铁饭碗"而发愁？仅凭"1992年全国辞去公职经商者达12万人，未辞职而以各种方式投身商海者超过1000万人"就得出"市场经济改革成为社会共识"，是不是太武断？是不是有点一厢情愿？他们认为，这道历史题就是以偏概全，根本就是一道烂题，根本不符合历史实际。如果我们认真深入思考这些"优秀考生"的思考，不是全无道理。

第三，"优秀考生"的失误，在相当程度不是缘于高中历史教学不重视学生历史学科素养和能力培养，而是相反。在问卷调查中，99%以上的考生在问及"你的老师平时的教学实践主要注重培养你的是什么"时，他们百分百地肯定学校教师在平时课堂教学实践中十分注重审题能力、材料解读等基本史学素养和历史学科能力的培养。他们一致指出，自己的执教老师在教学实践过程中非常注意采用新材料、创设新情境，不断尝试、探究符合现实需要的教学模式与方法。显然，随着新课程改革的推行，我校历史教师的教学理念和教学实践同全国其他地区一样已有很大的改变，并日益切合新课程改革精神的需求。既然高中历史教师在平时教学实践过程中注重了对学生进行"在掌握基本历史知识的过程中进一步提高阅读和通过多种途径获取历史信息的能力"和"通过对历史事实的分析、综合、比较、归纳、概括等认知活动，培养历史思维和解决问题的能力"培养，那么在同样的教育条件下，为什么平时"能力"明显优异的学生在高考中会颠覆乾坤？这实在是耐人寻味！我认为，造成这一现象的主要原因就在上述"优秀考生"失误原因分析与质疑之中。

第四，歪打正着，一些平时贪玩，喜欢看电视或课外历史书的考生，在解答历史选择题时获得了较为理想的成绩。在调查问到"除教师的课堂教学，你历史知识的来源还有哪些主要渠道？"几乎所有在这次高考历史选择题中获得高分的考生，他们都喜欢"自己购买参考书籍，收看《百家讲坛》等节目，看课外书籍"，喜欢"百家讲坛，课外杂志，多多涉猎一些课外知识"，"看新闻、读报纸和小说"……貌似与高中历史教学没有多大联系的背后，实际上透视了一个深刻的问题，在他们身上具备着一个惊人的共同点，即除常规课堂学习之外，他们都喜爱阅读，广泛涉猎。而这，往往被许多老师或许多学习刻苦的学生视为"不务正业"。至此，我们似乎可以得出这样报结论：在今年高考中，影响历史选择题得分高低的主要因素不是其他，而是学生阅读面与史学常识、社会阅历的储备。许多在平时考试、检测中"不太怎么样"的考生，甚至在平时不惜与教师斗智斗勇以忠实于自己的兴趣和爱好，在日常历史学习与考试中不求深入探究只求跟觉感觉的考生，因涉猎广泛、积聚大量在常规课堂上无法获取的知识和信息，反而在历史选择题赢得了胜利。于是，有些"优秀考生"在调查问卷中发出"平时学习与高考是两码事""读书（教材）无用"的感慨。尽管这些感慨带有一定的偏见，但他给我们高中历史教学留下了无限思考。是我们历史教师日常历史教学方法不对？还是我们高中历史教学偏离了《普通高中历史课程标准（实验）》和《历史高考大纲》的要求？还是今年高考历史选择题本身存在问题？或历史选择题本身就不利于选拔真正有历史学科素养和学科能力的考生？真正考查当代中学生的历史智力水平？所有这些，需要我们去探究，去讨论。

我们常说，人才的选拔必须确保公开、公平和公正。被誉为"国考"的每年高考，作为选拔人才的工具，在公开、公平和公正上应该是没有问题的。但如果试题本身就不利于选拔有真才实学之人，我们还能确保高考选拔人才公平公正吗？从这个角度来说，高考命题实在是一种费力不讨好的事情！

2012年高考全国新课标文综卷历史试题
的特点与启示 ①

匡志林

年年岁岁花相似，岁岁年年题不同。一年一度的高考试题不管命题者如何花费心思，在世人眼中的地位从未改变过，犹如一位"新嫁后娘"，让人既爱又恨。2012年全国高考文科综合·历史新课标卷一揭开其神秘的面纱，广大中学师生便褒贬不一，备受争议。细细品味，2012年全国高考文科综合·历史新课标卷试题平庸中透露出新奇，既在意料之中，又出乎意料之外。

一、秉承了以中国史为主的传统特色

乍眼一看，2012年全国高考文科综合·历史新课标卷试题存在着严重的比例失衡。这种失衡不仅存在于中国史与世界史之间，也存在于中国古代史与中国近现代史之间，还存在于人类社会发展政治史、经济史和思想史之间。这种失衡在整个历史选择题中表现得尤为明显，即在12道选择题中，考查中国古代史的就有6道之多（第24、25、26、27、28、29题）；中国古代史、中国近现代史、世界史的选择题分布比例为3∶2∶1，确实给人以比例失衡之感，同时也让很多师生倍感不适。不过，如果从整体上看，我们就可发现在全部历史试题中，无论是中国史与世界史，中国古代史与中国近现代史，人类社会发展政治史、经济史与思想史之间还是保持着稳定平衡的。2012年全国高考文科综合·历史新课标卷，无论是从整体结构还是考点分值分布等，都显

---

① 2012年高考结束后，本人指导徒弟匡志林撰写了该文，并发表在《中学政史地·高中文综》，2012年第7-8期。

现出一个非常明朗的特色，那就是以考查中国史为主的传统风格。整套试题，如果摒除选做题，仅有三道题关乎世界史，其中选择题两道（第34、35题），非选择题一道（第40题）。分别考查了古罗马法、世界多极化趋势和重大科技成果与工业革命进程三大基础知识点，涉及世界政治史、世界经济史和科技文化史等方面。而这几个基础知识点的考查既是对历史知识或历史现象的解读，也切合了当今社会发展实际，透露出关注时政、关注社会现实的人文关怀。由此可见，全面关注历史必修内容，突出中国历史的主体地位，树立历史学习的基础意识、时代意识、薄古厚今意识是相当重要的。

二、平实之中彰显新奇，意境深远

不少刚刚步出高考考场的考生表示，2012年全国高考文科综合·历史新课标卷试题难度不大。考生们这种感觉可能是基于前几年全国高考文科综合·历史新课标卷而言的。的确，2012年全国高考文科综合·历史新课标卷更多地注重考察历史基础知识，而不是追求"新""奇""特"。在考生们看来，不管自己做题的结果如何，至少这些历史试题所考查的知识点自己不感到那么陌生，甚至于自己还貌似见识过，从而让他们对整个历史试题有着莫名的好感或相当的庆幸。然而，经验丰富的一线历史教师却不这样认为，他们发现2012年全国高考文科综合·历史新课标卷的奥秘就是巧妙，在平实中彰显着诸多奇巧。对广大考生而言，在有限的时间之内获得高分并不是一件易事。每一道试题看似熟悉平实，但试题背后隐藏着非常丰富的隐性知识或信息，绝不像试题表象所展现出来的那么简单，仔细研磨便会发现其内涵丰厚，意境深远。如选择题第24题：

汉武帝设置十三刺史以监察地方，并将豪强大族"田宅逾制"作为重要的监察内容，各地财产达300万钱的豪族被迁到长安附近集中居住。这表明当时

A.政权的政治与经济支柱是豪强大族

B.政治权力与经济势力出现严重分离

C.抑制豪强是缓解土地兼并的重要措施

D.经济手段是巩固专制集权的主要方式

不少考生表示，这道试题的难度其实不大，很多考生通过排除法最终选出了所谓正确答案 B。但是，若是问及这道试题所考查的历史知识，除了汉代监察制度，能够发现其他的并不多。就这道试题本身而言，无论是语言还是历史信息都非常直白明了，不像考生所畏惧的中国古代史中所常用的文言文，在考查基本的历史史实的同时，还要考验考生的古文功底。更重要的是，这段材料所考查的中国古代监察制度，有不少学生曾经涉及过，故不会显得陌生。材料不陌生，但是命题的视角却出乎他们的意料之外。事实上，这道试题包涵了丰富的隐性信息，如汉武帝时期，不仅设置了监察地方官吏的刺史制度，而且在监察地方官员等政治事务之外，还设置了涉及封建等级、礼乐、经济等方面的制度，其主要作用就是加强中央集权。本题题干中的"汉武帝""十三州刺史""田宅逾制""各地财产达300万钱的豪族被迁到长安附近集中居住"等关键字眼或显或隐地展现在考生面前，有意无意地误导着考生的思维与判断。果然，不少考生依据题干中的"这些信息"和自己所学历史知识，认为此题就是单纯地考查中国古代政治制度史。但事实并非如此。本题不仅考查了中国古代政治制度监察制度的作用，实际上还考查了中国古代土地兼并这一经济现象。中国古代为加强中央集权，不仅在政治方面做出了诸多努力，在经济方面也没有丝毫放松。

仔细研读2012年全国高考文科综合·历史新课标卷，不得不感慨：看似简单，实为不简单！我们若认真研究2011年全国及其各个地方的高考历史试题，便会发现中国古代政治制度史在2011年的高考中，已涉及科举制度、中央官制、地方政制等诸多方面，唯独监察制度没有考查。于是，2012年全国高考文科综合·历史新课标卷便考查了中国古代的监察制度。这应是2013年考生日常复习中应加以关注的命题现象。也就是说，研究历届特别是当年高考历史试题，对于下年度历史复习与迎考具有重要的指导意义。

三、考查能力为主，彰显新课改内涵

2012年湖南高考历史试题一经现身，引来无数一线师生惊叹：虽注重考查历史基础知识，但若无一定的历史素养和学习能力的积累，很难得出正确抉择。新课改以来，每一届高考的历史试题都不再单纯考查学生记忆力和对历史教材的熟练程度，而侧重于考查学生灵活运用所学历史基础知识在历史新情境下获取和解读信息、调动和运用知识、描述和阐释事物、论证和探讨问题的能力，进而考查学生的人文素养和情感态度与价值观，突出历史教育的社会功能。如历史非选择题第40题，它借助于现实生活"交通信号灯"的发展史为切入点，通过大段材料的呈现，不仅再现了三次工业和科技革命的进程，同时也展现了三次工业和科技革命进程对人类社会生活（从物质领域到精神领域）所带来的种种影响，并将社会史观和文明史观杂糅其中。"重大科技成果与工业进程"这一知识点的考查，从整体上看，提问直白清晰，并没有设置太多的阅读障碍。但是，能够完整准确地解读题意并能很好地解答此题的并不多。就整个湖南省考区而言，此题的平均得分12分左右。问题何在？审题失误、思维方式欠缺、提取有效历史信息并加以整合的能力欠缺等多种因素综合作用造成的结果。比如，第40题的第2小问，"根据材料并结合所学知识，简述影响20世纪交通信号灯重大改进的主要科技成果。"表面上看，这道试题不存在过大的难度。事实上，这一看似简单的问题却卡住了不少考生。许多考生对问题未加任何思考，对材料中的有效信息未加概括性总结，就直接照搬到答题卡上。它说明我们很多考生历史学习能力仅停留在提取有效历史信息的层面上，对提取的有效信息进行整合并加以概括运用的能力十分薄弱，思维的发散性、辐射性、求异性没有得到展现。从更深层次的角度来说，它折射出了中学历史教学在培养学生思考问题的角度和思维方式等方面存在明显的缺陷，学生的思维个性和多元性没有得到有效的挖掘与培养。这是我们广大历史教师和文科学生必须注意解决的问题。

四、富具时代性，关注史学前沿

《普通高中历史课标标准（实验）》曾明确要求，高中历史"在内容的选择上，应坚持基础性、时代性""充分利用和开发历史课程资源，有利于历史课程目标的实现。"实际上，"富具时代生，关注史学前沿"一直是全国高考文科综合·历史新课标卷一大特色。就今年而言，这一命题特征以非选择题第41题表现得最为明显。此题以当今史学界颇具争议的有关中国明清以来历史进程及评价问题为基点，以美国史学家费正清为代表的主流史观"冲击——反应"模式为切入点，采用图表描述方式将相关历史信息呈现给学生。然后，要求学生"根据材料并结合所学知识，评析'冲击——反应'模式"。为切实考查学生的历史学科能力，本题还明确要求"对该模式赞成、反对或另有观点均可，观点明确；运用材料中的史实进行评析，史论结合。"这一命题方式和命题内容，既很好地体现了《普通高中历史课程标准（实验）》中历史教育的"时代性"和通过"充分开发课程资源"来实现历史课程目标的要求，又很好地展现了当今大学历史学科的部分能力要求，为高中历史教育与大学历史教育的衔接提供了一个典型范例。但从考生答题结果来看，我们当今中学历史教学并没有很好地实现这一历史教育目标。尽管本题通过"赞成、反对或另有观点均可"和"运用材料中的史实进行评析"的方式和途径，给了考生很大的发挥空间，考生完全可以独立地对这一历史问题或历史观点提出不同的看法，以充分展示自己在"史论结合，论从史出"等史学方面的素养。然而，从湖南考生的考试结果来看，学生作答很不尽人意，尤其缺乏运用史实论证观点的能力。

从本题考试结果反思我们的历史教与学，至少存在三个方面的问题：第一，中学历史教学对当前历史学术研究动态普遍关注不够。就"冲击——反应"模式而言，估计在实际中学历史教与学中，广大中学历史教师和学生虽有一定的感知和领悟，但却无法从宏观上、史观的由来或发展脉络等方面有所把握，从而对于其明显的局限性无法触及，自然，也就没有办法准确地评析这一观点。第二，就历史小论文而言，其本身就是一新生事物。因而，在历史小论文的写作技巧和基本要求上还存在着诸多指导缺陷。很多考生对于历史小论文的基本素养要求还存在着许多亟待解决的问题。如如何表达观点，如何避免观点与史实脱节甚至是背离的等。这些都意味着在历史小论文的写作能力培养上还存在很大的发展空间。第三，多种版本教科书使用带来的困境。尽管在高考历史试题命制的过程中，试题的选材基本上选用了各种版本历史教科书均为出现过的新素材，在选材上做到了不偏不倚。但恰恰是这种"不偏不倚"给考生带来了诸多的困难。第41题中，考生若对"冲击——反应"模式持不赞成的态度，足以论证这一观点的基本史实"清末新政""预备立宪"

等史实在人教版教科书仅是一笔带过，因而非常多的考生无法加以灵活运用。由此可见，中学历史教学在如何培养学生论证和探讨历史问题的能力方面还有大量的工作要做。它包括运用判断、比较、归纳的方法论证历史问题能力；运用批判、借鉴、引用的方式评论历史观点能力；独立地对历史问题和历史观点提出不同看法的能力。

众口难调是历届高考历史试题的典型特征。但从本质上而言，注重考查中学生历史素养和学科能力，引导历史价值观的转变，培养正确的情感态度价值观的基本宗旨日益明确。因而对高考历史试题加以全面细致研究，会启迪和帮助每一位一线中学历史教师调整自己今后的教学实践，不断反思，不断进步！

在思辨中感悟历史的魅力 ①

——《俄国十月革命的胜利》给我的启迪与思考

匡志林

学习历史是为了什么？是社会对历史教育的一个共同疑惑。汪瀛老师以株洲市四中学生学情为基础，以导学案、多媒体等为载体，设计出多个富有思辨和挑战性的问题，引导学生感悟《俄国十月革命的胜利》，就是对这一疑惑的解答。他诠释了自己与许多历史教育教学工作者的共同终极追求："反思历史，关注现实"，即"用历史智慧启迪现实思考"。

一、启迪

汪老师说："凡教师，都有自己的教学追求。"但教师的教学追求投射到现实教学中又是一番怎样的景象呢？汪老师设计和讲授《俄国十月革命的胜利》，给我们提供了一份不可多得的典型范例，彰显了他独特的教学风范与人文内涵。

1. 反思现实教学，发掘课标与教材的价值

教学设计既是教师教学思路的主体体现，也是教师教学追求的真实呈现。汪老师《俄国十月革命的胜利》的教学设计可谓匠心独运，既展现了他对课程标准高屋建瓴的把握，也包含了他对今天高中历史教学现实的反思，给我

---

① 2014年初，因学校的课堂教学改革的需要，我在株洲市第四中学学术年会上给全校教师上了一堂研讨课——《俄国十月革命的胜利》。课后，我以这节课为例撰写了《历史教学的追求与实现——以＜俄国十月革命的胜利＞为例》一文。同时，要求与指导徒弟匡志林以听课者的感受，撰写了《在思辨中感悟历史的魅力——＜俄国十月革命的胜利＞给我的启迪与思考》，两篇文章，同时发表在全国中文核心期刊《历史教学》（CSSCI），2014年第10期"名师讲坛"栏目中。

们以深刻的教学启迪。

【自主学习】环节所设计的学习问题，全面地彰显了课程标准所规定的教学要求，即"概述俄国十月革命胜利的史实，认识世界上第一个社会主义国家建立的历史意义"，而他所设计的教学问题"史学界关于俄国十月革命的起止时间说法不一。不少人认为：俄国十月革命应起于二月革命，而终于第一届工兵苏维埃政府的建立。若据此，请你以重要历史事件为点，串点连线，概述俄国十月革命的主要经过，并关注各个历史事件对十月革命进程的影响"，这是对中学历史教学，特别是历史必修一政治史教学给予了一种示范，即如何直面历史教学中的现实问题，如何更好地实现历史教学的终极目的。

首先，从落实基础知识的角度来说，他既引导了学生依据历史时序梳理出俄国十月革命的历史进程，同时又巧妙地带出了"十月革命"这一历史概念，提示学生从广义、狭义两个维度理解俄国十月革命的内涵。

其次，从提升学生学科素养和能力的角度来说，借"俄国十月革命的起止时间说法不一"，展现了【学法指导】2中"论从史出"的教学要求，有利于培养学生的历史思辨能力和依据史实解读历史的学习习惯。同时，这一教学问题的设计，也有助于实现课程标准中"正确认识历史上的阶级、阶级关系和阶级斗争，认识人类社会发展的基本规律"的教学要求。这对当今历史教学中一些执教者或因对"阶级斗争"的反感而有意抵制；或因对概念的片面理解或理解不够，而有意或无意地否定历史上的"阶级""阶级斗争"，无疑是一个良好的回应。

其三，学生在对"十月革命"定义的思考与争辩中，衍生出了如何准确理解"革命"这一历史概念问题。不少师生通常将"革命"界定为"通过暴力手段夺取政权"，这无疑是片面与狭隘的。汪老师通过【自主学习】的问题设计和课堂教学中的引导，使学生在自主思考与合作探究中感悟到"革命"的真正内涵：革命不仅仅是通过暴力手段实现权力转移和社会稳定的过程，更是实现社会变革的动态过程。所以，"十月革命"不单指俄国无产阶级通过暴力革命的手段建立了苏维埃政权，更是包含了政治体制、经济制度、思想意识等方方面面的或缓慢或急促更新的过程。汪老师的课堂教学过程和学生所展示的【自主学习】成果，证明其成效显著。

另外，本课无论是教学设计、问题驱动还是对学生的引导与解答，其主体都基于历史教材知识的理解与运用。汪老师讲授本课，除【新课导入】与【检测评价】环节外，他很少引用教材之外的素材，【自主学习】与【合作探究】各个问题的解答，主要是基于本课教材和学生所学知识，他让学生在似曾相识与朦胧模糊的意境中对教材内容及教材地位有了更清晰的认识和定位。这也以事实解答了新课程改革以来中学历史教学一直存在的困惑：如何利用教材教历史？因为，从新课程改革以来，"历史教材无用论"似乎已得到越来越多的认可。即便认同"视教材为材料"的历史教师，但就如何运用历史教材，充分挖掘历史教材所隐含的种种信息，明确教材编者的"用心良苦"仍是十分迷茫。所以，在日常历史教学中，我们常见的就是教师大量引入历史教材之外的种种"史料"，忽视对历史教材内容及其相互之间的逻辑关系的精确把握。汪老师的《俄国十月革命的胜利》一课，以自己的教学实践给了我们一个良好示范。

2. 以问题思辨为基点，突出历史学科能力的培养

教学设计彰显着教师的教学追求，课堂教学实践是教学初衷或追求的真实呈现。

【导入新课】环节"千秋功罪，如何评说"的设计，旨在激发学生对俄国十月革命与社会主义建设的得失各抒己见，用知识储备站在特定的历史维度解读、辩论那段历史，在与他人争鸣的过程中，不断修正自己的观点与思维，在接下来的学习过程中愿意换一个维度或高度重新审视这段历史，更全面更客观地正视这段历史，反思现实。从教学实践看，上课伊始，一个没有固定结论的"悬念式"问题，确实激发了学生求知欲望，学生在学习过程中相当留心关注相关史实，以论证自己的观点，批驳他人的观点；在自我论证和相互探讨过程中意识到历史是多元的、立体的、灵动的；明白我们努力追寻的历史真相或许是当时历史真实的一个侧影，"横看成岭侧成峰，远近高低各不同"；乐意在坚持自己见解的基础上接受他人的观点与解读，汲取历史的智慧与思维。在课堂学习的环节中，有学生自主形成了一些疑问：站在今天回顾那段历史，跳出历史原有的禁锢，以一个局外人的身份重新审视俄国十月革命，我们会对它做出怎样的评价？又该如何定性它的功绩与失误？同为走社会主义道路的中国可以从中吸取哪些经验与教训？……学生带着自己的思考或疑惑参与学习，相较于被动接受当然事半功倍。可以说，问题启发式教学

是本节课特色之一。而汪老师又善于借问题引发学生进行多角度的思考和适应追问，然后经生生共议、师生对话等，将所有问题一一化解，从而为实现教学具体目标和终极目标铺平了道路。

【自主学习】环节，学生静心带着问题与思考阅读教材，教师通过巡视和对学习困难点的适度点拨，使学习氛围更加和谐融洽。但从学生代表所展示的学习成果看，既体现了学生自主学习的能力与智慧，也暴露了学生在理解历史知识与历史思维方面存在的问题。就中学历史课堂教学而言，这是十分难得且能行之有效的课堂生成资源。汪老师巧妙地利用了这些课堂教学资源，运用学生陈述与互评、教师引导与启发、师生共同探讨等方式对俄国十月革命爆发的历史背景、进程、结果和历史意义进行了简明扼要地梳理，帮助学生形成了相关知识网络。

【合作探究】环节是学生在独立学习与思考的基础上展开组内讨论、争辩，达成共识的过程。从本课教学设计和课堂教学实践来看，汪老师的教学意图绝不是单纯地引导学生识记与掌握"俄国十月革命"这一历史事件相关的知识，而是借教学实践活动引导学生真正明白学习历史的终极目的：以历史智慧启迪现实生活。因此，汪老师在引导学生自主学习和梳理基础知识的前提下，采用"问题式启发教学"，引领学生拓展提升。他以"俄国十月革命"为学习基点，从"新课导入"到"检测评价"，整个教学都无一例外地侧重对学生历史学习能力和学科素养的培养，特别是"论从史出，史论结合"能力的培养，引导学生多维度审视、重温历史，以试图还原历史的本来面目，并旁及中国社会主义革命与建设。他使学生在争鸣过程中学会妥协，接受、积极吸纳和内化他人的学习成果，学会站在他人的角度去思考与解读问题，运用他人的思维模式进行说服与批驳，以提升自己的历史学习能力与学科素养。

3. 成功实现学生主体与教师主导的有机融合

从教学流程的设计与操作过程来看，本课充分展示了学生是教学活动的主体与主人，教师是课堂教学的组织者、指导者、帮助者和促进者，成功实现了学生主体与教师主导的有机融合。本课以历史课程标准要求为核心，既注意开放学生的思维空间，又通过问题的设计与启发引导，将其紧紧围绕。每一个教学环节，学生都乐意投入并积极参与其中，或独立思考，或合作研讨。汪老师则注意观察和发现学生在自主学习与合作探究中存在的问题，并给予及时适度引导，为学生顺利完成学习任务创造条件。可以说，本课教学问题的设计与教学活动的安排就好比一串亮丽的珠子，而教师的引导就好比一条看似无形却有形的丝线，将这些美丽的珠子串联成体。呈现在学生面前的每一个问题，开放探究与质疑创新并重，目的在于促使学生在独立思考、合作探究与质疑的学习氛围之中感受思辨之美，智慧碰撞之妙！

特别是合作探究环节，学生的愉悦研讨与教师恰到好处的引导，使学生在更高层次上理解了俄国十月革命，明确了任何历史事件或历史现象的出现是历史偶然性与必然性的有机统一，历史在向前发展过程中以事实不断修正原有的种种观念与理论，十月革命的胜利开创了人类社会一种崭新 的社会制度。俄国社会主义革命与建设的成败，并不是评判社会主义制度优劣 的标尺，只能说明社会主义道路不是一帆风顺的，只能是在不断地借鉴与探索中前进。

4. 关注课堂生成。开放自由与引导约束有机统一

不少历史教师在日常教学活动中，沉浸在自己的教学思路定势中，不愿也不敢挣脱这一桎梏，做出相应的改变和尝试。这主要源于一些教师对新课程理念把握不到位，或因教师自身学科素养与能力欠缺。今天的学生，生活在一个信息大爆炸时代，信息来源的渠道不断拓展，外加民主化程度的扩大，对于一些历史事件、历史现象的认知有自己的"独特"见解。这就对我们的历史教学形成了挑战，教师若非具有扎实的专业素养、良好的教学机制和课堂组织能力，是无法放手进行开放式课堂教学的。自然，这就使得许多学生的知识结构、思维能力、学习潜能等特质与问题无法得到真正展示、交流、矫正与拓展提升。汪老师《俄国十月革命的胜利》的教学设计和教学实践，采用一个个富有启发的问题，引导学生进行自由思考与探索，并加以科学引导，让学生在自由、开放、包容与创新的课堂氛围中探讨、斟酌和用心作答，不断挑战自己的思维宽度与高度，享受征服自己与超越自我的喜悦。

以【自主学习】"俄国十月革命的起源"为例，学生依据自己的独立思考，大致形成了如下两类学习成果：① "二月革命，两个政权并存的局面；《四月提纲》，主张采用和平的方式实现由资产阶级民主革命向社会主义革命的转变；七月事件，两个政权并存的局面结束；十月革命，推翻资产阶级临时政府的统治；工兵苏维埃代表大会召开，苏维埃政权正式建立。" ② "1917年11

月6日晚，列宁亲自领导彼得格勒武装起义；7日，起义军和士兵占领了的主要战略要地和政府各部。8日，临时政府的最后据点——冬宫被占领。彼得格勒武装起义取得胜利。接着，莫斯科等城市的武装起义也相继取得成功。这次革命发生在俄历十月，所以被称为'十月革命'"。那么，这两类学习成果是否存在正误之分？汪老师根据学生的理解差异引导学生进行自我反思，从而使学生对"俄国十月革命"这一历史概念形成了更全面、更客观的解读。即广义与狭义的"俄国十月革命"。但教师并未就此戛然而止，而是进一步引导学生深化认识，自广义的"俄国十月革命"及革命进程中一些具体历史细节进行综合分析，深化对"革命"的认识。每一环节貌似漫不经心，但均随着课堂教学氛围的推进自然得出。从整体上看，汪老师的教学设计与教学实践均试图挣脱传统教学范式的禁锢，这不是单指教学形式上，更是教学精神上的创新。他心中的中学历史课堂不是简单地运用各种方式激发学生掌握历史的基础知识，理清历史发展脉络，而是一种学科精神与素养的传承。学习历史，小至历史现象，大至人类社会发展长河，要领悟其中的真谛与精髓，发掘隐藏在历史 现象或历史事件背后的智慧与哲理，从中吸取教训，服务于个人、生活、社会，更清晰地明辨今天的社会现实，知晓如何同自我、他人、社会与自然更好地相处，在面临种种困境与历练时能从中寻找到坚持的力量与希望！因此，汪老师的课堂教学设计与实践是站在一个全新的角度来引导学生梳理"俄国十月革命"基础知识，引导学生站在一个新的高度俯视那段气势恢宏的历史，从中领悟无产阶级在人类社会发展史上种努力。

二、思考

"甘瓜苦蒂，天下物无完美。"或者说，在每一位历史教师的教学追求与现实呈现之间都会存在或远或近的距离。如何弥补或缩短它们之间的路途则会耗尽历史教育教学工作者毕生努力与坚持。汪老师《俄国十月革命的胜利》一课的教学实践，在实现其历史教学追求的过程中遭遇了哪些障碍？或者说，某些教学设计与活动安排，是否可以更大限度地发挥其应有的效用？作为一位学习者和观察者，我也有一些不成熟的想法与思考。

首先，最直观的问题就是课堂教学时间的刚性与教学容量之间的矛盾。

在短短的45分钟，学生需要完成的学习任务包括带着【自主学习】的相关问题阅读教材、自主构建知识框架、合作完成【合作探究】三道核心问题、点评同学的学习成果、回应教师的追问等等。且这些教学设计与教学活动的安排，层层递进，环环相扣，丝毫合缝，需要学生在全程中精神高度集中，不容丝毫懈怠与偷懒。即便如此，也因教学容量过大，最终在相应课堂教学时间内无法完成相关教学内容。

其次，作为新授课，落实基础知识与提升能力之间的矛盾一直存在。学生学习能力的提升、学科思维的培养均需要以历史基础知识作根基。在本课课堂教学实践中，【自主学习】环节侧重于"俄国十月革命的胜利"基础知识的落实，尽管学生在汪老师的引导下完成了本课知识框架的构建，并以此为基础深刻地理解了"十月革命"与"革命"两大历史概念的内涵。但若细化相关知识点，学生是否真正理解与把握则有待商榷。以"俄国十月革命"历史背景为例，尽管学生在长期的思维训练中掌握了作答技巧，能够从宏观的角度归纳出其要点，但其所牵涉的一些微观问题学生因知识储备有限而无法理解。如"俄国成为帝国主义链条上最薄弱的环节"一语，虽然初中历史教材对此已有所涉及，但缺乏相应解读，学生仍感觉茫然。因为，他需要学生能综合俄国当时的政治、经济、思想等社会整体面貌以及与其他帝国主义国家进行比较分析，才能得出这一认识。在这里，若没有教师的必要补充与引导分析，作为高一新生，理解不透彻就成为必然。此外，诸如"二月革命的性质""俄国无产阶级的革命道路""《土地法令》的内容""俄国十月革命的胜利与马克思主义之间的关系"等历史细节问题，均需要教师作一定的解读，学生才能真正理解。

再次，过于思辨化、理论化的教学，会使基础与智能相对较差学生难以真正完成教师所设计的学习任务。尽管汪老师授教的班级学生基础相当不错，其严谨、科学、开放包容的教学风格也深受学生欢迎。因汪老师设计的《俄国十月革命的胜利》课堂教学，从【新课导入】到【评价反馈】，除却【自主学习】，所有的问题有着共通和相似之处。虽然他们是分别围绕"俄国十月革命爆发的历史背景""俄国十月革命的方式""俄国十月革命的结果或目的""俄国十月革命的影响"而设，且没有任何限制条件，以鼓励学生运用相关知识在独立思考的基础上，在合作研讨中碰撞出智慧的火花，形成对相关问题的客观与全面的认识。但因整个设计层层推进，步步深入，环环相扣，那些基础与智能一般的学生在学习过程确实显得有些力不从心，对一些问题的探讨也就只能浅尝辄止不够深透。

　　每一次历史教学实践，是每一位历史教学工作者在践行自己的教学追求与梦想。梦想的美好在于它永远在我们触手可及的高处，却永远无法真正握在自己的手中。也许就是这份美好激励着无数有志者为之奋斗。汪老师对《俄国十月革命的胜利》教学追求，就是最好的注解。

中学历史史料教学"四要"①

——对汪瀛老师史料教学的回应

夏丹

学生学习历史是一个从感知历史到不断积累历史知识，进而不断加深对历史和现实的理解过程。《普通高中历史课程标准》（实验）明确要求学生"在掌握基本历史知识的过程中，进一步提高阅读和通过多种途径获取历史信息的能力；通过对历史事实的分析、综合、比较、归纳、概括等认知活动，培养历史思维和解决问题的能力。"②汪瀛老师明确指出："历史认识与其他学科的一大不同之处是，历史认识是通过对历史的遗存体——史料的理解获得的。因此，史料教学原本是历史教学的基本方式。"③这就是说，我们在历史教学过程中必须科学发掘和利用历史材料，做到有理有据、论从史出、史论结合，以真正实现历史新课标所确立的教学目标。汪老师在中国教育学会历史教学专业委员2014年度学术年会上执教的《新文化运动与马克思主义传播》，在历史材料教学方面给了我们许多有益启示。

---

① 2014年10月，本人因中国教育学会历史教学专业委员会之邀，在山东泰安全国学术年会上给与会专家和同仁上了一堂示范课——新文化运动与马克思主义传播。2016年，本人应人民教育出版社《中小学教材教学》编审李洁老师之约，为该刊"名师开讲"撰写一篇文章，并配上一篇青年教师撰写的对应文章，以促进他们的成长。于是，夏丹在我的指导下撰写了《中学历史史料教学"四要"——对汪瀛老师史料教学的回应》一文。该文与我撰写的《中学历史史料教学"四忌"》一文，同时发表在《中小学教材教学》2016年第10期"名师开讲"栏目中。本文为湖南省教育学科规划课题《高中历史课堂教学生成资源开发与利用研究》阶段性研究成果，课题批准号：XJK015BJD032

② 中华人民共和国教育部制订. 普通高中历史课程标准（实验）[M]. 北京：人民教育出版社，2003:4.

③ 汪瀛. 行为决定结果——中学历史教学行为有效性探微 [M]. 北京：北京师范大学出版社，2015:29.

一、要发挥学生的主体性

学生是学习的主体，"主体性教学的核心是创造一个适合学生发展的教育教学环境"[①]。汪老师在历史教学活动中匠心独运，善于科学发掘和运用历史材料，充分调动学生的学习主动性、能动性和创造性。

第一，发掘利用历史材料导入新课，激发学生自主学习兴趣。

汪老师曾反复告诫我们："课堂导入作为一堂历史课的开端，肩负着酝酿情绪，集中学生注意力，渗透主题和带入情境等任务，直接影响该堂历史课效益，甚至成功与否。如果一堂历史课的导入设计得好，或生动有趣，或别开生面，或引人深思，就会精彩无限，引人入胜；就能激发学生的学习兴趣和内在的学习动机，激发学生学习探究的欲望，从而引导学生主动学习，主动探究，为上好该堂历史课打下基础。反之，如果我们的导入设计枯燥乏味，空洞干瘪，毫无生气，学生自然就不会积极参与，甚至可能出现无精打采、昏昏欲睡、普遍厌学的僵局，教师真正成了'孤家寡人'，哪里还有好的教学效果呢？"[②]汪老师在这节课的开头，利用历史材料精心设置了一个形式新颖与趣味超强的导入环节：

环节一：多媒体显示历史材料

> 《论语》：子禽问于子贡曰夫子至于是邦也必闻其政求之与抑与之与子贡曰夫子温良恭俭让以得之夫子之求之也其诸异乎人之求之与。
>
> 《朋友》（胡适）：两个黄蝴蝶，双双飞上天。不知为什么，一个忽飞还。剩下那一个，孤单怪可怜；也无心上天，天上太孤单。

环节二：教师请两名学生先后朗读其中一段历史材料。

本《论语》节选段，学生在语文课中已接触过，故无陌生之感。但因汪老师对其进行了巧妙更改，"删除"了标点符号，既彰显了历史特色，也加大

---

① 吴效锋主编.新课程怎样教——教学艺术与实践[M].沈阳：沈阳出版社，2002:47.

② 汪瀛.精彩•荒谬•效率——中学历史课堂教学探微[M].北京：线装书局，2012:42.

了学生朗读难度，大大吸引了学生眼球，活跃了课堂气氛。第二则材料是胡适作的白话文诗，通俗易懂，从而与第一则材料形成了鲜明对比，效果强烈。

环节三：汪老师紧接学生朗读提出问题："今天如果要同学们自由地表达自己的思想情感，你会选择那种文体？为什么？"

因学生朗读《论语》与白话诗所造成的情境之故，很多学生便旗帜鲜明选择了白话文。当然，也有少数学生愿意选择文言文。汪老师据此不失时机地指出："文言文是中国古代文化的重要载体，且具有韵律美、意境美、内涵美等特点。近代以来，随着大众文化日益发展，文言文因其深奥、艰涩等因素，确实难为普通民众所接受。于是，白话文的普及就成为中国近代文化发展的必然要求。"汪老师这一导入设计，既让学生充分体会了文体的特点，又紧扣了《新文化运动与马克思主义传播》这一课的重点——新文化运动的内容，并将学生的思维自然而然地转移到学习《新文化运动与马克思主义的传播》上来。

第二，发掘利用历史材料创设历史问题情境，激励学生主动探究。

历史新课程积极倡导探究性学习。汪老师认为："在课堂教学中，教师要努力将教学理论转化为教学行为，引导学生有效地进行探究性学习。问题是探究的核心，没有问题也就无所谓探究……真正的、完整的知识是在真实的学习情境中获得的，真实的情境有利于意义的建构，并促进知识、技能和经验的连接。"[①]汪老师正是基于这一主张，在执教《新文化运动与马克思主义的传播》时，利用历史材料创设了几个历史情境问题。如：汪老师为引导学生深刻理解旧道德的危害，利用多媒体和历史材料创设了如下情境问题：

> 民国初年，北京《中华新报》曾登了一则新闻，有一女子唐氏19岁，许配张家，还未嫁过门，未婚夫就死了，为了做烈女，唐氏选择自杀殉夫，历尽了喝符灰水、吞金、上吊、投河及三次绝食，最后服用砒霜结束了年轻的生命。
>
> 问题：假如你是当时的有识之士，你是如何看待这种社会现象的？该怎么办？

---

① 汪瀛.《行为决定结果——中学历史教学行为有效性探微 [M].北京：北京师范大学出版社，2015:14–15.

当今学生大多喜欢看社会新闻，了解社会情况，汪老师选取的《中华新报》新闻反映了当时社会现象，一下子吸引学生的注意力，传统道德的吃人情境也引发了学生深思：为什么当时社会存在这样的陋习，我们若处在当时社会应怎么改变这种陋习？进而，学生不由自主地围绕这些问题展开探究与讨论。这种让学生自发主动的探索不仅有利于形成深刻的记忆，更能促使学生真正认识到只有运用新道德才能洗刷人们意识中的旧道德，改变人们的传统落后的价值观，改变不应存在的社会陋习。

二、要增强教材使用的有效性

历史教科书，实际上也是一种历史材料。因为新课程背景下的历史教科书，既"深入浅出地勾勒出历史发展的脉络和特征，使学生对这一阶段的重要历史人物、现象、事件有一个初步的、轮廓式的了解"，[①]同时也穿插了丰富的文字材料、文物照片和过去生活的真实照片等。但历史教科书中的文字材料往往是大段大段的累积，学生若无针对性、启发性阅读，便难以实现历史教学三维目标。因此，我们在历史教学中，应坚持"用教科书教而不是教教科书""利用学生的已有知识与经验，让学生主动探索知识的发生与发展，创造性地使用新教材才能超越教材"。[②]汪老师在执教《新文化运动与马克思主义的传播》过程中，巧妙地设计了四个导议问题，积极引导和敦促学生有效阅读和学习了本课材料：

（1）有人说"新文化运动"是"情绪主义"的产物，是几个青年凭空捏造出来的，你的意见如何？（注意回顾历史必修1、2的相关内容，并结合课本第72页"引言"和第1目第1自然段的相关叙述思考）

（2）新文化运动作为中国近代史上一次思想解放运动，同学们在初中就学习过。你打算从哪些方面归纳这一运动的概况？（注意结合第72-74页"《新青年》的诞生"与"新文化

---

① 吴效锋主编．新课程怎样教——教学艺术与实践 [M]．沈阳：沈阳出版社，2002:54.

② 吴效锋主编．新课程怎样教——教学艺术与实践 [M]．沈阳：沈阳出版社，2002:51.

运动"两目思考）

（3）依据教材所提供的史实，你认为新文化运动前后期在主题上有何不同？为什么会有这新的变化？（注意结合第74页"马克思主义传入中国"思考）

（4）谁在中国最早传播马克思主义？请说出你的判断证据。如果你是当时的早期马克思主义者，你将怎样宣传马克思主义？

在这里，汪老师不是简单地提出新文化运动兴起的背景、标志、时间、地点、经过等问题，而是通过问题引出教科书中的中心内容，并且以学生为主体，发挥其主观能动性，让学生通过阅读教科书中的历史材料与小组讨论交流，自主构建知识框架，形成知识体系。汪老师只是在学生遇到疑难时略加引导，并及时进行点拨与总结。

三、要发掘文学材料的历史性

严格地说，文学作品不属于记录真实历史的材料。但"一定的文化（当做观念形态的文化）是一定社会的政治和经济的反映"[1]。文史相通，文学作品都是在一定的历史背景下产生的，且在一定程度上反映了当时社会现实。因此，我们在历史教学过程适当选择一些切合当时历史的文学作品，深入挖掘文学作品所隐含的"历史真实"，有利于学生理解历史，并从中获得一些有益启示。汪老师在讲新文化运动的基本主张时，为了让学生理解为什么要宣传民主科学，反对愚昧迷信，特地截取了小说《祝福》片段，并设计了相关问题引导学生思考：

四叔虽然照例皱过眉，但鉴于向来雇用女工之难，也就并不大反对，只是暗暗地告诫四婶说，这种人虽然似乎很可怜，但是败坏风俗的，用她帮忙还可以，祭祀时候可用不着她沾手，一切饭菜，只好自己做，否则，不干不净，祖宗是不吃的。

---

[1]　毛泽东.毛泽东选集：第2卷 [M]. 北京：人民出版社，1991-6（2）：663.

四叔家里最重大的事件是祭祀，祥林嫂先前最忙的时候也就是祭祀，这回她却清闲了。……"祥林嫂，你放着罢！我来摆。"四婶慌忙的说。

她讪讪的缩了手，又去取烛台。

"祥林嫂，你放着罢！我来拿。"四婶又慌忙的说。

——摘自鲁迅《祥林嫂》

问题：假如你是当时的有识之士，你对此有何感想？该怎么办？

鲁迅是新文化运动的代表人物之一，其文学作品确实反映了他所处的那个时代的历史真实，中学语文教科书收录了他不少作品，《祥林嫂》就是其中之一，并为学生所熟知。祥林嫂是死了丈夫的再嫁之人。这在当时的人们看来，祥林嫂就是一个败坏风俗之人，是一个不干不净之人，故祭祀都不能让她沾手，否则祖先是不会吃的。汪老师利用这段文学描述，创设了一个生动且能令学生深入思考的问题情境，并让学生置身于其中："假如你是当时的有识之士，你对此有何感想，该怎么办？"学生凭借自己现实生活经验与所学知识，自然能体会到，把祥林嫂看作败坏风俗的人、不干不净的人是一种迷信愚昧思想，要彻底改变这种社会现实，就必须大力宣传民主与科学，只有用民主与科学才能战胜封建愚昧，从而深刻认识到新文化运动大力宣传民主科学重大价值。

四、要弥补历史教材的缺失性

新课程背景下，我国历史教科书编写出版实行"一标多本"。因此，"教材不是法典，教材不是圣经"。[①]事实上，因种种原因，当今高中历史教材，不论哪个版本，都存在一定的缺失或不足。因此，我们在历史教学过程中，一定要破除"书本知识至上的迷信"[②]。汪老师时常告诫我们，做历史教师一定要与时俱进，不断学习，加强教研，不断提升发掘历史材料弥补历史教材缺

---

① 吴效锋主编. 新课程怎样教——教学艺术与实践 [M]. 沈阳：沈阳出版社，2002:51.

② 程胜编著. 学习中的创造 [M]. 北京：教育科学出版社，2008:22.

失或不足的能力。

第一，运用历史材料弥补教材评析的缺失或不足。

《新文化运动与马克思主义的传播》关于提倡新道德，反对旧道德是这样叙述的：

> 陈独秀抓住旧道德为封建政治服务的本质，一针见血地指出："主张尊孔，势必立君，主张立君，势必复辟"，"孔教与共和……存其一必废其一"。新文化运动期间，有人甚至提出"打倒孔家店"的口号。

显然，这些叙述，加之前面教材中的"罢黜百家，独尊儒术""宋明理学""明清之际活跃的儒家思想"等，对儒家思想与道德多偏于批判性的述评，很容易使学生误认为以儒家思想为核心的旧道德实在是一无是处。汪老师正是针对教材有关旧道德述评的不足，并以"孝"为突破口，选择了下列两则材料，借以引导学生全面科学评析以儒家思想为核心的旧道德：

> 材料1：子曰："今之孝者，是谓能养。至于犬马，皆能有养；不敬，何以别乎。"孟懿子问孝。子曰："无违。"樊迟御。子告之曰："孟孙问孝于我，我对曰，'无违。'"又子曰："三年无改于父之道，可谓孝矣。"
>
> ——参见《论语·为政》和《论语·学而》
>
> 材料2：陈独秀指出：忠、孝、节皆"为以己属人之奴隶道德"。其危害在于"损害个人独立自尊之人格"，"窒碍个人意志之自由"，"剥夺个人法律上平等之权利"。吴虞更是尖锐指出："儒家以孝悌二字为两千年来专制政治与家族制度之根干"，"他们教孝，他们教忠，就是教一般恭恭顺顺的听他们一干在上的人愚弄，不要犯上作乱，把中国弄成一个'制造顺民的大工厂'"。
>
> ——参见韩超《简评新文化运动时期对传统孝道思想的批判》

请回答：

（1）依据材料一，指出孔子的"孝"道标准，你认为其合理吗？为什么？

（2）新文化运动代表人物在材料二中是如何批判"孝"的？作为新时代的学生，我们应如何对待中国传统文化中的"孝"？

历史表明，"孝"既是传统（旧）道德的核心内容之一，也是新文化运动重点抨击的对象之一。在新文化运动者看来，"孝"严重摧残人的人格、自由与平等，是统治者维护专制统治的工具，必须彻底批判与抛弃。实际上，儒家的"孝"道观有养、敬和无违三个层次。其中养和敬是正确的，其错在"无违"。因为，供养和尊敬含辛茹苦养育自己的父母等长辈，即使是今天也是必需的。但晚辈无条件地服从父母等长辈的意志，自然是错误的。因此，新文化运动绝对否定传统道德中的"孝"也是不可取的。从某种意义讲，这不利于中华文明的传承与发展。但我们也不能因此而否定新文化运动对旧道德批判的历史价值。在当时的历史背景下，新文化运动者批判旧道德压制个性自由和独立人格、维护封建专制制度，对于解放人们思想，帮助人们树立独立人格，其功不可没。因此，我们今天应正确认识传统（旧）道德的得失，谨防绝对肯定或绝对否定的极端思想；坚持取其精华，去其糟粕，注入新时代内涵，使中国传统文化发扬光大。

汪老师以"孝"为切入点，运用历史材料引导学生全面认识新文化运动的功过是非，既让学生认识到孝是中国传统道德的重要内容，我们应该科学发扬孝道精神；又让学生清楚认识孝不是愚孝，应与时俱进，抛弃错误的尽孝方式；同时，他还让学生感悟出"尽信书，不如无书"，我们应学会全面、辩证地认识历史，客观公正地评判历史上的人与事。这无疑有利于激发学生对中国传统优秀文化的认同感，促使他们去实践，造就新一代高素质人才。正如《普通高中历史课程标准（实验）》在课程目标所要求的那样："通过历史学习，进一步了解中国国情，热爱和继承中华民族的优秀文化传统，弘扬和培育民族精神，激发对祖国历史与文化的自豪感，逐步形成对国家、民族的历史使命感和社会责任感，培养爱国主义情感，树立为祖国现代化建设、人类和平与进步事业做贡献的人生理想。"①

汪老师为了让学生对新文化运动的历史影响有更加全面的认识，还选择了下面两则历史材料：

新文化运动局限在知识分子的圈子内，新思想没有普及到工农群众中去。

——李时岳

他们对于现状对于历史，所谓坏的就是绝对的坏；所谓好的就是绝对的好。

——毛泽东

这样既让学生看到新文化运动对人们的思想解放所起的重大作用，也让学生看到新文化运动存在一定的局限，从而得出比较客观全面的价值评判：进步性——动摇了封建思想的统治地位，使人们的思想得到空前解放；前期弘扬民主和科学思想，推动了自然科学的发展；后期传播了马克思主义思想，成为拯救国家的思想武器；为五四运动起了宣传动员作用。局限性——前期没有同群众运动相结合；对东、西方文化全面否定或肯定。

汪老师的这些历史材料的选择与利用，无疑有利于全面落实《普通高中历史课程标准（实验）》所倡导的"总结历史经验教训""学会有马克思主义科学的历史观分析问题、解决问题""培养学生健全的人格""培养探究历史问题的能力和实事求是的科学态度""善于从不同的角度发现问题，积极探索解决问题的方法；养成独立思考的学习习惯，能对所学内容进行较为全面的比较、概括和阐释"②等课程理念与目标。

第二，运用历史材料弥补教材某些叙述的缺失或不足。

历史教材或因篇幅限制，或受主题叙述制约等因素影响，对一些历史问题的叙述很难追根溯源，从而造成一些历史问题叙述的残缺，给人以突兀感，或不甚了了。如《新文化运动与马克思主义的传播》关于提倡白话文与反对

---

① 中华人民共和国教育部制订.普通高中历史课程标准（实验）[M].北京：人民教育出版社，2003:5.

② 中华人民共和国教育部制订.普通高中历史课程标准（实验）[M].北京：人民教育出版社，2003:1-2-4.

文言文的叙述就存在这样的问题：

> ……主张用白话文代替文言文。他认为，新文学的语言是白话的，文体是自由的，这样就可以注入新内容、新思想。随后，陈独秀发表《文学革命论》，主张推到陈腐、雕琢、晦涩的旧文学，建设新鲜、平易、通俗的新文学……鲁迅把反封建内容与白话文形式有机结合起来，成为新文学的典范。

从新文化运动倡导文学革命本身而言，教材这一叙述简洁明了，主题突出，没有任何问题。但因学生对白话文与文言文这两种文体在中国历史上的演进不甚了解，不少学生往往误以为我国白话文出现于新文化运动时期。为此，汪老师根据以往教学经验，提出了下列问题，并选择了两则材料，以帮助学生解决在白话文与文言文上的模糊认识：

> 有人认为，没有新文化运动，就没有白话文。你认为这一观点正确吗？为什么？
>
> "白话"是指汉语书面语的一种。它是唐宋以来在口语的基础上形成的，起初只用于通俗文学作品，如唐代的变文，宋、元、明、清的话本和小说等，及宋元以后的部分学术著作和官方文书。清末开始的文体改革可分为"新文体""白话文"和"大众语"三个阶段。到"五四"新文化运动以后，才在全社会上普遍应用。
>
> ——百度百科
>
> 中国的白话文运动兴起的源头应追溯到传教士马礼逊身上，是他首先在中国倡导并实践白话文。之后，经过《民报》、王韬、梁启超等报刊与报人的不断努力，白话文开始逐渐进入国人的视野，并为人们所接受和喜爱。到"五四"新文化运动时，它开始被国人大量使用，中国的白话文运动达到顶峰。
>
> ——王金珊《追寻中国白话文运动的兴起与发展》

上述材料表明，"没有新文化运动，就没有白话文"是错误的。白话文在中国源远流长，新文化运动的功劳在于促使白话文很快成为中国民众普遍欢迎的普及文体，从而有助于提高民众的文化水平。

总之，历史材料的使用旨在更好地服务于教学、服务于学生，更好地实现历史课程理念与课程目标。

提升学生感悟史料与认识历史的能力 ^①*

——以"美国 1787 年宪法"教学为例

刘旭洲

　　史料是历史教学的必要前提和基础，运用史料教学也是当今高中历史教学最受追捧的教学方法之一。这不仅是因为《普通高中历史课程标准（实验）》就明确要求教师在引导学生"掌握基本历史知识过程中，进一步提高阅读和通过多种途径获取历史信息的能力""努力做到论从史出、史论结合"②。也不仅是因为现行高考大纲明确要求学生具备这些能力。更在于史料教学有利于激发学生的学习兴趣，增强学生的历史感；有利于突破教材的局限，追根溯源，提升学生辩证认识历史，揭示历史本质的能力；有利于提高学生的领悟能力，培养学生的探究精神与探究能力。现以人教版《历史①必修》"美国联邦政府的建立"中的"以美国 1787 年宪法"作一简要探析。

　　依据《课标》规定，本课只要求学生"说出美国 1787 年宪法的主要内容和联邦的权力结构，比较美国总统制与英国君主立宪制的异同"。按以往的教学经验，只要我们列出相关要求，再引导学生认真阅读教科书文本并对号入座，就不难完成这一教学任务。但在实际教学中往往有学生追问：我们应如何区分邦联制与联邦制？怎样认识美国 1787 年宪法的本质？面对个别学生的追问，多数学生显得茫然，或以偏概全，失之偏颇。怎么办？引导学生阅读分析相关史料就成为解决这些问题的有效途径。

---

① 本文是我于 2016 年 8 月指导青年教师刘旭洲撰写的一篇教研论文，原准备在《中学历史教学参考》上发表，但种种原因而没有刊行。但本文在湖南省教研论文竞赛中获奖。

② 中华人民共和国教育部制订. 普通高中历史课程标准（实验）[M]. 北京：人民教育出版社，2003:4.

第一，引用史料帮助学生正确区分邦联制与联邦制

　　史料　美国独立后的"最初立法上的缺陷，在合约缔结后立即被暴露出来：国家好像一下子就解体了。每个殖民地都成了一个独立共和国，都要求享有完全的主权。那时的宪法没有赋予邦联政府多少实权，不再受到共同的巨大威胁的各州，失去了紧密团结的理由，虚弱的邦联只能眼睁睁地看着船舶上悬挂的国旗被欧洲大国凌辱而束手无策，也没有足够的力量去对付印第安人和支付独立战争时期所举债款的利息。面对即将毁灭的命运，邦联政府正式声明自己无能为力，并呼吁宪制权。"①
　　依据上述史料，你认为美国邦联制最突出的特点是什么？为此带来什么后果？

　　学生通过阅读上述史料，经过讨论不难抓住"独立共和国""享有完全主权""邦联政府无实权""束手无策""对付印第安人""支付利息""毁灭的命运"等关键词，说明邦联制特点和由此带来的后果。这样，邦联制与联邦制有何区别就一目了然了。教学实践表明，利用史料引导学生理解历史概念比老师纯粹讲授历史概念的效果要好很多。
　　第二，引用史料帮助学生正确认识美国1787年宪法的得失
　　有关美国1787年宪法的得失，人教版《历史①必修》"美国联邦政府的建立"的评述有三：一是"（各州）有一定的自治权，以发挥地方的积极性，避免过度集权的弊端。中央集权和地方分权相结合，有利于美国资本主义的发展。"二是"三者（行政权、立法权和司法权）独立平等，但互相制约，以防止专制的出现，这充分体现了三权分立原则。"三是"1787年宪法是第一部比较完整的资产阶级成文宪法。它强调加强国家权力，又在权力结构中突出'分权与制衡'原则，以避免权力过于集中，体现了一定的民主精神……但是，它仍然存在着不足，后来，陆续以修正案的形式加以弥补。"为了印证第三点评述，教材特通过"历史纵横"和"学思之窗"两个栏目，补充了1791年美

---

① [法]托克维尔.论美国的民主[M].吉家乐,编译.北京：中国华侨出版社,2014:66.

国宪法10条修正案，1787年宪法"允许奴隶制存在，不承认妇女、黑人和印第安人具有和白人相等的权利"，既引用了19世纪英国一位著名政治家的观点，美国1787年宪法是"在特定历史时期人类智慧和意志所创造出来的最美妙杰作"，又引用了恩格斯的观点："它最先承认了人权，同时确认了存在于美国的有色人种奴隶制"①。说实在话，这些评述看似辩证与正确，实际上则是蜻蜓点水，学生仍然难以真正认识与理解其立法本质。为此，我向学生提供下列两段史料：

　　史料一　富人绅士们渴望建立一个强有力的中央政府，自上而下地制约各州"疯狂的民主"。他们不是为了维护民主，而是出于对民主的恐惧，才导致了新宪法的制定。②

　　史料二　约翰·阿克顿说："分权原则是业已设计出来的对民主制最有效的限制。"③因为，人民的意志或多数的力量首先是集中在立法机关。"共和政体的趋势是靠牺牲其他部门来加强立法机关"，④对权力的分立首先就是从立法机关内部开始的："在共和政体中，立法权必然处于支配地位。补救这个不便的方法是把立法机关分为不同的单位，并且用不同的选举方式和不同的行动原则使它们在共同作用的性质以及对社会的共同依赖方面所容许的范围内彼此尽量可能少发生联系。"⑤国会被分为众议院和参议院两部分，且只有众议员才由人民直接选出，而参议员由各州议会选出⑥。

　　依据以上材料，结合所学知识，你是如何看待美国制定

---

①　人教版《历史①必修》[M].北京，人民教育出版社，2007（3）:41-42.

②　亨利·诺克斯（后来华盛顿政府中的国防部长）将军语．梅里尔·詹森:《美国革命和美国人民》，中国美国史研究会与江西美国史研究中心编．奴役与自由：美国的悖论——美国历史学家组织主席演说集（1961-1990）[M].贵州人民出版社，1993:188.

③　约翰·阿克顿．自由史论[M].胡传胜，等译．南京：译林出版社，2001:204.

④　亚历山大·汉密尔顿，詹姆斯·麦迪逊，约翰·杰伊编著．联邦党人文集[M].程逢如，译．北京：商务印书馆，1983:259.

⑤　亚历山大·汉密尔顿，詹姆斯·麦迪逊，约翰·杰伊编著．联邦党人文集[M].程逢如，译．北京：商务印书馆，1983:256.

⑥　1913年通过宪法第17条修正案后，参议员才改由选民直选。

1787年宪法，建立强有力的中央政府与实行分权原则的？

有了以上的史料铺垫，学生经过讨论形成了如下共识：①1787年宪法使美国得以建立强有力的联邦中央政府，有效化解了当时新兴美国所面临的政治与经济危机，确保了美国社会的稳定，为新兴美国的崛起奠定了基础。②宪法确立的权力制约与平衡原则，三权分立的政治体制，有效地防止了个人专制独裁，有利于发挥中央与地方各自作用及立法、司法和行政各部门的作用，确保了美国政治的稳定与社会的发展。③立法者致力通过制定宪法建立强有力的中央政府、遏制普通民众的民主权利与利益要求，以确保其自己的政治与经济利益，体现了资产阶级立法意志，说明法律是统治阶级统治人民的工具。因此，美国1787年宪法保留了黑人奴隶制，并存在种族歧视等局限，也就不足为怪了。

学习历史旨在感悟历史，而感悟历史则需要"有一分证据说一分话"。高中历史的教育，不应当仅仅局限于史实的灌输，而应当以史实为基础提升学生的思维能力，培养学生辩证认识历史的方法，从而以史为鉴，更好的指导自己的人生发展，这才是历史教学的应有之义。

历史核心素养之时空观的考查与培养 ①

——以上海近三年高考试题为例

陈新幻

摘要：历史时空观是指在特定的时间联系和空间联系中对事物进行观察、分析的意思和思维方式②，是历史学科核心素养之一。近年来，全国各地的高考试卷也都加强了对历史时空观素养的考查。本文旨在分析上海近年历史高考对时空观念的考查，并以此浅议培养学生历史时空观的实践策略。

关键词：时空观念；高考考查；教学策略

一、上海高考（等级考）对时空观的考查例举

关于历史时空观的考查，全国各地的高考试题都有涉及。笔者对近三年上海高考（等级考）试题进行整理与统计，得出如下数据：

表 1　2015—2017 年上海高考试题对时空观的考查

2015 年等级考	选择题第 2 题、第 5 题、第 12 题、第 13 题、第 17 题、第 22 题、第 25 题、第 29 题、综合题第三题
2016 年等级考	选择题第 1 题、第 4 题、第 5 题、第 9 题、第 13 题、第 23 题、第 24 题、第 28 题、综合题第五题
2017 年等级考	选择题第 3 题、第 7 题、第 8 题、第 9 题、第 10 题、第 15 题、第 16 题、第 18 题、综合题第一题

---

① 本文是我曾经指导过的华东师大历史教育硕士研究生陈新幻的新作。

② 中华人民共和国教育部 . 普通高中历史课程标准 [M]. 北京：人民教育出版社，2017.

从考查时空观的题型来看，选择题和综合题都有涉及。其中综合题包括配对题、填空题和材料分析题等。从考查的水平层次和视角来看，主要有以下几类：

1. 直接考查学生对史实时空坐标的再认

2015年高考选择题第20题：1860年，曾国藩在作战前线接到"新刻英吉利、法郎西（法国）、米利坚（美国）三国和约条款"，"阅之不觉呜咽"。这些令他"呜咽"的和约条款，与美国相关的部分出自（　　）

　　A.《南京条约》　　　　　　　B.《天津条约》

　　C.《北京条约》　　　　　　　D.《辛丑条约》

此题题干给出的时间为1860年，在此之前签订的条约有《南京条约》《北京条约》和《天津条约》。《辛丑条约》签订于1901年，因此排除D选项。再根据条约的签署国有英法美三个国家，因此排除A、C选项。

2. 考查学生对历史时空表达方式的应用

2017年高考选择题第3题：公元前770年，周平王把都城迁到洛邑。这一时间也可表述为（　　）

　　A. 公元前7世纪前期　　　　B. 公元前7世纪后期

　　C. 公元前8世纪前期　　　　D. 公元前8世纪后期

此题考查学生对公元纪年的换算。每个世纪为100年，前30年为前期，中间40年为中期，最后30年为后期。据此推算，公元前770年是公元前8世纪前期。

3. 考查学生对历史分期及其特征的掌握

2015年等级考第29题：右侧的新闻出自哪一时期？（　　）

　　A. "大跃进"时期

　　B. 土地改革时期

　　C. "文化大革命"时期

　　D. 改革开放初期

"大跃进"时期（1958—1960年），这一时期盛行"浮夸风"，因此《人民日报》会出现不切实际的报道；土地改革时期有两段，一段是解放战争期间（1946—1949年），一段是新中国成立之初（1950—1953年）；"文化大革

命"时期（1966—1976年）；改革开放初期（1978年——90年代初），故选A。

4. 考查学生按历史时空建构史实关联的能力

2016年高考（等级考）第28题：

如图所示，新中国成立后外交史上出现过三次建交高潮，引发第三次高潮的主要原因是（　）

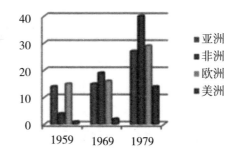

A．中美关系正常化

B．中国提出和平共处五项原则

C．中国加入世界贸易组织

D．中日建交

此题考查学生对我国新中国成立后不同时期外交进展与其背景的关联。其中A选项发生于1979年，B选项发生于50年代初，C选项发生于2001年，D选项发生于1972年。中美关系的正常化引发了西方各国与中国建交的热潮，因此本题选择A选项。

5. 考查学生在特定的时空框架下评价历史的能力

纵观上海近三年的高考试卷，每年综合题都考查了学生对历史时空观的运用（见表1）。如2016年历史等级考第40题。题干给出了三则关于郑和下西洋与哥伦布开辟新航路的材料，要求学生根据材料和所学知识，回答"如何看待中西方在对待外部世界和处理文化差异方面的不同模式？"。这一问题隐含的信息是：郑和与哥伦布分别代表了中国与西方对待外部世界和处理文化差异的不同模式。因此，要回答这一问题必须从两位航海家所处的不同时空背景进行分析。从当时来看，哥伦布开辟新航路正值西方资本原始积累时期，因此西方的做法是为加速资本原始积累（时代需求），但客观上改变了当时欧洲与美洲分散孤立的状态，加强了各大陆之间的联系。而郑和下西洋其实是秉承了中国古代朝贡贸易厚往薄来的传统，郑和船队的远航活动没有使中国得到西方类似的收益。从全球化发展的历程来看，西方的殖民扩张破坏了世界文化的多样性发展。中国的做法提供了不同文明和谐相处、兼容并包的榜样，也为当今世界新秩序的构建提供了新思路。

二、培养学生历史时空观的教学策略

1.巧用时间轴，培养历史时序感

历史时间轴是按照一定的时序，整理一定时空下发生的历史事件，通过在数轴上标明相应的史实来构建历史时序的一种方法。一般而言，历史时间轴应包括一个主题和三个基本要素：数轴＋时间＋历史事件。教师可以要求学生创作个性化的时间轴，也可给出部分时间年份或历史事件，进而要求学生补充完整，还可采用在时间轴的上下方呈现相应的图片，学生依据图片写出事件名称的方式（如下图）。

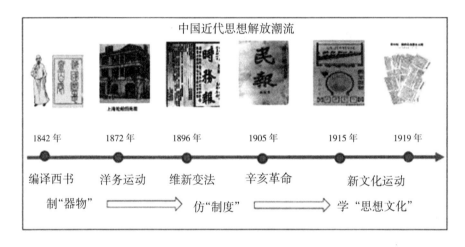

上图时间轴以中国近代思想解放潮流为主题（线索），通过图文并茂的方式梳理了中国近代向西方学习的三个阶段，强化了学生的历史时序意识。在学生完成时间轴的基础上，教师还可设置相应的思考题，加深学生对历史脉络的理解。如针对上图，可设问：近代先进的中国人向西方学习，探索救国真理呈现出怎样的特征？

2.自制历史地图，强化历史空间感

"左图右史""索象于图，索理于书"是古今学者治史的重要方法。历史地图是历史教学常用的教具资源，它不仅可以反映人们在不同时期的活动空间及自然环境，而且还能通过综合比较展示历史发展的动态变迁。如教师在完成中国古代史的教学后，可引导学生比较阅读秦、汉、唐、宋、元、明、清等各朝的历史地图，从而发现不同时期中国疆域面积和行政区划的变化。

阅读不同时期不同区域的历史地图能够强化学生对历史空间的再认，但是学生在学习历史的过程中往往需要在头脑中再现历史事件的空间和自然地理环境。引导学生自制历史地图就是一种很好的强化历史空间感的学习方法。如上海市复兴高级中学通过举办手绘历史地图大赛，要求学生绘制反映世界古代文明区域的历史地图。再如我校历史教师在教授完中国近代史后，给学生们提供一份空白中国省份地图，要求学生完成对空白地图的补充。

实践表明，自制历史地图不仅能激发学生的学习兴趣，积累个性化的学习工具，而且还能通过"以图联史"强化学生的空间感。学生在绘制历史地图后，教师还可设置相应的思考题。如针对图1可设问：分析不同区域文明形成的原因及其差异。以此引导学生思考自然地理环境与区域文明产生之间的关系。针对图2可设问：有人说"中国历史，两千年看西安，五百年看北京，一百年看上海"。你是否赞同这种观点？请说明你的理由。从而引导学生从西安和上海的地理位置、自然环境和社会环境等角度分析它们在中国历史上的地位。

3. 厘清概念，掌握常用的历史时空表达方式

每门学科都有各自特定的专业术语和概念。培养学生的历史时空观，还需引导学生用准确的时空术语和概念来描述历史。首先，教师要引导学生掌握常用的纪年方法以及不同纪年方式之间的换算（见表2）。

表2 常用的纪年表达方式

纪年法	表达方式举例
公元纪年法	公元，又称西历或西元。它以耶稣诞生之年作为纪年的开始。表达方式分两类：其一是精确时间的表达，如公元前202年；其二是模糊时间的表达，如19世纪60年代。
年号纪年法	年号是我国古代帝王用来纪年的名号。年号纪年始自汉武帝，自汉武帝建元元年（公元前140年）开始，历代帝王都用年号纪年。如明朝万历十五年，是明万历皇帝（明神宗朱翊钧）登基第15年，即公元1587年。
国号纪年法	常用的是民国纪年法。中华民国建立于1912年，是为民国元年。据此推算民国十五年则为1926年。
干支纪年法	甲午战争（1894年）、辛丑条约（1901年）、辛亥革命（1911年）

其次，教师还应引导学生了解常用的历史分期以及历史学家表达特定历

史现象（事件）的时间术语。常用的中国古代史分期有：先秦时期、秦汉时期、魏晋南北朝时期、隋唐时期、宋元时期、明清时期等。中国近代史分期有：半殖民地半封建社会时期；旧民主主义革命时期和新民主主义革命时期等。常用于表达特定历史现象（或概念）的时间术语有：大危机（大萧条）时代；（中国近代）民族资本主义进一步发展时期；沙俄—俄国—苏俄—苏联—俄国；美苏冷战等等。

关于历史空间的表达方式，需特别关注两点：其一，同一地理空间在不同历史时期有不同的表达方式。如我国宝岛台湾在不同时期就有不同的称呼（见表3）。其二，部分历史地理名词的含义不仅局限于地理内涵，还有历史政治内涵。如"西方"一词，它并非仅指地处西半球的国家，而是指西方意识形态占主流的国家。因此，我们一般认为日本与美国都是西方国家。

表3　我国古代不同时期台湾岛名称的变革

时期	春秋战国	秦朝	三国时期	隋至元	明朝中期后	清朝
名称	岛夷	瀛洲	夷洲	流求	"鸡笼"（民间）"东番"（官方）	台湾

4. 抓大放小，把握历史发展的阶段特征

再认或再现历史事件发生时空坐标是进行历史解释、理解和评价的基础，但并非学习历史的终极目的。因此，中学历史课程标准和教学基本要求要求学生记忆在人类历史进程中具有重大历史意义的历史事件或现象，而非细碎的历史时间和空间。历史高考和学业水平考也都淡化了对微观历史事件的考查，重点考查学生对历史发展的基本脉络和各阶段历史主要特征的掌握。因此，教师在完成某一长时段的历史教学后，应及时引导学生归纳这段历史时期的历史发展脉络以及各阶段的特征。如教师在完成中国古代各朝代的教学后，可引导学生制作或填充如下表格①：

---

① 改编自2011年上海市学业水平考试试卷非选择题部分第三题。

表 4　中国古代各时期与其特征

时期	特征
西周	以礼制为命脉的王朝
春秋战国（东周）	争霸与变革的激荡时期
秦朝	开拓中的大一统帝国
唐朝	开放与繁荣的盛世
两宋	重文轻武的积弱时代
元朝	地方行政制度的大变革时期
明朝	极端强化的皇权社会
清朝	中国由盛转衰的时代

5. 打通古今中外，在联系比较中培养时空观

培养学生的历史时空观念不能仅停留于掌握历史事件发生或历史现象出现的时空坐标点，还要培养学生分析评价位于同一空间但不同时期或同一时期但不同空间的历史事物。如上述的 2016 年历史等级考第 40 题即是考查学生的这一能力。

自新航路开辟以来，人类历史开始了整体化的历程，世界由分散走向联系。各国的历史发展中总会或多或少受外来因素的影响，中国近代历史更是如此。因此"研究中国史而能注意到外国的背景，研究外国史而能注意到本国的背景，那才是合理的办法。"[1]，如讲述鸦片战争爆发的背景，不可不联系英国工业革命等史实，探究鸦片战争战败的原因不可不综合比较 18 时期以来中西方政治、经济、外交等社会各方面的不同。再如 1929—1933 年资本主义世界经济危机对德、日、美三国不同影响的比较：经济危机之所以会对三个国家产生不同的影响，原因在于三国的地理环境、经济水平和历史传统不同。德国和日本在现代化进程中保留了军国主义传统，其民主程度远不如美国。德国在一战中被宰割，经济危机进一步恶化其国内的经济形势，而日本领土狭小，资源匮乏，对外侵略扩张是其既定政策。因此，三国应对经济危机的途径也就不尽相同，美国通过罗斯福新政调整资本主义机制，摆脱经济危机，德日走上法西斯道路，意图通过侵略战争来摆脱危机。

随着中学历史课程标准对历史时空核心素养目标层次的细化，历史高考

---

[1]　何炳松．何炳松文集：第五卷 [M]．北京：商务印书馆，1997：235-236.

也必将加强对历史时空观的考查，如何培养学生的时空观已成为历史教师必须研究的课题。本文在分析上海历史高考对时空观考查的基础上，将自己在教学中的一点实践经验总结反思撰写成文，以期抛砖引玉，求教于方家。

参考文献：

[1] 教育部基础教育课程教材专家工作委员会普通高中课程标准修订组.普通高中历史课程标准[M].北京：人民教育出版社，2017.

[2] 上海市教育委员会教学研究室.上海市高中历史学科教学基本要求[M].上海：华东师范大学出版社，2016.

[3] 何炳松.何炳松文集：第五卷[M].北京：商务印书馆，1997：235-236.

让"和"文化在班级家园中高高飘扬[①]

尹鹏

不少班主任接手带建一个新班级时，常常会有如下一段告白："各位同学能走到一起，这是一种缘分；能为新建的班级——我们的家园贡献个人的力量，这是一种荣耀；能看到我们的家园和乐昌盛，这是一种幸福；因此，建设美满家园关乎你、我、他！"那么，作为班级家园建设的组织者和引导者的班主任应该怎样治"家"呢？

孟子说过："天时不如地利，地利不如人和"。《论语·学而》曰："礼之用，和为贵；先王之道，斯为美。小大由之。有所不行；知和而和，不以礼节之，亦不可行也。"俗语云："家和万事兴"。可见，治"家"之道"和"为贵。

现代中学生崇尚科学、民主、公正、平等，现代班级的运作围绕这一目标需要营造一种"和"的氛围，班主任应该心存"和"的观念，秉持"和"的行为。"和"现代汉语词典释义为：平和、和缓；和谐、和睦。因此，这里的"和"，主要指班主任心胸开阔心态平和，班级活动有序，人际关系和谐。

一、班主任与学生间的"和"——班级家园建设的骨架

班主任与学生间的"和"是班级家园建设的骨架，骨架不立家园无以成型。班主任与学生间的"和"是班级家园建设的必要元素，也是学生与学生间的"和"的榜样和模型。现代教育理论要求教育工作者在教书育人中必须树立以学生为中心的观念，班主任要正确处理好与班级学生的关系，尊重学

[①] 尹鹏，长沙雅礼实验中学高级教师，曾为本人指导过的青年教师。

生，将自己置身在班级集体之中，成为集体中的一员，与学生平等相处。只有这样，班主任才能创造出一种良好的、和谐的、积极向上的班级氛围。那么，班主任怎样做能实现与学生间的"和"呢？

首先要多改变自己，少埋怨学生。现在，极少部分老师大呼所谓"问题生"为"学渣"等不雅称号，而一些学生也给不喜欢的老师起绰号，造成了师生关系紧张对抗，最终双方面都受到了伤害。其实，一个人从降生那天起，便会不断犯错，可以说错误与真理相伴，错误与人生同行。成长中的学生更是如此，很多时候，我们会感到学生的所作所为与我们的期望相差十万八千里，于是我们埋怨、责怪学生。其实，距离的产生是因为我们站得高，离学生太远。埋怨的结果是学生越来越难教，自己的脾气也变得越来越糟糕。魏书生说过："埋怨环境不好，常常是我们不好；埋怨别人太狭隘，常常是我们自己还不豁达；埋怨学生难教育，常常是我们方法少。"因此，我们要胸怀开阔，做一名豁达的教师；我们要笑对人生，做一名乐观幽默的教师；我们要放下架子，走进学生群体；我们要一切从零开始，甘当小学生；我们要和学生相互学习，共同成长；我们要适应学生，做学生喜闻乐见的事；我们要善于学习，不断丰富并提高自己。

再次要多蹲下来看学生，沟通从心开始。蹲下来看学生，我们就和学生一般高，就容易走进学生，理解学生，与学生融为一体。蹲下来看学生，学生感受到的是尊重。只有真诚爱护关心学生的老师，学生也乐于学习他、模仿他，愿意听他的教诲。特级教师李镇西曾说过："我以真心换童心"，可见，沟通从"心"开始，沟通用"心"为之。只有以心换心，师生间才能真诚理解；只有以心换心，老师才能用激情鼓舞学生；只有以心换心，老师才能用热情激励学生；只有以心换心，老师才能用真情鞭策学生；只有以心换心，老师才能用亲情感化学生。同时老师要经常换位思考，将自己设想成学生身临其境，感同身受，这样我们就能体会到学生的滋味，当学生犯错时我们的心中才会少一分怒气与责备，多一分宽容与爱护。如平常，我找学生谈话，即便是学生犯错了，我也会让学生坐下和老师平视而谈；谈话中我更多的是听学生诉说，做好一名全神贯注的听众；学生诉说后我才中肯的指出不足并充分肯定优点，让学生听着舒服、记在心里、愿意真正改进。教育学生时我不是让学生怎样、不让学生怎样，而是站在学生真善美思想角度提出我们需要怎样、我们怎么做能更好。这样，学生感觉老师不是训斥他，而是真心帮助他，学生也乐于改进。

最后要多给学生期待，不断激励学生上进。每一个学生都具有自己的智力优势和发展才能的方向。在智力上教师应因材施教，在精神上应多给学生一些鼓励、多一些期待，神奇的皮格马利效应就是例证。有人说："缺点是营养不足的优点"，所以班主任要通过仔细观察，千方百计寻找学生的闪光点，进而大力宣传、表扬，从而达到使学生树信心、立壮志，彻底转化的目的。如过去我带的班，有一个叫林某的学生思想涣散、行为习惯极差，表现为军训集合拖拉、训练不到位、动作不协调、队列看不齐、站队歪歪扭扭，班级卫生不参加，内务整理不合要求。我找他谈话后发现他从内心里渴望改变自我形象，比较听老师的话，我抓住他的这一闪光点，充分肯定他的上进心，分析形成现状的原因，制定改进办法。分层次秩序地让他尽量逐个改正缺点，我常给他讲"你每天如能消灭一个缺点，则一月就能消灭三十个缺点，如此坚持你定能成为完人、圣人"，听后他会心地笑了。之后，在日常管理中，我选择适当难度的任务交给他做，让他体验到成功的快乐，不断提高自信心；周评时及时表扬进步，强化他的自豪感。半学期下来他像变了一个人，让他自己都感到惊讶，原来自己也是优秀的，让他的家长欣喜万分，孩子进步如此之大。

二、学生与学生间的"和"——班级家园建设的血肉

班"和"万事兴，班"和"战斗力强。班级，学生生活于斯、学习于斯、成长于斯、变化于斯。在其中时，学生关心她、爱护她，为她吃苦、为她奋斗，为她欢笑、为她哭泣；离开时，学生留恋她、回忆她、想念她。班级是一个大家园，同学们如兄弟姐妹般互相关心着、帮助着，互相鼓舞着、照顾着，学生间深情厚谊就是这样成长起来的。因此，在班级中学生应相互尊重、理解、帮助、关怀、爱护、谅解，即追求学生与学生间的"和"，这是班级家园建设的血肉。只有学生血肉相连了，友谊才能天长地久，学生对班集体就会魂牵梦绕。学生与学生要"和"应做好如下两点：

尊人者，人尊之。每位生活在班级家园里的学生都有强烈的发自心底的

需要：别人的尊重、理解、关怀、帮助、信任，偶然犯错误时别人的原谅，从对别人的尊重帮助中获得人生的快乐，从和别人融洽和谐的相处中感受人生的自豪与幸福。这必须要求学生从自己做起，从小处做起，对别人输出尊重的信息，要千方百计地变为自己的行动。一旦用这个思想统帅起来，这个集体就会产生极大的凝聚力，每个生活在这个集体中的人都会感到幸福、自豪，从而发挥出巨大的潜力，取得意想不到的好成绩。牢记：人心与人心之间的等量交换定律，"己所不欲，勿施于人；己所意欲，尽施于人"，尊人者，人尊之。如开学初，我就要求学生语言文明，不要出口成"脏"，也不要祸从口出，因为说者无意听者有心，俗话说："好语三言暖一春，恶语一句寒三冬"。到目前，学生间从来没有因为言语冲突发生过摩擦。又如前不久我班某女生在寝室丢失了东西，她基本锁定了偷拿对象。在她向我反映情况时，我给出三点建议：一是人人都可能犯错，我们应该给机会让人改正，我们的目的不是惩罚人而是教育帮助人；二是一个集体中同学们间就是兄弟姐妹，即使某人有错，我们应该是理解、谅解她；三是当你给人留颜面和退路时，别人从内心里一定会感激你，今后你犯错时，别人也会给你留退路。之后，我找被锁定的偷拿对象谈话也指出三点：一是人犯错不要紧，犯错能改善莫大焉；二是同学没有向教育处反映情况是希望内部事务内部解决；三是同学在寝室说过谁不小心拿了她的物品请还回原处，给了台阶，望你能顺阶而下，老师相信你能处理好这样的事。结果，两位同学不伤和气的妥善解决了这一可能激发学生矛盾和斗争的事件。

多互助，勇挑担。学生生活在班级家园中，人与人是相互联系、相互影响的，自己的一举一动都可能对他人产生直接的或间接的影响。要学生牢记不要将自己的快乐建在别人的痛苦之上，要让别人感到因为我的存在而幸福。平时学习和生活中要多互相帮助，如排座我一般是先按高矮初排，再按视力好坏微调，这些调整都得经过前后左右四个同学的同意方能进行，同学之间也很友善，能自觉地发扬风格，互相关心和帮助；又如每次考试后，学习委员根据考试成绩做好学习互助组的分派，互助组的成员能真正发挥作用，学习能互相讨论、互相监督，共同提高。人的能力强是工作多逼出来的，铁肩膀是担子压出来的，一个人越是为集体做的实事多，个人潜能越能得到发挥，个人的能力增长也越快，个人的才智越广。为此，在开学初，学生通过经过民主公平竞选演讲，形成了班委成员，建立了一支班干部队伍，成为班集体的核心和凝聚班集体的纽带。此外，为了消除班级管理的局限性，广泛调动全体学生参与班级管理，我重在培养学生的责任感，通过学生展示自己，表现自己，激发学生的主动参与意识，自我管理能力。引导学生认识到班级是我家，建设有赖于你、我、他，增强学生班集体的主人翁意识，使他们形成责任感，让他们具有为班集体负责的权利和意识。目前，许多学生能挑担子，管理班级事务，班级建设走上了良性轨道。

在我十多年的教学生涯中，我没有看到一个老师与学生不"和"的班级是优秀集体。因此，作为班主任应该心存"和"的观念，秉持"和"的行为，放下架子走到学生中间，走下讲台站到学生课桌前，走出办公室来到学生宿舍，与学生真诚交流；作为学生应该心存"和"的思想，高举"和"的做法，走进学生群体真情相拥，走到老师身边坦诚相待。这样，我们的班级家园就一定会由"和"而"活"了。

《经济体制改革》教学设计 [①]

周杨红

【教学目标】

1. 知识与能力：

（1）通过本课学习，知道我国经济体制改革从农村开始，了解家庭联产承包责任制的主要内容，了解生产关系一定要适应生产力发展需要的基本原则。

（1）知道城市经济体制改革的主要内容。

（3）理解社会主义市场经济体制等概念。

（4）初步学会在具体历史条件下分析历史问题，认识改革的伟大意义。

2. 过程与方法：

（1）以学生喜闻乐见的相声方式导入课堂，从改革开放40年来身边衣食住行入手，让学生切实感受到改革开放带来的日新月异的变化，从而激发学生对祖国富强的自豪感。

（2）以中国梦为主线，以农村改革圆农民梦、城市经济体制改革圆工人梦、社会主义市场经济体制圆中国梦三大史实为载体，从大历史观的角度诠释改革开放是实现中国梦的必由之路。

（3）通过"十九大直通车"将十九大关于农村改革、城市经济体制改革、社会主义市场经济体制最新精神融入相关历史教学中，让学生理解不断深化改革的必要性。

（4）通过材料分析法和合作探究法，培养学生合作学习能力和论从史出、史论结合的历史学习方法。

---

① 周杨红，长沙南雅中学教师，曾为本人指导过的青年教师。

（5）通过"改革浪潮中的湖南"补充有关湖南乡镇企业的发展、友阿集团等国有企业改革的地方史料，从学生身边的现实走进历史，增强对本课的感性认识，激发学习兴趣。

3.情感态度价值观：

（1）从历史的角度了解我国的具体国情，认识改革的必要性与重要性。

（2）我们要不断深化改革，适应时代要求，推动经济发展，承担起实现中华民族伟大复兴的伟大使命，认识到改革开放是实现中国梦的必由之路。

【教学重点】

农村和城市经济体制改革；社会主义市场经济体制。

【教学难点】

家庭联产承包责任制的含义；农村及城市改革的必要性。

【板书设计】

第8课 经济体制改革

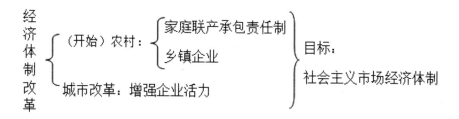

【教学过程】

第一环节 导入新课

播放学生自拍自导自演的相声视频：《今非昔比》

甲：啊！一眨眼改革开放四十年啦！啊！再眨眼……

乙：停。一眨眼就是四十年，别眨眼了，再眨眼，我就要上天入地了。

甲：我是说时间过得真快，改革开放都四十年了！

乙：是啊，改革开放都四十年了，我们祖国发生了天翻地覆的变化，人们的生活更是今非昔比，蒸蒸日上！

甲：我是感慨万千，千万个感慨啊！

乙：那你就感慨一下，说一说这四十年来的变化，怎么个今非昔比法。

甲：万语千言，千言万语，从何说起呢？

乙：嗯，这样，就从衣、食、住、行这方面说起。

甲：好，先说一说"衣"。那时人们穿衣服，就是"衣"的本意，是为了保暖防寒。有这一种说法叫，新老大，旧老二，翻个面儿是老三，缝缝补补是老四。一年到头只能在过年的时候穿上一件新衣裳。

乙：瞧我们现在，多数人是一天一套不重样，衣服比时装模特还换得勤。

甲：现在说"食"，民以食为天。那时候是有啥吃啥，吃饱就行。

乙：现在是想吃啥有啥吃。

甲：没错，那个年代，买个米要凭粮票，买个油凭油票。

乙：我没听错吧？邮票可以买油。

甲：哪跟哪呀？我说的是三点水的油，炒菜的油，在计划经济、物资匮乏的年代，有钱也买不到东西，还得有指标，按人口分的粮票、油票就是指标。

乙：现在是产品超级丰富，就说这超市吧，要啥有啥，不要钱，随便拿。

甲：哎，哎，不要钱？有这样的好事？

乙：我有支付宝、我刷微信，你管得着嘛！

甲：衣、食、住、行。现在来说"住"，以前我爸爸全家六口人，六口之家才住二十多个平方房子。

乙：这也是人住的地方？

甲：你爸才不是人呢？怎么说话的呀？

乙：不好意思，更正更正，这怎么住人啊？（小声嘀咕"住得照样不是人"偷笑）

甲：那是东大床，西小床，床连着床，床靠着床。大床上面放小床。

乙：现在的住房真是今非昔比啊！我们三口之家，住一百四十多平方米的房子。四室、二厅、二卫，那叫个宽敞明亮啊！不过跟你家大别墅还是没法比。

甲：最后说一说这"行"。现代的交通是太好了，四通八达的高速公路，开着我们的私家车。你说你要到哪去吧？说。

乙：到海南岛旅游！

甲：嗖！到了，到海南岛了。

乙：嘿，这么快！那我要到南极去？

甲：那就，嗖，嗖，嗖！到南极了。

乙：啊！原来搜搜搜，是网上搜索啊！

设计缘由：以学生喜闻乐见的相声方式导入课堂，让课堂更生动更活泼，从而激发学生强烈的学习动力和兴趣。从改革开放40年来身边衣食住行入手，让学生切实感受到改革开放带来的日新月异的变化，从而激发学生对祖国富强的自豪感。

第二环节　概念解读

经济体制改革：在坚持社会主义制度的前提下，（内容）改革生产关系中不适应生产力发展的一系列环节，（目的）解放和发展生产力。

设计缘由：在理解历史概念的基础上，认识到经济体制改革的原因是原有的生产关系中出现了不适应生产力的环节，为学生理解计划经济体制的弊端，及农村、城市经济体制改革的必然性做好铺垫。

第三环节　探究新课

创设情景：中国梦归根到底是人民的梦，小岗村农民张三田、长沙友谊商店工人周建国的梦想分别是什么？

设计缘由：以中国梦为主线，以农村改革圆农民梦、城市经济体制改革圆工人梦、社会主义市场经济体制圆中国梦三大史实为载体，从大历史观的角度诠释改革开放是实现中国梦的必由之路。

第一篇章：农村改革圆农民梦

（一）家庭联产承包责任制圆农民温饱梦——穷思变，变则通。

1. 改革前的农村——穷

出示材料：

材料一：小岗村是远近闻名的"三靠村"："吃粮靠返销，用钱靠救济、生产靠贷款"。每年秋收后几乎家家外出讨饭……

　　　　　　　　　　　　　　　　——《小岗村的故事》

材料二：小岗村的土地并不是不长粮，关键是体制限制了人们的积极性。

结合材料一，改革为什么从农村开始？

——农民连温饱问题都不能解决。

请学生们试用一个字概况材料一中改革前小岗村农民的生活状况——穷，并进一步追问：导致当时中国农村贫困落后的主要原因是什么？

引导学生分析材料二中的"体制"指的是当时农村怎样的生产关系？从而得出当时农村落后的主要原因是人民公社体制下农民没有积极性，让学生回顾人民公社体制的特点思考，为什么在人民公社体制下农民缺乏积极性。一方面统一经营，农民缺少生产自主权，另一方面统一分配，吃"大锅饭"，教师通过示意图帮助学生深入理解人民公社的生产关系是怎样导致农民生产积极性低下，从而导致农村贫困落后。由此引出小岗村农民张三田的梦想是提高大家伙的积极性，增加粮食产量，实现温饱梦。

出谋划策、对症下药：怎样才能提高农民的积极性？通过这一问题的设置，让学生认识分田到户的必然性。

设计缘由：通过材料及两个问题的设置，层层推进，使学生充分认识农村改革的必然性，培养学生的唯物史观和史料实证素养。

2. 穷思变

出示"小岗村包干保证书"的图片及"告别饥饿宣言书"，请学生从中指出小岗村的18户农民为了解决生存问题做出了怎样的决定，进而引出"包产到户，自负盈亏"的概念。

教师通过示意图的形式帮助学生理解家庭联产承包责任制的含义，强调在生产资料公有制不变的前提下，改变了农村的经营方式和分配方式，与之前的经济体制改革的概念前后呼应，"包产到户"使农民有了自主权，"自负盈亏"解决了吃"大锅饭"的问题，从而调动农民积极性，解放农村生产力，再次与之前讲述的有关改革的目的前后呼应。

设计缘由：简要讲述小岗村的改革历程，突出强调小岗村改革的艰难性和曲折性。运用示意图帮助学生直观理解家庭联产承包责任制这一概念，突破难点。

3. 变则通

出示小岗村在"包产到户，自负盈亏"后粮食总产量的变化，让学生感受家庭联产承包责任制给小岗村带来的巨大变化。

提问，这说明家庭联产承包责任制起到了怎样的作用？

生：家庭联产承包责任制的实行，激发了农民的劳动热情，带来农村生产力的大解放，农业生产和农民收入均有很大提高。

创设情景：农民张三田的温饱梦实现了，可离小康生活还有着很大距离呢。"听说江苏省有个华西村通过创办乡镇企业，创造了中国农村的奇迹，我们要去那里取经。"

（二）乡镇企业异军突起——圆农民致富梦

创设情景：张三田看到华西村通过创办乡镇企业而创造的农村奇迹，回到小岗村后，组织村民办起了服装厂，之后村里的乡镇企业异军突起。

提问：你知道哪些乡镇企业？通过学生列举出生活中熟悉的乡镇企业，说明乡镇企业的异军突起给农村致富和实现现代化开辟了新路。

改革浪潮中的湖南：出示湖南知名乡镇企业的图片，让学生感受改革开放的成果就在身边。

设计缘由：通过"改革浪潮中的湖南"补充有关湖南乡镇企业的发展的地方史料，从学生身边的现实走进历史，增强对本课的感性认识，激发学习兴趣。

归纳探究一：新中国成立后我国农村生产关系发生了哪些变化？在制定农村政策时，应该注意什么？

设计缘由：培养学生历史学科核心素养，引导学生用历史唯物主义观点分析问题，理解生产力决定生产关系，生产关系反作用于生产力。

"直通十九大"：将十九大关于农村改革最新精神融入相关历史教学中，让学生理解不断深化改革的必要性。

过渡：农村改革的春风从小岗村吹遍了全国，取得了显著的成果，也为城市改革提供了经验和条件，推动了城市的经济体制改革的浪潮，1984年中共中央通过了《中共中央关于经济体制改革的决定》，要求加快城市经济体制改革步伐。随后城市改革全面开展。接下来让我们一起进入第二篇章——城市改革圆工人梦。

第二篇章：城市改革圆工人梦

出示材料：湖南友谊阿波罗商业有限公司前身是两家国有商业企业：友谊商店和阿波罗商业城。在计划经济体制下友谊商店全由国家安排，受益也归国家，企业没有自主权、企业管理混乱，工人每个月领着固定工资，劳动纪律一团糟，到1989年连工资都发不出来，濒临倒闭．

把脉问诊：计划经济体制下友谊商店存在什么弊端？

引导学生从生产关系的主要表现形式所有制、管理方式、分配方式方面，结合材料进行分析。并结合案例进一步追问单一的所有制、管理方式上的政企不分、平均分配分别又会产生怎样的问题？学生回答后，教师以图示的形式进行归纳，展示，以长沙友谊商店的个案，认识到城市经济体制改革的必要性。

设计缘由：通过材料分析，培养学生的史料实证素养。通过引导学生从生产关系的各主要表现形式分析计划经济体制的弊端，培养学生严密的历史逻辑思维能力。

创设情景：长沙友谊商店工人工人周建国的梦想：企业能摆脱困境，做大做强。

出谋划策，对症下药：引导学生针对计划经济体制下的三个主要问题思考探究解决的方法，总结城市经济体制改革在所有制、管理方式、分配方式方面重要举措。

改革浪潮中的湖南：以改革前后的湖南友谊阿波罗商业有限公司不同经营状况形成鲜明对比，由此说明城市经济体制改革带来的巨大成果。

设计缘由：湖南友谊阿波罗商业有限公司是长沙市民最为熟悉的商场之一，而在国有企业改革中长沙市更是首创"两个置换"。以学生身边最为熟悉的案例更能让学生深刻地感受到经济体制改革的巨大成果，感受湖南在改革浪潮中"敢为人先"的精神。从而由衷地认识到"唯改革者进，唯创新者强，唯改革创新者胜"。更好的继承和发扬"敢为人先"的湖湘精神。

出示材料：

设问：根据下列材料分析我国经济体制改革的作用。

生：解放了生产力，推动了国民经济迅速发展。

过渡：农村和城市改革都通过改变原有计划经济体制下的弊端，推动了我国国民经济的迅速腾飞，那么我国经济体制改革的目标究竟何在呢？

第三篇章：社会主义市场经济体制圆中国梦

出示材料：

材料一　计划多一点还是市场多一点，不是社会主义与资本主义的本质区别。计划经济不等于社会主义，资本主义也有计划；市场经济不等于资本主义，社会主义也有市场。

——1992年邓小平南巡讲话

材料二　社会主义市场经济体制是同社会主义基本制度结合在一起的，建立社会主义市场经济体制，就是要使市场在国家宏观调控下对资源配置起基础性作用。

提问：

（1）根据材料一，新时期我国对计划和市场的关系有了怎样新的认识？

（2）基于这种新的认识，我国明确提出经济体制改革的目标是什么？这一目标是在什么时候，哪一次会议中明确提出的？

（3）根据材料二，建立社会主义市场经济体制的关键是什么？

设计缘由：通过对两则材料的分析，认识到在对计划和市场关系有了突破性的认识的基础上，我国提出了经济体制改革的目标，由此掌握社会主义市场经济体制的目标在我国提出的过程，并理解社会主义市场经济体制的含义。培养学生史料实证、历史解释等历史学科核心素养。

指导学生阅读教材P41，结合生活中的案例，理解社会主义市场经济体制对我国经济发展的重大意义，比如当下多地政府出台住房限购令、提高二套房首付比例等等措施，都是国家对市场进行宏观调控的表现，是市场与计划结合的表现，有利于实现经济的协调发展和稳定高速增长。

设计缘由：社会主义市场经济这一抽象的历史概念，对于缺少该方面知识储备的初二学生来说是较难理解的，结合生活中的案例，便能化抽象为具体，在此基础上更便于学生理解社会主义市场经济体制的重大意义，也让课堂更贴近学生的生活，激发学生的学习兴趣。

"直通十九大"：将十九大关于"坚持社会主义市场经济改革方向""加快完善社会主义市场经济体制"精神融入历史课堂，让学生认识到坚持社会主义市场经济改革方向的重大意义。

第三环节　深化主题

播放视频：改革，勇闯深水区

归纳探究二：观看视频，中国改革站已在新起点，他将面临哪些新问题？我们将如何抉择？

让学生深刻认识到"改革，由问题倒逼而产生，又在不断解决问题中而深化"，从而树立起"全面深化改革，将改革进行到底！"坚定决心和信念。

第四环节　课堂总结

教师引导学生完成知识梳理图。

第五环节：研究性学习作业

改革开放40年长沙的变化（以小论文和研究性学习的形式呈现，内容可以涉及社会的方方面面，如农业、工业、科技、教育、建筑、文博、交通等）

【教学反思】

1. 课堂特色：

（1）以学生喜闻乐见的相声方式导入课堂，从改革开放40年来身边衣食住行入手，让学生切实感受到改革开放带来的日新月异的变化，从而激发学生对祖国富强的自豪感。

（2）以中国梦为主线，以农村改革圆农民梦、城市经济体制改革圆工人梦、社会主义市场经济体制圆中国梦三大史实为载体，从大历史观的角度诠释改革开放是实现中国梦的必由之路，教学主题立意高远而鲜明。

（3）整堂课以情景创设贯穿始终，课堂更显生动，让学生更好地掌握整堂课的脉络、线索。

（4）通过"十九大直通车"将十九大关于农村改革、城市经济体制改革、社会主义市场经济体制最新精神融入相关历史教学中，让学生理解不断深化改革的必要性。

（5）通过"改革浪潮中的湖南"补充有关湖南乡镇企业的发展、突出友阿集团等国有企业改革的地方史史料，从学生身边的现实走进历史，增强对本课的感性认识，激发学习兴趣。

（6）通过材料分析法，培养论从史出、史料实证的历史学科核心素养。通过对"经济体制改革"这一核心概念的阐释，让学生深刻理解改革的必然性，经济体制改革该从哪些方面去着手改，在理解理解概念的基础上，打开解决历史问题的思维。

2.有待改进之处：

因目前网络上、书刊上对于湖南经济体制改革的研究资料并不多。导致本堂课对地方史材料挖掘不够深入。

附二：05

| 他人评说 |

任何人都是一种社会人，受人褒贬是人生的组成部分。正像俗话所说：谁人背后无人说，哪个人前不说人。我们既无须因他人的褒贬臧否而畏缩不前，但也不要对他人的褒贬臧否置之不理，所谓"旁观者清，当局者迷"。

　　面对他人的褒贬，我们应该勇敢的否定自己的过去。因为，我们以前不论是失败还是成功，但都已成为过去。我们既不要沉浸在曾经的荣耀中，也不要活在过去失败的阴影中。我们最需要做的，就是豁达的面对自己的得失，静下心来反省自己，修正错误，坚持真理，不断完善自己，要似小溪，谦逊、坦然、顽强地前行。

　　面对他人的褒赞，我们不要沾沾自喜，不要为那小小的成绩冲昏了头脑，踌躇满志，丧失继续前行的动力。也许，我们并没有他人所说的那样美好，也担当不起那样的赞誉。我们一定要正确地认识自己，既要看到自己的长处，也要看到自己的不足；既不要以己之长比他人之短，也不要迷失自我而盲目跟风；不要放弃自己的追求，去做自己不擅长的事。正确地认识自我，选择最适合自己发展的道路，既是一种智慧，更是一种勇气。你若不疑，人间不寒。你若不离，世界不远。你若不恨，苍天有暖。你若不语，四海升平。人生许多事，你若深入思索，就会越来越清晰，越来越明了；你若自己去做，就会深深体会个中的酸甜苦辣；你若自己去扛，就会渐渐明白其中的分量。

中学教授的第一课，时间这样分配 ①

记者：邹晨璐

用于学生自学、讨论和互动的时间占了三分之二，老师讲解的时间只占三分之一

上课的前几分钟，株洲市四中历史老师汪瀛和往常一样提前来到教室，准备好自己上课要用的材料，并把学生们上课要用到的《导学案》分发下去，随后和学生们聊聊天，直到上课铃打响。

日前，株洲8位中小学老师晋升为教授，汪老师正是其中一位，昨天的开学第一课，他给同学们上了一堂"自学课"。

课堂七八人为一组围坐在一起

"寒假过完了，大家又要开始认真学习了。"简单的"上课、起立、问好"后，汪瀛没有和学生过多地寒暄，简单的一句话，既提醒学生们收心，也拉开了新学期第一节历史课的序幕。

教室里，打破了以前单行单列的座位模式，学生们七八人为一组，围坐在一起。开学第一天，课堂上不免有些"叽叽喳喳"说小话的声音。汪瀛没有喊同学们"安静"下来，只是要求学生们翻开书本，并让学生们根据《导学案》上提的要求来思考问题。

随即，全班都安静下来，教室里只有"簌簌"的翻书声，学生们或写或划，而汪瀛会轻轻地在教室里走动，查看每个学生的看书情况。

约二十分钟后，汪瀛开始对每一组提问，每一组回答问题的同学到黑板的指定区域书写答案。写完后，汪瀛开始一一检查，在检查过程中，汪瀛发

---

① 本文发表于《长株潭报》，2014年2月18日

现了学生存在的普遍错误，比如没有弄懂什么是"生产资料"。这时，汪瀛会结合难点、重点，对重要的内容再进行一次回顾式的讲解。

特色——大部分时间给学生看书自学

一节课，留给学生看书自学和讨论的时间占了约20分钟，接下来是书写答案的时间，老师讲解的时间只有15分钟左右，这样看似教师更轻松了，汪瀛却说，这样对老师要求更高。"以前上课，老师只需要备好课，然后照着自己的教案讲课就行了，现在学生们先自学，老师要在课堂上对学生的学习程度进行掌握，再根据情况教学。"汪瀛说，这要求老师在非常熟练掌握课本知识的同时，需要更加关注学生的学习情况，及时发现和解决学生的疑难问题。

上课时，汪瀛偶尔会有一两个字发音不标准，这时，坐在台下的同学们不免会"嘲笑"一下汪老师的口音，有时候还会跟着学两句，汪瀛不会生气，继续平心静气地讲课，班上的同学们笑着说，听了汪老师一个学期的课，已经习惯了汪老师这样不是很标准的普通话。

"汪老师已经是教授了吗？这么厉害！"汪瀛的学生们还不知道老师已经评上教授的事情，知道后都为老师感到高兴，嚷着要老师请客。

□教授秘笈

不做"老古董"——30年教龄依旧不断创新

"现在教书和以前不一样了，我教了30年书，以前对教学方法也会有创新和改革，但这次是最大的改变。"汪瀛笑着说，现在是要让学生从被动听变成主动学。汪瀛虽然有着多年的教龄，但不是"老古董"，只要是对学生有好处的改革，他都会尽快适应，并且为改革出谋划策，在每次教研会上，汪瀛都会结合自己多年的教学经验提出自己的看法，给年轻的老师们一些好的建议。

汪瀛：在历史课堂寻找"立德树人"的养料 [①]
记者：王昱、王亚

编者按：劳动是从猿转变为人的关键环节，也是一个人成功的必经之路。教师是一群特殊的、富于创造性内涵的劳动者。正是这群劳动者，用他们的言传身教传承着人类的优秀文明；正是这群劳动者，用他们的春风化雨培育着未来的社会精英；也正是这群劳动者，用他们的学高身正影响着世间的万千灵魂。

值此"五一"国际劳动节来临之际，湖南教育新闻网再次推出几位极富个性与人格魅力的"中小学教授"。他们的劳动过程是艺术化的典范，他们的为师之道是广大教师劳动者的模范。希望这些教育领域的劳动模范和先进人物的教育智慧和师德风范，能让广大教育工作者有所启迪，从中汲取职业成长的新动力。

今天与大家见面的是株洲市第四中学的历史特级教师汪瀛。

汪瀛老师和夫人

---

① 湖南教育新闻网，发布时间：[2014-5-2]，网址：http://news.hnjy.com.cn/xwtt/99454.jhtml

他是一名中学历史教师，他还是极少数被"985工程"大学聘为硕士生导师的中学教师，他就是株洲市四中历史特级教师汪瀛。历史和人生，课堂和学生，是他永恒的生活主题和教学主题，他将教学与育人、工作与人生融合到了至臻境界。今日，湖南教育新闻网对其进行专访，为您揭秘他的"历史"人生与"人生"历史。

历史是一门"人学"
学生从中获得的思维方法、启示和教训会影响其一生

记者：您认为历史教育的目的是什么？

汪瀛：历史上的先哲们，对历史的功能有不同的认识或说法，弗兰西斯·培根说："读史使人明智"，司马迁则说："究天人之际，通古今之变"，唐太宗说"以史为镜，可以知兴替"，龚自珍说："灭人之国，必先去其史"。

但他们所说都有一个共同的本质，那就是通过学习感悟历史，启迪我们的人生。历史教育从本质上讲，就是要人们明白我是谁，要人们正确认知和理解自己的过去、现实和未来。

历史教育的目的就是引导学生学会思考历史问题，从中获得有益的启示：要帮助学生理解人的内在精神和外在行为是如何作用于人类社会、文化发展的；要帮助学生学会做人，养成责任心，产生社会归属感；要借助丰富的历史材料锻炼他们理解、分析社会问题的能力，形成正确的人生观、世界观和价值观。

历史史实的记忆，会随着时间的推移而逐渐淡忘，但学生从中获得的思维方法、启示和教训则会影响其一生。

这个问题，如果教师自己没有深刻的认识，那么学生就会更迷茫。如果教师没有自己的历史观，没有弄清楚历史是一门什么样的学科，没有明白应该以什么样的态度看待教材和学生，这样的课堂能给学生有益的启迪吗？可以说，这样的课堂是没有价值的课堂，这样的教师是失败的教师。

历史是现实的镜子

让学生"深入"历史，"走出"历史

记者：如何让学生通过感悟历史，来启迪他们的人生？

汪瀛：要"深入"历史，也要"走出"历史。所谓"深入"历史，就是引导学生对历史事件、历史现象、历史人物做深入细致的观察、分析、研究和探讨；所谓"走出"历史，就是引导学生以史为鉴，吸取经验教训，勇于面对和改造现实，放眼未来，塑造自己的历史。

当代学生思想活跃，关心现实，且有不少疑虑。教师运用历史对学生进行人文素养教育，不能忽略学生思想"热点"和现实社会问题"热点"，把纷繁复杂的历史教育内容归结为一个个简单的结论，而应联系现实，从历史的角度帮助学生释"疑"。

学生若不能运用历史知识、观点看待解释现实生活中的一些问题，学习的欲望就会大大减低，甚至会把历史科学看成"无用"。只有学习那些与学生的实际密切关联、具有典型性与鲜明性的教育素材，才能引起学生的信任、重视与共鸣，从而达到落实情感态度与价值观教育的目的。

因此，教师应密切关注社会上流行的情感态度与价值观的动向，并结合学生的年龄特点，仔细观察、分析学生的思想动向，进而有针对性地去广泛搜集、深入挖掘、妥善处理教育素材。

比如对隋炀帝开凿大运河，我首先会引导学生"深入"：隋炀帝开凿了大运河，有人夸他功不在夏禹治水之下；也有人骂他浪费了大量人力、物力和财力，是一位暴君；还有人说他就是为了到江南游玩。那么，隋炀帝开凿大运河，究竟是好事还是坏事？怎样评价隋炀帝开凿大运河的功过？在学生充分讨论后，我带着学生"走出"历史：今天我们有些地方的政府官员，搞"面子"工程，搞"政绩"工程，如果认真读一读历史，这样的错误是不应该犯的。进而说，真正为中华民族做出过重大贡献的历史人物，如治水的夏禹、修筑都江堰的李冰父子、经营西域的班超、治蜀的诸葛亮等，为后人所景仰，所称颂。

在这里，历史不仅教育了学生怎样思考，还教育了学生怎样做人。在课堂上，我经常对学生说，历史是现实生活的一面镜子，今天的人如果不能从历史中吸取经验教训，就有可能犯同样的错误。历史上，因一些人的物欲膨胀，争权夺利，地球上曾演出了一幕幕反文明的战争、浩劫、动乱等恶剧、丑剧。生活在现代社会中的学生应该明白"人是什么""人应该是什么"，从而抛弃非人性、非理性的东西。今天，经济全球化，世界多元化，同在"地球村"的我们，不仅要遵守共同的经济规则，也要奉行公认的道德观念，尊重世界上不同生活方式的国家和民族传统，允许世界自由、健康、多样化地发展。这就是学会做人，学会做适应人类进步和社会发展所需要的人。

历史充满情感
让学生为历史课"生情""动情"

我们的历史课"缺情"，学生很难为历史"生情"，更不要说"动情"。

教育心理学研究表明，情感是学生认识活动中一种积极的、炽热的内在活力，教学效果很大程度上取决于学生的内在心理状态如何。情绪高昂，则效果倍增；情绪低落，则效果不佳。丰富的人文素养教育史料，只有通过情感的门户，才能进入学生的心灵，达到内化。

有一年全省高中历史教学竞赛课，我是评委之一。这天我已听了 7 节课，很是疲倦，而第八节课是一个帅小伙讲授《美国联邦政府的建立》。

实话相告，作为中学一线历史教师，听《美国联邦政府的建立》已 N 次了，但多大同小异，似乎不足以激起我的听课欲望。更何况我当天早已产生审美疲劳。然而，授课的帅小伙一开篇就吸引了我和众多评委。

授课青年教师有才情，上课情感充盈，引人入胜。他以美国人民争取"自由"为主题，语言抑扬顿挫、声情并茂、生动形象、富有磁性，确实很能吸引学生和听课教师的注意力。充满情感，发自灵魂深处的"不自由，毋宁死！"激起了全体学生和所有听课教师的共鸣，即便课后仍久久萦绕于心。可以说，我当时已很久没有听过这样有"情感"的历史课了。

历史新课程改革以来，评判中学历史教学优劣，人们关注最多的已经不是历史教师的"情感"语言，而是能否彰显出学生的"主体活动"。于是，历史竞赛课，要么是历史教师将历史教科书中的内容文问题化，变成师生依据历史教科书你来我往的问答表演；要么是历史教师将历史教科书中的内容设置为"导学案",让学生自主阅读、交流、质疑、讨论,教师只就学生遇到的某些"难点"作简要点拨完事;要么是历史教师别出心裁设计与指导学生编排出种种"历史活动,或历史短剧、或历史小品、或历史谜语、或历史辩论等等,多在嘻嘻哈哈中师生共同结束相关教学活动。

实事求是地说,这些历史课堂教学设计与课堂教学过程,都在某种程度上展现了我们历史教师的才智,丰富了当今历史课堂教学形式,推进了历史课程与历史课堂教学改革的深入,其功不可没。但由此也引发了一个问题,那就是我们的历史课"缺情",学生很难为历史"生情",更不要说"动情"了。实际上,情感教育是培养学生创造力的教育,它能促进学生潜能的开发;情感教育也是人性化的教育,将会极大增强学生的美感、愉悦感与幸福感,有利于学生个性的和谐发展,是"以人为本"教育思想的体现;情感教育的实施有利于完善学生的品德,促进良好人际关系的建立。正如教育家陶行知所说:"真教育是心心相印的活动,唯独从心里发出来才能打动心灵的深处。"列宁更是一针见血:没有人的情感就从来没有也不可能有人对于真理的追求。

但我们也必须明白,建立在直观的感性认识的基础上的情感,往往是不稳定的,故教师还必须设计一些问题引导学生分析、探索,使学生在感性中所激发的情感,在理性认识中得以稳固、升华为情操。

让学生为历史课动情,教师还可以多吸取生活和家庭史料。我们通常所指的历史是一种大范畴的概念,涉的事件都是对国家、人类社会有重要影响的大事;所论及的人物都是一些对国家、社会和人民有重要影响的个人。事实上任何一个国家或民族的历史都是由千千万万的家庭历史组成的。学习历史不应该仅仅局限在课堂和书本,生活是最好的老师,长辈是最好的老师。比如中国近现代史的内容那么丰富,绝不是两本书可以讲完。而相对于书本的内容和理论,一些长辈动心动情的回忆和各种各样活生生的例子更能打动孩子的心。

汪瀛：走出历史教学的迷雾 ①

记者：王昱、王亚

迷雾一：过分强调理念

记者：您作为"湖南省教育科学中学历史教学研究基地"首席专家，经常会作为一些中学历史教学竞赛的评委之一去听课，长期听课下来，您有些什么建议给青年教师？

现在许多青年教师过分突出新课程的教育理念和方法，忽视了历史学科内容的选择。个别教师在课堂上拓展的内容，甚至远离了课程标准。

例如，《从"师夷长技"到维新变法》是高中新课程历史必修Ⅲ中的一课。课程标准设计必修Ⅲ的目的是"着重反映人类社会思想文化和科学技术领域的发展进程及其重要内容"，旨在让学生"了解中外思想文化发展进程中的重大事件、重要现象及相关人物，进一步从思想文化层面了解人类社会发展的基本特征"。但有的教师把本课上成了"洋务运动和戊戌变法"，着眼点在于历史事件的来龙去脉，并未突出那个阶段思想理论的变化，没有从思想层面反映这一时段的基本特征。实际上，按照课程标准的设计体系，"洋务运动"作为一种历史现象，应属于必修Ⅱ中"鸦片战争后中国经济结构的变动和近代民族工业兴起"的重要内容；"戊戌变法"则应在选修课程"历史上重大改革回眸"中详细理清。

专题体例有专题设计的思路。如果抛开课程标准，到必修Ⅲ时仍重复必修Ⅰ的内容，不能不说是对课程资源的浪费。如何适应专题教学的要求，仍然是刚进入高中新课程地区的大问题。

---

① 湖南教育新闻网，发布时间：[2014-5-2]，网址：http://news.hnjy.com.cn/xwtt/99456.jhtml

迷雾二：过度开发资源

开发和利用课程资源是新课程的重要理念之一。在一次竞赛中，参赛教师大量利用了历史图片、图表、地图、视频和文字材料，可谓五彩纷呈。教师们为了实现课程目标，开发、利用了不同的课程资源，提高了历史教育教学的效果，比如为揭露日本帝国主义侵华罪行，彰显中华儿女英雄抗战的光辉业绩，从历史纪录片或影视剧中剪辑相关视频在课堂上播放；精选典型的历史图片配以相关文字说明或声情并茂地讲解；以全体师生起立、庄严齐唱国歌的形式结束全课，等等，令人热血沸腾。

但是，过于追求开发课程资源也导致另一种倾向，主要表现有二：一是忽视教材这一重要的课程资源，很少引导学生阅读教材；二是过度引用教材之外的课程资源。有教师在上《从"师夷长技"到维新变法》一课时，除大量播放视频资料外，还用了三组文字材料，每组材料下设计了三个以上的问题。这样做的目的是为了让学生区分理解"开眼看世界""中学为体、西学为用"和"维新变法思想"，出发点没有什么不对。

但是，如此设计，学生根本无法完成学习任务。因为，教师所用材料多为文言文，每组材料都在500-1000字之间，学生在有限的时间内，怎能完成如此之多的阅读和思考呢？教师在45分钟内都不可能完成。还有教师在《美国联邦政府的建立》一课中，除要求学生阅读教材外，还提供了教材之外的、约为1200字以上的幻灯片材料。

有开发课程资源的积极性应该肯定，但是要根据教学对象和课堂时间，适度利用教材之外的材料。教师应当有换位思考的意识，从学生学习的角度考虑课堂教学的容量，不能为开发课程资源而不顾实际效果。

迷雾三：过"当"联系现实

追求历史与现实联系必须准确而恰当。新课程改革要求"在内容的选择上，应坚持基础性、时代性，应密切与现实生活和社会发展的联系，关注学生生活，关注学生全面发展"。也就是说，历史教学必须关注现实，必须关注学生生活和学生的健康成长。但历史与现实的联系不能是生搬硬套。教师必须对历史有比较深刻的理解，联系现实才能准确而恰当。

迷雾四：没有掌握好情感的温度

教师需要掌握"情感"的温度，避免模拟历史情境与教学的喜剧化倾向。模拟历史情境是新课程教学中比较时髦的方法之一，目的是引导学生想象当时的历史环境，以增强学生历史意识。学生模拟历史情境必须方法得当，特别要有历史的时空意识，否则就会弄巧成拙。有教师在上《美国联邦政府的建立》时，设计了一道历史情境模拟题："假如你是当时弗吉尼亚州的议员，请对美国1787年宪法进行评价。"教师的本意是要求学生从当时历史条件出发评价1787年宪法。弗吉尼亚州的议员必然代表弗吉尼亚州人的利益，学生仅凭教材如何知道弗吉尼亚州人想要的利益是什么？怎么可能进入角色？

类似的模拟历史情景将历史喜剧化，反映出教师专业知识的浅薄，想当然地进行教学，给学生留下历史可以随意"戏说"的印象。我们应当敬畏历史、尊重历史。不拿历史当回事的民族是没有希望的民族。

迷雾五：没有掌握好语言的适度

要掌握语言的艺术性与语言的历史性。教学语言是一门艺术。教学语言的丰富多彩、生动流畅、机智幽默，往往能激发学生的思维，调动学生学习的积极性，提高课堂教学效率。要成为一名深受学生欢迎的历史教师，应当不断锤炼自己的口才。历史教师的口才不仅表现在艺术性方面，还必须具有历史性，否则就会"失真"。

有一些参赛的青年教师，很多方面表现不俗，但也不时出现语言"失真"。有教师将阻碍革命发展的清政府比喻为"钉子户"，显然不妥。这种比喻太不严肃。还有教师说，"王"与"总统"的最大区别是"专制"与"民主"，这又是脱离历史情景的想当然的推论。"总统"在一般情况下作为近代国家的民选元首，确实与"民主"紧密相连。但当总统的就没有专制的吗？拉丁美洲独立后"考迪罗制"下的各国总统，德国的希特勒等，都大行专制统治。还有教师将美国的"三权分立"类比于中国隋唐的"三省制"，这更离谱了。这些都说明青年教师的专业素质有待提高。有些问题已成青年教师的一种"通病"还需注意。

汪瀛的历史教学：自主感悟、互动创新 ①

记者：王昱、王亚

历史教学需要"自主感悟"

记者：如何引领学生追求历史教育价值？

历史教育的价值，紧靠老师空洞的说教和学生的死记硬背是无法实现的。最好的途径，就是正确引导学生感知历史上鲜活的人物和事件，在感知中领悟，在领悟中升华。

历史教学，应该强调用感悟、感知、感受的方式，来把握历史。在教学实践中，我探索形成了"自主感悟，互动创新"的历史课堂教学模式。

这种教学模式，在教学流程上如下图所示：

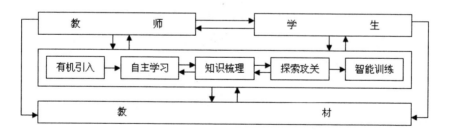

"自主感悟，互动创新"历史课堂教学模式的最大特征就是师生以教材为依托，在互动中实现自主、感悟和创新，把学科知识嵌入活的认知过程中。

---

① 湖南教育新闻网，发布时间：[2014-5-2]，网址：http://news.hnjy.com.cn/xwtt/99455.jhtml

整个教学活动中，师生之间始终是互动的，是主导与主体的关系。学生在任何一个教学环节，都要求明确问题，然后查阅资料，从中寻找相关信息，并经过自主思考、加工，最后解决问题；同时，学生还有机会发现和提出自己的问题，并向教师质疑求解。这种模式能让学生高效认识、理解和掌握大量新知识，形成历史研究性学习的意识和能力，获得情感、意志的成功体验，接受思想品德熏陶。

这种模式最有特色的环节是课后拓展研究性训练。我设计了综合、感悟、体验和实践等四种类型的训练。综合类训练，如创办历史手抄报、创作历史漫画、撰写历史小论文、创作历史文学作品等。感悟类训练是教师事先设计一些具有开放性的问题，以求解放学生的思维，让学生有一个知识迁移、能力活化的空间。开放性问题可以是创设情景，给定两种或两种以上的历史结论、历史观点，不做评判性限制，由学生选定论证的切入点；也可以是创设新情景，不给定观点和看法，由学生判断，自己做出回答。体验类训练就是教师指导学生在活动中去体验历史，如编演课本剧，组织故事会、演讲会、名画鉴赏、名曲欣赏、文物收集、"背唐诗、学历史"等。实践类训练就是教师指导学生参加社会实践活动，在实践中体验和感悟历史，如仿制文物，做名胜古迹的导游，做历史调查与研究等。

学生并不是裁缝手中任人摆布的一块布，任何现成的观点都不如他们通过自己的思考、探索、总结得来的来得真切与自然。把学生当成知识的汲取者，当成课堂学习的主体，当成富有个性的活生生的人，这是我们的前提。强调学生自主，绝不是教师撒手不管。相反，教师的任务更重，对教师的要求更高，因为必须要看学生是否真正动起来了，是否真正开窍了，是否真正积极主动、生动活泼地学习了。

历史教学是灵动的

记者：您是如何处理课堂生成的突发"危机"的？

教师的成熟和老练往往表现在即时调整教学，抓住课堂生成的问题，实现理想的教育教学效果。

2009 年 12 月，我在执教人教版《祖国的统一大业》一课时，播放了《邓小平与英国首相撒切尔夫人会谈》的录像资料。播放过程中，学生对"录像"画面提出质疑，认为有"造假"嫌疑："'录像'中的翻译与教材插图中的翻译不是同一人。插图中邓小平和撒切尔夫人背后还有其他人员，而录像中没有，代之以高大花盆。邓小平与撒切尔夫人相貌、服饰等也存在较大差异。"

说真的，我当时并没有足够的底气肯定这一录像的"原始性"。在充分肯定学生观察力和求真求实态度的同时，我说："邓小平曾几次会见撒切尔夫人，教材插图《邓小平会见英国首相撒切尔夫人》，可能取材于另一次会见拍摄的照片吧。"

我巧妙地处理了这一课堂偶发"危机"，但我丝毫没有得意和轻松，我在查找了很多资料，做了一番思考后撰写了《"历史影像"的真实性与历史教学效果》一文。

精心设计课堂教学的所有环节，并经过操练，以确保教学流程通畅，是提高课堂教学效率的必然过程。青年教师也都明白课前准备的重要。但是，仅仅重视教学预设是不行的，课堂上生成的问题更真实地反映出学生的状态，完全按照课前预设的想法去处理，要么对学生的问题视而不见，要么自拉自唱不顾教学中的实际状况。

在一次竞赛中，有些青年教师不善于处理课堂的"突发事件"，应对失当，影响了教学效果。如执教《抗日战争》一课的教师，可能考虑到竞赛在长沙举行，于是利用岳麓山上的"七十三军烈士墓"导入新课，他原以为长沙的学生肯定知道墓中埋葬的是中国抗日将士，甚至希望学生能说出几个感人的故事来，殊不知，学生一问三不知。教师无可奈何，只好悻悻地蹦出一句："你们有时间一定要去看看"，便生硬地转入新课。如果善于处理，完全可以临时调整教学设计："既然同学们不知道自己身边的抗日英烈，那我就给大家做一简介吧……"在此基础上因势利导："长沙七十三军烈士墓只是中国全民族抗战的一个缩影，今天我们就一起来学习《抗日战争》一课。"这样不是更好吗？是不是更能打动学生？不仅利用了课程资源，还有助于增强教学效果。

还有一位教师问学生："你们为什么要学习历史？"学生回答说："为了考大学。"教师接着问："考大学又为了什么？"学生说："为了找对象结婚。"不排除学生有意在"调侃"老师。教师显然没有经验，见情况不妙，急忙说："90后就是有自己的特点"，接着顾左右而言他。这是很失败的。教师如果问这样的问题，自己必须对学历史的用途有深刻的理解，学生虽不乏恶作剧之嫌，但他说的也是实话，摆脱师生对话的尴尬在于教师。教师能够说出所以然，学生自然心平气和，这节课他们还会认真学习。反之，还不如不提出这样的问题。

历史教学是形象的

教育心理学告诉我们：生动形象地传授知识，学生往往铭刻肺腑，终生难忘。教师应寓教于形，充分利用多媒体教学手段帮助学生感悟历史，借以实现历史人文教育功能。

中学历史教学课堂，不少教师越来越喜欢借助于"历史影像"或"影像历史"资料为学生营造历史"现场感"，借以激发学生的学习兴趣，获得历史情感的认同。但值得注意的是，学生掌握的史料有限，对于大部分历史现象缺乏自己真实、独特的见解，很容易先入为主，或人云亦云，缺乏透过现象看本质的能力。这就需要我们历史教师对"历史影像"和"影像历史"做出科学选择和解读。

实际上，无论是"历史影像"还是"影像历史"，学生关注最多的往往是影像中的细节：人物的衣着、语言、表情等，以此来判断历史的真实性，感知和思考历史的价值。但是，"影像历史"大都是今人依据自己的情感、态度与价值观，或某种需要而对当时历史的解读与勾勒，它不需承担历史工作者所必须承担的社会责任，因而他们对历史细节、甚至历史真实性的解读可能存在误读。历史教师若是忽视这一点，不仅无法实现自己的教学目的，同样也违背了史学工作者的基本道德。所以，对于"影像历史"的选择，我们要慎之又慎。

历史教学是辩证的

记者：现在经常讲对历史要辩证地认识，这种辩证您是如何理解的？是如何教学生辩证看待历史事件和人物的？

辩证认识不是各打五十大板。《普通高中历史课程标准（实验）》明确指出："普通高中历史课程，是用历史唯物主义观点阐释人类历史发展进程和规律，进一步培养和提高学生的历史意识、文化素质和人文素养，促进学生全面发展的一门基础课程。"因此，运用辩证唯物主义和历史唯物主义认识历史，是中学历史教学的指导思想。很多教师都努力用辩证的观点分析历史现象，这是可取的。但是，由于长期以来我们将辩证唯物主义简单化为一分为二，于是在课堂教学中"各打五十大板"的思维逻辑比比皆是。

例如认识辛亥革命、美国1787年宪法、第一次工业革命，有些教师忽视历史发展的大趋势，只注意所谓的"两点论"，评论时积极与消极平分秋色，甚至还过于强调负面影响、局限性、消极后果，等等。第一次工业革命对人类社会发展的巨大推动作用无疑是主要方面。"科学技术就是第一生产力"从那个时代就开始了。第一次工业革命引起了阶级关系的变化、自然环境的变化，对这些变化要用历史唯物主义分析，完全说是消极的并不恰当。历史在进步过程中往往会出现新的问题。不能因为出现了新问题就否认进步性。然而，有教师却偏偏以"工业革命带来的到底是痛苦还是幸福"和"工业革命对中国的影响"为题，过多地强调工业革命给工人带来的痛苦、给自然环境带来的巨大破坏、给中国和世界带来的殖民灾难，这样很容易造成学生认识上的偏颇。其实，科技是一柄双刃剑。科技成果是造福人类，还是为祸社会和自然环境，最为关键的，还是控制科技的人。

当中学历史教师必须有些理论修养，任凭自己的思维去解释历史会贻害学生。

汪瀛：用思想改变课堂 [1]

何宗焕

和汪瀛交谈，你会发现，他平和、沉静的话语有磁铁一样的吸引力，他明亮、柔和的目光仿佛能穿透时空。他娓娓而谈，缜密的思路和准确的叙述，展现出一种沉稳如山、壮阔如海的气质。历史和人生，课堂和学生，是他永恒的生活主题和教学主题。28年的教学生涯，他用课堂演绎了并不复杂、并不曲折的人生轨迹，他用思想装饰和改变了永远生动而又鲜活的课堂。

在历史中感悟人生和现实

历史并不是一堆枯燥的年代、人名和历史事件，历史是有生命的。这是汪瀛对历史学科的看法。汪瀛的思考是深刻的。他在一篇文章中写道，历史是一门"人学"，历史教育的目的是帮助学生理解人的内在精神和外在行为是如何作用于人类社会、文化发展的；历史教学要帮助学生学会做人，养成责任心，产生社会归属感；要借助丰富的历史材料锻炼他们理解、分析社会问题的能力，形成正确的人生观、世界观和价值观。

汪瀛说，有些问题如果教师自己没有深刻的认识，那么学生就会更加迷茫。如果教师没有自己的历史观，没有弄清楚历史是一门什么样的学科，没有明白应该以什么样的态度看待教材和学生，这样的课堂能给学生以启迪吗？可以说，这样的课堂是没有价值的课堂，这样的教师是失败的教师。

比如说，为什么要重视历史教育？我们常说，忘记历史就意味着背叛。历史教育从本质上讲，就是要人们明白我是谁，要人们正确认知和理解自己

---

[1] 本文为何宗焕先生采访本人后所撰写的一篇文章，发表于《湖南教育》2011年1月（上）。

的过去、现实和未来。不重视认知和理解自己国家和民族的发展历史，以及世界各国各民族的发展史，这样的民族肯定是没有前途的。世界上没有哪一个历史悠久的国家和民族不重视历史教育，所以有人说，灭人之国，莫甚于消灭其历史。一个人，不知自己是谁，也不知自己的祖先是谁，他肯定会把"有奶便是娘"作为信条。说到这里，汪瀛慨叹：在今天的公务员招聘考试中，不考历史实在是一种遗憾。吸取历史教益，借以解决现实问题，理应成为公务员的必修课。

又比如说，历史教育最重要的任务是什么？中学历史教育最重要、最核心的任务，就是引导学生学会思考历史问题，从中获得有益的启示，形成正确的情感、态度与价值观。掌握历史材料只是我们认识历史，从中获得有益启示的手段。历史史实的记忆，会随着时间的推移而逐渐淡忘，但学生从中获得的思维方法、启示和教训则会影响其一生。

还有，怎样引领学生追求历史教育价值？汪瀛说，我的法宝就是引领学生感悟历史，启迪人生。历史教育的价值，仅靠老师空洞的说教是无法实现的，最好的途径，就是正确引导学生感知历史上鲜活的人物和事件，在感知中领悟，在领悟中升华。这里，有三个因素很重要：一是热爱历史教育且有正确价值观、人生观和深厚历史学素养的教师；二是一套生动形象、史料丰富、观点科学、可读性强的历史教材；三是有普遍重视历史学习的社会与教育教学环境。汪瀛不无遗憾地说，这三个因素，对当今中学历史教育来说，都是稀缺资源。

在汪瀛的历史教学中，有一个有名的观点："深入"历史，"走出"历史。所谓"深入"历史，就是引导学生对历史事件作深刻的观察、分析、研究和探讨；所谓"走出"历史，就是引导学生以史为鉴，吸取经验教训，勇于面对和改造现实，放眼未来，塑造自己的历史。比如对隋炀帝开凿大运河，他先引导学生"深入"：隋炀帝开凿了大运河，有人夸功不在夏禹治水之下；也有人骂他浪费了大量人力、物力和财力，是一位暴君；还有人说他就是为了到江南游玩。那么，隋炀帝开凿大运河，究竟是好事还是坏事？怎样评价隋炀帝开凿大运河的功过？在学生充分讨论后，他带着学生"走出"历史：今天我们有些地方的政府官员，搞"面子"工程，搞"政绩"工程，如果认真读一读历史，这样的错误是不应该犯的。他进而说，真正为中华民族做出过重大贡献的历史人物，如治水的夏禹、修筑都江堰的李冰父子、经营西域的班超、治蜀的诸葛亮等，为后人所景仰，所称颂。汪瀛说，在这里，历史不仅教育了学生怎样思考，还教育了学生怎样做事。在课堂上，汪瀛经常对学生说，历史是现实生活的一面镜子，今天的人如果不能从历史经验中吸取教训，就有可能犯同样的错误。历史上，因一些人的物欲膨胀，争权夺利，地球上曾演出了一幕幕反文明的战争、浩劫、动乱等恶剧、丑剧。生活在现代社会中的学生应该明白"人是什么"，"人应该是什么"，从而抛弃非人性、非理性的东西。今天，经济全球化，世界多元化，同在"地球村"的我们，不仅要遵守共同的经济规则，也要奉行公认的道德观念，尊重世界上不同生活方式的国家和民族传统，允许世界自由、健康、多样化地发展。这就是学会做人，学会做适应人类进步和社会发展所需要的人。

在课堂上追寻思想

看汪瀛的课堂，你能够感受到他对思想的执着追寻，感受到他享受丰富的、有意义的课堂生活的惬意和愉悦。正是在这种追寻和享受中他发展和提炼出了自己的教学风格。

他说，如果觉得学习历史知识必须靠死记硬背，那是严重误解，历史教学，应该强调用感悟、感知、感受的方式，来把握历史。

在教学实践中，汪瀛探索形成了"自主感悟，互动创新"的历史课堂教学模式。

这种教学模式，在教学流程上如下图所示：

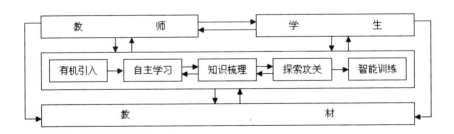

"自主感悟，互动创新"历史课堂教学模式的最大特征就是师生以教材为依托，在互动中实现自主、感悟和创新，把学科知识嵌入活的认知过程中。

整个教学活动中，师生之间始终是互动的，是主导与主体的关系。学生在任何一个教学环节，都要求明确问题，然后查阅资料，从中寻找相关信息，并经过自主思考、加工，最后解决问题；同时，学生还有机会发现和提出自己的问题，并向教师质疑求解。这种模式 能让学生高效认识、理解和掌握大量新知识，形成历史研究性学习的意识和能力，获得情感、意志的成功体验，接受思想品德熏陶。

这种模式最有特色的环节是课后拓展研究性训练。汪瀛设计了综合、感悟、体验和实践等四种类型的训练。综合类训练，如创办历史手抄报、创作历史漫画、撰写历史小论文、创作历史文学作品等。感悟类训练是教师事先设计一些具有开放性的问题，以求解放学生的思维，让学生有一个知识迁移、能力活化的空间。开放性问题可以是创设情景，给定两种或两种以上的历史结论、历史观点，不做评判性限制，由学生选定论证的切入点；也可以是创设新情景，不给定观点和看法，由学生判断，自己做出回答。体验类训练就是教师指导学生在活动中去体验历史，如编演课本剧，组织故事会、演讲会、名画鉴赏、名曲欣赏、文物收集、"背唐诗、学历史"等。实践类训练就是教师指导学生参加社会实践活动，在实践中体验和感悟历史，如仿制文物，做名胜古迹的导游，做历史调查与研究等。

汪瀛说，学生并不是裁缝手中任人摆布的一块布，任何现成的观点都不如他们通过自己的思考、探索、总结得来的来得真切而自然。把学生当成知识的汲取者，当成课堂学习的主体，当成富有个性的活生生的人，这是我们的前提。强调学生自主，绝不是教师撒手不管。相反，教师的任务更重，对教师的要求更高，因为必须要看学生是否真正动起来了，是否真正开窍了，是否真正积极主动、生动活泼地学习了。

在"新课改"背景下，打造有思想的课堂是教师的应有追求，但也因此，这条追寻之路变得分外艰难。复杂多样、变化莫测是课堂的特质。一个成功的教师，总是能够观察、领悟千变万化的复杂课堂行为并做出及时的应对，他用自己的眼光看课堂，他用自己的话语来解释自己的课堂。思想在他的课堂里流动。

汪瀛讲了一个细节。2009年12月，汪瀛在执教人教版《祖国的统一大业》一课时，播放了《邓小平与英国首相撒切尔夫人会谈》的录像资料。播放过程中，学生对"录像"画面提出质疑，认为有"造假"嫌疑："'录像'中的翻译与教材插图中的翻译不是同一人。插图中邓小平和撒切尔夫人背后还有其他人员，而录像中没有，代之以高大花盆。邓小平与撒切尔夫人相貌、服饰等也存在较大差异。"汪瀛说："说真的，我当时并没有足够的底气肯定这一录像的'原始性'。在充分肯定学生观察力和求真求实态度的同时，我说：'邓小平曾几次会见撒切尔夫人，教材插图《邓小平会见英国首相撒切尔夫人》，可能取材于另一次会见拍摄的照片吧。'"

汪瀛机智地处理了这一课堂偶发"危机"，但他丝毫没有得意和轻松，他陷入了深深的沉思。查找了很多资料，又做了一番认真思考，他撰写了《"历史影像"的真实性与历史教学效果》一文。他说，中学历史教学课堂，不少教师越来越喜欢借助于"历史影像"或"影像历史"资料为学生营造历史"现场感"，借以激发学生的学习兴趣，获得历史情感的认同。但值得注意的是，学生掌握的史料有限，对于大部分历史现象缺乏自己真实、独特的见解，很容易先入为主，或人云亦云，缺乏透过现象看本质的能力。这就需要我们历史教师对"历史影像"和"影像历史"做出科学选择和解读。实际上，无论是"历史影像"还是"影像历史"，学生关注最多的往往是影像中的细节：人物的衣着、语言、表情等，以此来判断历史的真实性，感知和思考历史的价值。但是，"影像历史"大都是今人依据自己的情感、态度与价值观，或某种需要而对当时历史的解读与勾勒，它不需承担历史工作者所必须承担的社会责任，因而他们对历史细节、甚至历史真实性的解读可能存在误读。历史教师若是忽视这一点，不仅无法实现自己的教学目的，同样也违背了史学工作者的基本道德。所以，对于"影像历史"的选择，我们要慎之又慎。

透过课堂的深刻反思

只有学会了如何反思课堂教学的老师，才能产生挑战传统的实践观念，并提出怎样改善课堂的有效建议，从而真正达到自己的教学目标。

汪瀛就是一个善于反思的教师。

他听过不少公开课、比赛课。有些青年教师特别注重预设的严谨和流畅，却忽视了课堂生成的生动和真实，白白浪费了有用的教学资源。在长沙听《抗日战争》一课，授课老师利用岳麓山上的"七十三军烈士墓"导入新课，原以为长沙的学生肯定知道这个烈士墓，甚至希望学生能说出几个感人的故事来，却不料，学生一问三不知。教师无奈，只好悻悻地蹦出一句"你们有时间一定要去看看"，便生硬地转入新课。评课时，汪瀛说，如果善于处理，完全可以临时调整教学设计："既然同学们不知道，那我就给大家介绍一下。"然后因势利导："长沙七十三军烈士墓只是中国全民族抗战的一个缩影，今天我们就一起来学习《抗日战争》一课。"这样不是更好吗？是不是更能打动学生，也更好地利用了课堂资源？他说，课堂上生成的问题更真实地反映出学生的状态，成熟和老练的教师总是能及时调整教学，抓住课堂生成的问题，实现理想的教学效果，决不会只顾课前的预设，对学生的问题要么视而不见，要么自弹自唱。

　　汪瀛在他的《听课随想》中，记录了很多问题，每一个问题他都做了思考和分析。比如，有的教师过分追求开发课程资源，课堂上拓展的内容，甚至远离了课程标准，他说这是舍本逐末；有的教师讲历史与现实的联系生搬硬套，讲辩证认识问题就是"各打五十大板"，他说这显然是理论素养欠缺的表现；有的教师模拟历史情境有喜剧化和"戏说"倾向，他说，这不仅表明教师专业知识浅薄，更反映出教师缺少敬畏历史、尊重历史的意识。汪瀛非常看重教学语言，他说教师生动流畅、机智幽默的课堂语言是一种艺术享受。但是，历史教师的课堂语言不仅需要艺术性，还必须有历史性，不能"失真"。他对有的青年教师为了追求语言的新奇，把阻碍革命发展的清政府比喻为"钉子户"，把美国的林肯比喻为"精忠报国"的英雄，非常反感。

　　他特别重视教材，对当前方兴未艾的研究性教学，他主张把教材作为直接的研究对象。有些教师一提到历史研究性学习，马上与地方史研究等同起来，而一听到课题源自教材，就显得不屑一顾，不认为是研究性学习。汪瀛说，研究性学习应由学生主动捕捉问题，而不是由教师给学生一个问题或者强迫学生去解决某个问题。这就要求课题贴近学生实际，使研究有一定的原动力。历史研究性学习完全可以是历史教材中的问题，特别是在实施历史研究性学习的初期阶段，学生对研究性学习课题的筛选和对研究性学习的调控还很陌生，头脑中有的只是教材上的内容和知识。因而我们可以根据学生学习的特点，引导学生通过历史知识的联想、扩散和迁移，从历史学科方面培植课题。

从挑土少年到研究生导师[①]

——株洲市四中历史教师汪瀛素描

记者：成建梅 通讯员：王亚、丁绍槐、李波

初中毕业，全生产大队只有两个上高中的指标。受当时推荐制度影响1974年，少年汪瀛唯一的选择就是回家务农。

1977年全国恢复高考。"听到这个天大的好消息，我正在家乡修水库的工地上，肩上还挑着一担沉甸甸的黄土。"从工地广播得知，可以报名参加高考，内心那个狂喜，汪瀛至今还记忆犹新，"就好像在一条很黑的道路上，突然照进了一束光亮。"

从此水库工地上的少年，背上多了一个背包，包里装着数理化教材。

复习了两年，1979年他第一次参加高考，以5分之差落选。1980年再考，"那个考场只有我一个初中毕业生。"

因当年是估分填报志愿，汪瀛没有想太多，也不知本科与专科的差别，"随意"选择了衡阳师专政史专业作为自己的第一志愿。分数公布，初中毕业当了6年农民的青年汪瀛超过本科线20多分！但按规定初中毕业生只能参加大专录取。

挑土少年汪瀛，成为教师汪瀛。

教师汪瀛

"其实我更喜欢理科。"汪瀛说。

---

① 本文发表于《株洲日报》2014年9月10日 B2版。

初中毕业，要和一大帮上了高中的学生竞争，一位在考前主动为他提供辅导的老师建议，选择文科更有胜算。"你喜欢阅读，文学功底好，可以扬长避短。"

选择了师范，年轻的汪瀛开始调整自己的兴趣，"就是把兴趣范围扩大，由自然科学范畴往人文科学方面扩展。"以自然科学的逻辑来涉猎人文科学，会让自己的视野更加广阔，"从一个全新的高度认识世界，也发现自我。"

偏爱理科类的汪瀛，以当时社会最提倡的"钉子"精神，逐渐爱上了自己"随意"选择的专业。"如果说，高考时选择师范专业没有理性的成分，那么，毕业时，我是深深爱上了当老师这个行当"。

师范毕业，他分配到核工业中南地质勘局303大队子弟学校从教，成为一名普通历史老师。"用思想去影响思想，渴望培养有想法的学生。"这是他理想中的教育。

课堂成为年轻老师汪瀛最沉醉的地方，三尺讲台上，他口若悬河侃侃而谈，教会学生如何了解历史，如何研究历史。"老师仅仅是课堂人物之一，在我的课堂，学生才是参与主体，45分钟时间以问题的探究为核心，我的教学目标是实现学生历史思维的建构，而不是死记硬背历史年代和事件去应付考试。"

学生称汪瀛的课是历史"奇趣"课堂，吸引了学生，年轻的老师汪瀛也看准了自己教学改革的路子。

在他想要更加广阔施展空间时，"一次无意中看到株洲市四中的招聘教师广告，我就动心了，我知道那是一所省示范中学。"抱着试一试的态度，汪瀛向株洲市四中投放了自己的简历。

校长姜野军说，在全省众多应聘的老师中，自己之所以记得了来自祁阳的汪瀛，是因为一个细节。

应聘那天，汪瀛在电话中与校长姜野军沟通，"我下午有课，晚上7点赶到学校与您见面行不行？"

那天晚上7点，汪瀛准时跨进姜野军的办公室，商谈完毕，又连夜赶回祁阳，"第二天上午学校还有课。"

姜野军说，当时他就对这位其貌不扬的老师发生了兴趣，"祁阳到株洲路途并不近，作为一个老师调课应该也不是难事。但他坚持下午上完课才来，当晚又赶回去，而且长途奔波准点到达。说明这是位有时间观念，对学生有责任感的老师。"

汪瀛顺利地成为省示范高中——株洲市四中的一名历史老师。

当时长沙另一所省重点高中学校也相中了他。作为校长的姜野军晚上休息时间等候一位应聘者，这也是汪瀛留在四中的原因。

多少年过去，55岁的汪瀛，鬓间已有些许白发。回想当初就读师范的抉择，他深感"是命运给了我一次机缘。"

如此"机缘"，是由60年代整整一代人"放到哪里就要到哪里发光"的强烈社会责任感造就。

名师汪瀛

市四中办公楼内，"历史名师工作室"四个大字赫然，工作室的主持人是汪瀛。

在学校，很多老师见到汪瀛，都亲切唤他"汪名师"。

"历史教育从本质上讲，就是要人们明白我是谁，要人们正确认知和理解自己的过去、现实和未来。"在汪瀛看来，历史教育的目的就是引导学生学会思考历史问题，从中获得有益的启示。

汪瀛教历史的方法，首先让学生对历史发生兴趣，然后教会学生历史地思辨，"有些知识运用于思辨，学生就来神了。"

讲鸦片战争，"英国只有几千人，为什么中国反而失败了呢，这样大的小的、远的近的进行对比，然后提供历史材料给学生思考，通过问题引导学生，学生想探究的兴趣来了，课堂效果就不一样了。"

汪瀛一语中的：学生不是对学习不感兴趣，而是对高难度的考试和死记硬背不感兴趣。"他们为什么喜欢听中央电视台的百家讲坛，人家讲得有味道，如果老师在课堂只是为了提高历史考试成绩，结果只能扼杀了学生的学习热情，反过来怪学生没有考好，有什么道理。"

让学生对历史课发生兴趣只是第一步，"深入"历史，然后"走出"历史更是汪名师课堂之魅力。

《隋炀帝开凿大运河》一课，汪瀛提问："隋炀帝开凿了大运河，有人夸功不在夏禹治水之下。也有人骂他浪费了大量人力、物力和财力，是一位暴君。

还有人说他就是为了到江南游玩。那么，隋炀帝开凿大运河，究竟是好事还是坏事？怎样评价隋炀帝开凿大运河的功过？"

课堂上，学生们开始讨论，争先恐后举手发言，发表自己的观点。

各自的观点呈现完毕，汪瀛带着学生"走出"：今天我们有些官员搞"面子"工程，搞"政绩"工程，如果认真读一读历史，这样的错误是不应该犯的。"真正为中华民族做出过重大贡献的历史人物，如治水的夏禹、修筑都江堰的李冰父子、经营西域的班超、治蜀的诸葛亮等，为后人所景仰和称颂。"

汪瀛的历史课，不仅教会了学生思考，还教育了学生怎样做人。

"上汪老师的历史课，总是感觉时间过得太快了，不想下课。"高二学生余景然是汪老师的得意门生，历史成绩优秀，在老师的影响下，他想明年考上大学后"选择历史或者考古专业学习"。

在历史课堂，余景然不仅仅是学生，还是"演员"，这也是他留恋汪瀛课堂的最大理由。

"汪老师的历史课，经常有角色扮演，就是他创设情境让我们演历史人物，有时我们还真会进入角色，体验当时人物内心的感觉。"

讲《新航路开辟》，汪瀛让学生们把教室桌椅弄成环形摆放，以投影屏幕为幕布，教室变身"西班牙王宫"。

哥伦布、西班牙女王伊莎贝拉、四位大臣由学生扮演，他们兴奋地"穿越"到了1485年。

历史课演绎成为"戏剧表演"，学生们牢牢记住了知识点：哥伦布此后又在皇室支持下三次西航，他先后四次航海远征的地方，不是印度，而是被他发现的一个新的美洲世界。

知识与能力、过程与方法、情感态度与价值观，汪瀛说，他力争在自己的课堂，完美呈现。

历史史实的记忆，会随着时间的推移而逐渐淡忘，但学生从中获得的思维方法、启示和教训则会影响其一生。

从教师到名师，汪瀛经历了连续17年的高三教学，从永州到株洲做了31年的教书匠，也收获了一堆头衔：被湖南省人民政府授予"特级教师"称号；教育部国家基础教育课程教材专家工作委员会委员；中国教育学会理事；湖南省教育科学研究基地·中学历史教学研究基地首席专家；湖南省教育学会历史教学研究会常务理事；株洲市学术技术带头人；株洲市历史教学研究会副理事长；湖南省中小学教师继续教育指导中心"国培计划"课程专家；湖南出版投资控股集团历史学科教材培训专家；株洲市中学历史名师工作室主持人。

"名师"二字实至名归。

中学教授汪瀛

今年2月，我市有8名教师获得教育部、人社部批复，晋级成为全省首批中小学教授，汪瀛成为其中之一。

这位教授有些特别。"和别的老师一口标准的普通话相比，我确实感到很遗憾，上课时方言特别重。"比如普通话的"找"，汪瀛常常脱口而出"琴（寻）"，普通话的"枪"，在他口中变为"轻"，他想说"今天好冷"，却被学生理解为"今天好懒。"

他有事问学生，"你服气不？"，脱口而出的却是："你服行不？"

他的历史课堂，刚进入高一的学生还怪不习惯，但听久了，学生们就爱上了，"再听别的老师标准普通话的课，还觉得不习惯""正因为汪老师普通话不标准，我们听不懂，所有上课才更认真去听。"

汪瀛的"祁阳普通话"却被学生们接受，是因为课堂语言的风趣和思路清晰而产生的引力。

"同学们，上课之前，我们先就前面所学的《美国联邦政府的建立》做一个小测验。由于学校教学经费紧张，先发下来的测试卡，每张收费5角钱。"汪瀛宣布。

教室立刻炸开了锅："这太不公平，一张小纸卡就收5毛钱，也太贵了吧！""我不买，纸上就一行多字，请老师写在黑板上，我们用自己的纸写答案交了不就可以了。""你事先没有通知，没带钱。"

"不要吵咯，每个同学马上完成测试题上交，否则按违纪处理！"

交了测试卡，但极不情愿。

汪瀛继续："对不起，刚才花钱买小测试纸的故事，不是真的。既然同学们感觉高价买小测试纸是一种不公平的行为，是一种乱收费，那我们怎样防止这一现象发生，进而防止国家统治者的个人独裁专制，建立一个相对公平、公正的政府与社会呢？"

汪瀛上的这堂课是《美国联邦政府的建立》。

课堂的"有趣"，完全"掩盖"了汪老师普通话不标准的缺陷。

汪瀛有趣的历史课堂，对学校所有历史老师完全敞开。青年老师匡志林说，只要想学习，只要名师汪上课，我就搬个凳子到课堂听课去了，不用打招呼，"不怕学习了他的课堂创意，反而很高兴我们青年老师去学习。"

"由此去听课，讲到文革时候的样板戏，课堂不太活跃，毕竟那个年代的戏剧，对这些在流行音乐中泡大90后们，有些距离。上课时有个同学说，汪老师，你能够给我们表演一段吗？"

匡志林知道汪瀛五音不全，很少唱歌，同事一起去 K 歌，他总是找各种理由逃避。

没想到课堂上的汪瀛清了清嗓子，一本正经道："今天我来表演一段最经典的样板戏《红灯记》唱段——"临行喝妈一碗酒，浑身是胆雄赳赳……"

学生们笑成一片。

课堂内外，学生们时常学上几句汪老师的"祁阳普通话"，惹得汪瀛急了，"你们多学点老师的优点咯，缺点就不要学了！"

汪教授每天上班提着大水瓶子，也成为极具个人风格的校园风景。

"他这个人对教书已经走火入魔，人家是下班就回家，他倒好，把办公室当作了家，家倒成了旅馆。"同为教师的妻子，颇有"怨言"，不是因为丈夫没有陪伴自己，而是"下班、放假甚至寒暑假都在学校，弄坏了身体。"

去年汪瀛重病一场，但住院一个星期，他又返回了课堂，只是走进教室的时候，手中多了个2000毫升大水瓶子，里面是妻子根据药方浸泡的茶水，"喝了对身体好，每天都喝一大瓶。"汪瀛还是乐呵呵的。

但每次来学校上课或者加班，妻子不再允许他自己开车，"怕他开车的时候发病，很危险。"

不分昼夜，教授汪瀛办公室的灯光，总是殷勤地亮着。

看着呵呵笑的汪瀛，有老师在旁边悄悄说，别看汪教授白天挺精神，晚上需要吸氧才能睡得安稳。

研究生导师汪瀛

汪瀛是极少数被"985工程"大学聘为硕士生导师的中学教师，2013年6月，他被华东师范大学课程与教学系聘为历史教育专业硕士生导师，从此在高中课堂带起了研究生。

做研究生导师首先要求的是学术专长，这得益于汪瀛一个特别的"爱好"——写书。他说不好意思把写书称为学术研究，他只是希望把教学中实践过和领悟到的一些心得、方法归纳成集，所以叫"爱好"。

"就是喜欢，和别人喜欢旅游、下棋、打牌一样，写书就是最好的消遣，也把自己的教学经验总结出来，如果有青年老师愿意学习，也方便些。"

汪导师写书的爱好延续了几十年，书一本一本付梓。《中学历史自主学习导引》《艺术教育与幸福人生》《自然环境与人的生存发展》《中学历史课教学探微》《中学历史校本课程开发理论与实践》《高中历史新课程教与学》《心灵的放飞——一位中学教师的教育独白》《中学历史题型解法研究》《新加坡教育观感》……他期待"著作等身"。

他的这些学术成果也得到全国许多知名历史学家和教育家的认可，华东师范大学聂幼犁教授是全国知名的历史学科专家，他对汪瀛的评价是："全国中学历史教学的引领者，中学历史课程标准的制定者，教学、科研各方面都非常出色。"

所以，聂教授把他的学生陈新幻介绍到汪教授麾下，成了汪瀛的研究生。

"其实我是个不合格的老师，你上课听听我的普通话就知道。"陈新幻与汪瀛的第一次见面，就感觉这位名师的谦逊与平易近人。

陈新幻说，汪老师讲祖国统一的那节课，自己印象很深。

上课的时候，汪老师用著名诗人余光中的《乡愁》导入："小时候，乡愁是一枚小小的邮票，我在这头，母亲在那头……而现在，乡愁是一湾浅浅的海峡，我在这头，大陆在那头。"没有想到的是，一些学生笑了起来。

陈新幻想，汪老师肯定要发火或者批评这些学生了。

"……我的妈妈，非常慈爱，但她离开了我，现在我想看一眼她，完全没有可能，可是我很想再看看我妈妈，听她唠叨……"笑着的学生骤然打止，教室氛围陷入无望的思念。

这位学历史的研究生也骤然明白，为什么汪瀛的学生们会热爱他的课堂，"在这里，学生和老师是平等的交流，鼓励学生质疑，即使你有小小的过失，老师也会一笑而过。"

汪瀛说，不要怕孩子们出错，成长的过程，就是修正错误的过程，重要的是，从错误中吸取教训寻找正确的观念与方法。

陈新幻说，跟了汪教授这么久，慢慢懂得了，将来如何做一个好的老师，如何去对待自己的学生。

作为研究生导师，汪瀛在对当下历史教学做深入思考与探究。"对全国产生了广泛影响的各种课堂教学'模式'，应该说，这些'模式'确实让学生'动'了起来，教材被学生划得红蓝黑相间，但据我考察，这类课堂教学模式下的学生负担实际上没有减轻，学生家长反映，学生回家后家长必须监督孩子默写当天的政史地的教学内容。"

汪瀛认为，以学生为主体，让学生成为学习、特别是课堂学习的主体的教学理念是正确的，但迫切要解决的问题是如何让学生真正成为学习、特别是课堂学习的主人。"仅有'动'起来是远远不够的，因为影响学生学习效率的，不仅仅是学生外化的'动'，还有学习动机、学习方法、解决问题的思路，解决相关问题所必需的知识与能力储备等诸多因素。"

对历史教学，汪瀛的探究永无止境。

名声在外，全国各地很多学校请他去讲学，他都有一个独特的开场白：我就是一个农民。他说30多年支撑自己奋进的理由也特别简单，"我当学生的时候，特别渴望遇到一个好老师；我当了老师以后，就想成为学生们喜欢和渴望遇到的那种好老师，我努力了这么多年，就是这个目标。"

汪瀛，这位在教坛耕耘31年的"农民"，是在耕耘中找到了劳作幸福的人，这种幸福，让他一步一步走向成功，梦想照进了现实。

记者手记

从教师生涯里，找到幸福

教师，是立德树人的职业，是指引和陪伴学生健康成长的职业，特殊的职业，理应让这个职业有着与其他行业不一样的职业幸福，它陪伴学生的成长，重要的是，你要去感受。

汪瀛是一个普通得不能再普通的老师，不伟岸，不帅气，最影响他职业生涯的是，他的普通话还非常不标准，语速还特别快。但所有这些不足，在他的努力之下，在学生眼里却全变成了自己的优势，正因为普通话不标准，学生才要更认真地听课，他成为学校最受学生欢迎的历史老师，下课铃响了，学生们说，老师，接着讲下去吧。

初始只有大专学历，要成为全国闻名的历史"大家"几乎没有可能，但普通教师汪瀛只默默上好每一堂课，不放过每一个课堂细节，在这个过程中，他享受自己课堂受到学生欢迎、自己被那么多学生需要的幸福，那是一种付出、奉献、被人需要的灵魂的快乐。

作为一名教师，如何才能像汪瀛般，从教学生涯中的得到快乐？

学生在不断成长时，作为老师，你是幸福的。用平常的心态对待学生，鼓励他们走向优秀，但也不歧视他们的落后。

踏踏实实上好每一节课，将每一次收获累积成文，结集成书，这时你就是幸福的。即使你一直谦虚地认为这不是学术，但这些学问，极其高深且影响深远。

至此，我不知道怎么称呼汪瀛了，汪老师？汪特？汪教授？还是汪导师？

其实，都不重要，汪瀛以最朴实的笑告诉我，做一位老师拥有幸福很简单。教育自有万般滋味，教育的整个过程中都有无限的幸福。

国家教学名师汪瀛掠影 ①

2016年6月20日，中央人才工作协调小组办公室发布了《关于公示第二批国家"万人计划"领军人才人选的公告》，株洲市第四中学汪瀛入选了"第二批国家'万人计划'领军人才"。这也是国家首次面向全国普通中小学和幼儿园遴选领军人才，全国共遴选40人，湖南省仅2名。

何谓国家"万人计划"领军人才？2012年8月，中央组织部、人力资源社会保障部、中央宣传部、教育部、科技部、工业和信息化部、财政部、国资委、中科院、社科院、工程院11个部门联合出台《国家高层次人才特殊支持计划》（简称"国家特支计划"，亦称"万人计划"），面向国内各领域遴选支持1万名杰出人才、领军人才和青年拔尖人才，加快造就一支为建设创新型国家提供坚强支撑的高层次创新创业人才队伍。

汪瀛能入选国家领军人才，绝非偶然。这源于他1983年从教以来，始终坚持奋斗在教育教学第一线。30余年来，他与时俱进，始终坚持以邓小平理论、"三个代表"重要思想、科学发展观为指导，遵守党纪国法，忠诚人民的教育事业，爱岗敬业，乐于奉献，模范履行岗位职责，醉心教育教学与研究，带头培育和践行社会主义核心价值观，充分展现了新时期人民教师的光荣形象，成为教书育人的楷模。

---

① 这是株洲市第四中学办公室主任李波于2016年10月撰写的一篇报道。另有同类事迹报道，如株洲新闻网上的《专访四中特级教师汪瀛》，http://www.zznews.gov.cn/news/2014/0220/687.shtml。这里不再收录。

一、关心时政，强化政治法纪修养

汪瀛同志从立志从事人民教育事业以来，始终坚持不断系统学习、理解和掌握马列主义、毛泽东思想、邓小平理论、"三个代表"重要思想和科学发展观，坚持与时俱进和在教育教学中践行科学发展观，树立社会主义核心价值观。这样做，既是汪瀛同志作为一个共产党员和人民教师应尽的职责与义务，也是汪瀛同志作为一个历史教师必须做好的工作，因为历史教育本身就具有深厚的意识形态色彩。

汪瀛同志从参加教育工作第一天起，不仅在日常生活中坚持严格遵守国家的法律法规，更注意在日常教育教学工作中始终严格坚持依法执教，自觉抵制教育领域里的各种歪风邪气，从不干违法违纪之事，自觉维护人民教师崇高职业形象。2005年12月，被中共株洲市第四中学党总支授予保持共产党先进性"先进个人"；2010年7月，被中共株洲市教育局委员会授予"2009 — 2010年度'勤于学习的党员标兵'"；2011年1月，被中共株洲市第四中学委员会授予2010年第四季度"优秀党员示范岗"；2013年6月，被中共株洲市第四中学委员会授予2012 — 2013学年度"党员学习示范岗"称号，2013年第一季度"优秀党员示范岗"称号。

二、潜心学习，不断提升专业素养

常言道，"教师要给学生一杯水，自己必须拥有一桶水"。汪瀛同志深知，当今世界是一个科技文化发展日新月异的时代，作为传播人类文明的人民教师，必须牢固树立终身学习理念，不断拓展自己的知识视野，更新自己的知识结构。只有如此，汪瀛同志们才不会因浮云遮望眼，才不会被时代所淘汰，才有可能满足学生身心与智能发展的需要。

作为一名教师，汪瀛同志深信："水之积也不厚，则其负大舟也无力"。"学海无涯，教育教学永无止境。教师要想不误人子弟，唯有学习和探究，不断地学习和探究，勤奋地学习和探究，创造性地学习和探究，才有可能接近实现这一基本目标。"因此，汪瀛同志从参加工作第一天起，就注意潜心学习和教研。他不仅坚持刻苦自学了大量的史学和教育学著述，辑录了上百万字的资料，而且先后参加过吉林社会科学战线青年社会科学研究辅导中心为期一年的"社会科学研究班"的函授学习、北京大学中国文化书院为期三年的"中外比较文化研究班"函授学习、湖南师大为期三年的历史专业专升本的函授学习。汪瀛同志还自觉参加学校和上级部门组织的各项专业学习活动。如近几年来，汪瀛同志参加过"湖南省普通高中新课程省级通识培训"，株洲市教育局组织的赴"新加坡教育考察与学习"，湖南省中小学继续教育中心组织的"教育部'国培计划（2010）—中西部农村骨干教训培训项目'—湖南省农村中小学教师远程培训辅导者培训项目研修"。从2007年开始，汪瀛同志参加了株洲市教师培训中心组织的历届历史远程教育教师培训活动，担任历史课程辅导老师；2012年下半年起，又担任省继教中心国培与远程培训课程专家。

学习、学习、再学习。长期以来，汪瀛同志既坚持大量阅读历史专业书籍，也注意大量阅读教育教学理论方面的书籍，甚至还坚持涉猎一些时政、经济、科技、文学、艺术方面的书籍，以不断拓展自己的视野，更新自己的观念，更好地应对学生的质疑问难。仅近几年来，汪瀛同志就认真研读了黄仁宇的《中国大历史》《万历十五年》、斯塔夫理阿诺斯的《全球通史》、王江松的《西方社会结构及其历史走向》、巴比耶著刘阳等译的《书籍的历史——西方文明进程丛书》、段维龙编著的《千古两司马》等历史专业书籍，潜心阅读了教育部基础教育司组织编写的《走进新课程·与课程实施者对话》、朱慕菊的《走进新课程》、陈旭远主编的《新课程新理念——基础教育课程改革通识培训教材》、施良方的《学习论》、苏霍姆林斯基的《给教师的建议》、李小平的《创造技法的理论与应有》、陶行知的《中国教育改造》、皮连生、刘杰主编的《现代教学设计》、宋秋前的《有效教学的涵义和特征》、黎奇《新课程背景下的有效课堂教学策略》、李洪山的《国内有效教学理论研究与实践经验概述》、程红、张天宝的《论教学的有效性及其提高策略》等教育教学理论书籍，涉猎了霍益萍主编的《普通高中现状调研与问题讨论》、易中天的《闲话中国人》《中国的男人和女人》《读城记》和《品人录》、余秋雨《借同志一生》《王蒙自述：我的人生哲学》等书籍。从而使自己的专业更坚实，教育教学视野更开阔，更易理解学生身心发展的需求，自己的课堂教学更能如鱼得水，左右逢源。

曾有不少人问他为何这样刻苦学习，汪瀛同志回答说："一是学习对我来说是一种快乐；二是我作为一位教师，最怕误人子弟。要知道，我们做学生时是如何期望和要求老师的啊！每想到这里，我就如芒刺在背，不敢不学呀！"

三、爱岗敬业，钟情于人民教育事业

汪瀛同志从加入教师行业那一天起，就立志献身人民的教育事业。到今年为此，汪瀛同志已经在中学教育教学岗位上摸爬滚打30年。与汪瀛同志一起参加工作的同学或同事，有不少已成为政府、学校的领导，也有不少脱离了教育战线而改行。然而，汪瀛同志始终不渝地坚守在教育教学第一线。汪瀛同志不是没有机会离开中学教育教学第一线。早在大学毕业时，汪瀛同志就有机会留校，但汪瀛同志选择了到核工业中南地质勘探局303大队子弟学校从事中学历史教育教学工作，除了包干学校高初中各年级所有班级的历史教学外，还兼任过学校团委书记等职。1992年，汪瀛同志本来可以调到永州市教育科学研究所任历史教研员，离开繁重的中学教育第一线，但考虑到子弟学校只有汪瀛同志一个专职历史教师，为不耽误学校的历史教学，汪瀛同志主动放弃了。1994年，因国家核工业改制，汪瀛同志离开了工作11年的子弟学校，调到永州市三中从事中学历史教育教学工作。然而，命运却与汪瀛同志开了个天大的玩笑。汪瀛同志到永州市三中报到后的第三天，妻子和小孩从原子弟学校赶往永州的途中出了车祸，8岁的儿子不幸身亡。中年丧子，对汪瀛同志来说是一个巨大的打击，妻子也因此变了一个人。但汪瀛同志并没有因此被击倒，且始终坚持奋斗在高三历史教学第一线，长期担任高三文科班的班主任。期间，汪瀛同志曾兼任区教研室历史教研员长达三年，与他一起的其他科兼职教研员都纷纷成为专职，脱离了中学教学一线，唯独汪瀛同志对中学历史教育教学情有独钟。

2004年，因事业发展需要，汪瀛同志调到了株洲四中从事高中历史教育教学工作，至今已经10年。10年间，汪瀛同志执教了五届高三，有时还跨头兼教高一。出于学校和上级有关部门工作需要，汪瀛同志除了承担本已繁重的教学工作外，一直兼任学校的历史教研组长、专家委员会委员，还要经常参加株洲市教科院组织的教育教学调研、历史教学研究等活动，也是省基教所、电教馆、继教中心等教研活动的常客。近年来，汪瀛同志还是"株洲市中学历史名师工作室"主持人，"湖南省教育科学中学历史教学研究基地"首席专家。用姜野军校长的话来说："全体师生总是看到汪瀛同志挎着电脑包的匆匆身影，看到汪瀛同志一丝不苟的备课和批改作业，看到汪瀛同志不厌其烦地辅导学生，看到汪瀛同志在课堂上激情飞扬地传道授业，看到汪瀛同志在青年教师培训班上传经送宝，看到汪瀛同志在教育教学研讨的会议上精彩演说。汪瀛老师执着、坚韧，凭借深厚的学术功底，研究学科问题，研究教师的教，研究学生的学，把自己的激情融入历史教学，始终奋斗在教育教学第一线。"

有不少好心人问汪瀛同志，你如此努力学习、工作，究竟是为了什么，汪瀛同志说："只要我努力过，追求过，就可以无怨无悔。我的日子，因有学习和学生而璀璨；我的心，因有学习和学生而辽阔；我的情感，因学习和学生而充实；我的生活，因学习和学生而美好。"这也是汪瀛同志时常勉励自己的一句话。

四、将教书育人作为天职

汪瀛同志参加工作以来，曾担任学校团工作4年，担任班主任工作9年。后来因工作忙、教研活动多，不再直接担任班主任工作。但作为一名在全国中学历史教学界有一定影响的教师，汪瀛同志始终坚持将教书育人摆在自己工作的首位。汪瀛同志始终坚信"人皆可以为尧舜。教师的职责，就是使自己的学生成为尧舜，至少成为对社会有益的人。虽然我不能使每个学生成为圣人，但一定要教育和要求每个学生成为好人。"因此，汪瀛同志在日常教育教学过程中，始终坚持关爱一切学生的身心发展，尊重学生的合理诉求，公平公正地对待每一位学生，从不歧视所谓的差生。坚持深入观察和研究学生优长与缺失，及时反思和总结自己的教育教学言行，真正做到教书育人，因材施教，长善救失，为人师表，做学生的良师益友。

在30年的教育教学工作中，汪瀛同志总是时刻提醒自己不能误人子弟，凡是要求学生做到的，他自己首先做到。教师必须富有爱心，必须把学生当朋友，处处为学生着想。正因为如此，汪瀛同志参加工作后的第二年被学校师生推评为"文明礼貌教师"。来四中后的第二年（2005年），又被师生推举为"十大爱心教师"。汪瀛同志在学校每次组织的学生对教师的调查测评中，满意率总是100%。有时，能使在他人看来"无可救药"的学生起死回生，奇迹般地转好，不少学生还考上了大学。

汪瀛同志刚到我校就执教高三历史，有一位美术生因文化成绩不好，专业考试完成后要求退学，不参加当年的高考了，其父母急得不知所措。汪瀛同志知道这一情况后，与班主任、家长密切配合，对这位学生做了细致的思想工作，又精心辅导其学习，从而激发了这位学生学习积极性，成绩直线上升，在当年的高考中获得了485分的好成绩。这一成绩，在美术生中是高分了。

2005年7月初，汪瀛同志在送走上一届高三学生后，又迎来了新的毕业班。说来也巧，有一天他遇到一位学生因成绩不好被班主任责令留级。汪瀛同志在了解这一学生的真实心态后，主动与班主任和学生沟通，将这一学生留了下来。结果，这位学生在2006年高考中考上了自己理想的大学。

2009年11月的一天，汪瀛同志正在兴高采烈地为0915班学生上课。"某同学，您认为新民主主义革命与旧民主革命有何区别？"汪瀛同志面带微笑看着他。"不—知—道！"该同学头也不抬。汪瀛同志见他不愿意回答，就将这一教学难点交给全班学生讨论。然后，走到该同学身旁。"同学，今天您身体不舒服？还是真不知道？或心里不高兴回答？""我就是不高兴回答，怎么了！"该同学大吼了一声，拿着书包冲出教室。汪瀛同志见情势不对，一方面赶紧要班上几位男生将该同学追了回来，另一方面不以为侮，将此事作了冷处理，继续引导学生完成本课的学习。下课后，汪瀛同志没有立即找该同学谈话，而首先询问了班主任曾健老师。从那里得知，原来该同学的父母近几年来一直不和，目前正在闹离婚。学习成绩本来就差的该同学觉得人生无味，现已有轻生的念头。汪瀛同志深感此事绝不能忽视，弄不好真的会出人命。于是，汪瀛同志要求班主任将该同学母亲请到学校，一起来做他的思想工作。该同学母亲与他的外公一起来到了学校。汪瀛同志先与他们进行了沟通，然后请该同学到办公室，面对其母亲和外公做其思想工作。汪瀛同志语重心长，从母亲的不易、外公外婆的关爱、亲人企盼、晚辈应如何面对亲人的关爱和亲人之间的矛盾，进行一一剖析。汪瀛同志明确告诉他："面对亲人之间的矛盾，逃避什么也改变不了。作为晚辈，我们要勇于面对亲人的矛盾，要理解父母养育的不易。我们只能做化解工作，绝不能火上浇油！"经过深入细致的谈心，终于解开了该同学心中的疙瘩。从此，该同学的心情慢慢开朗起来，学习成绩也在逐步提高。后来，因工作的需要，汪瀛同志没有再执教该班。但每逢年过节，该同学总都忘不了给汪瀛老师发一条祝福的短信。

汪瀛同志的起点学历为专科，这相对今天大学本科，甚至研究生满天飞来说是较低的。但汪瀛同志有一个优点，那就是酷爱学习，一方面坚持通过学习不断吸纳他人的研究成果，另一方面又坚持精心做好备课、作业批改、学法指导、学生辅导等教育教育常规工作，并坚持不断探索历史课程改革，创新教法与学法，创造性地组织学生开展课堂学习与课外学习活动。正因为如此，汪瀛同志专业知识扎实，业务技能精湛，已系统掌握中学历史教育教学理论，能科学准确把握中学历史课程标准体系和教材体系，并形成自己独特的教育教学艺术和风格。其主要特点，就是授课充满激情，富有想象、思辨和启迪。学生们都说，"听汪老师的课，就是一种超级享受。因为他给我们以情感，给我们以思考，给我们以启迪，给我们以方法，给我们以创新，给我们以动力，给我们修养，给我们充分展示自我的广阔舞台。"汪瀛同志执教历史，不仅仅注意学生考试成绩的提高，更看重历史的育人功能是否得到充分发挥，看重学生自主学习、思考探索历史实际问题的能力是否得到提高。汪瀛同志告诫学生："尽信书不如无书。学习要敢于质疑，要敢于挑战教师、挑战权威。学习的关键不在于结果，而在于是否动了脑子。学习的目的不是死记教材和教师给你的结论，而是要懂得得出结论的方法。"因此，汪瀛同志执教出来的学生，不仅仅历史考试成绩好，更重要的是学生学习和探索历史问题的能力得到了提高，情感态度和价值观得到了优化。到目前为止，经汪瀛同志执教而进入高校深造的优秀学子，已多达千余人，多人考入北大、人大等著名学府。

五、潜心历史教研，硕果累累

关于学习与教研，汪瀛同志有自己的理解。汪瀛同志认为："学习必须与实践探索相结合。既要积极关注教育教学研究新进展，积极吸纳教育教学和历史专业研究新成果，以拓展自己的视野，不断提升自己的理论素养和业务能力，又要高度重视理论与实践相结合，坚持在实践中不断探索、扬弃与创新，努力形成自己的教育教学风格，甚至体系。教师的研究应包括三个方面的问题：一是教育思想理论，思想决定行动，没有先进科学的教育教学思想理论做指导，是无法全面完成教书育人任务的。二是教育教学方法技巧，这是提高教育教学效果的利器。三是学科理论与知识的研究，这是教学高屋建瓴、游刃有余、培养创造性人才的基石与法宝。"

实际上，汪瀛同志是这样想的，也是这样做的。目前，汪瀛同志已在这三个方面取得了一定的研究成果：仅10余年来，他就出版专著10余部，如《高中历史新课程教与学》（获湖南省基础教育教学成果二等奖）《自然环境与人的生存发展》（获株洲市哲学社会科学成果二等奖）《精彩·荒谬·效率——中学历史课堂教学探微》《中学历史校本课程开发理论与实践》《新加坡教育观感》《心灵的放飞———一位中学教师的教育独白》《艺术风流人物》《历史学习与复习迎考》《〈全日制义务教育历史课程标准〉解读》《艺术教育与幸福人生》《世界上最鼎尖的那些艺术家们》等理论性专著。发表文章100多篇，其中不少论文为人民大学报刊复印资料等权威信息刊物转发。汪瀛同志还是"株洲市四中特色学校建设丛书"总主编。汪瀛同志主持完成省级课题1个，在研课题2个，参与国家级课题研究1个。其中，湖南省教育学会"十一五"教育科研规划课题《历史研究性学习理论与实践》，荣获教育部中国教师发展基金会教育科研优秀成果二等奖，湖南省教育学会"十一五"教育科研课题成果一等奖。目前在研课题，也取得了丰富的阶段性成果。实事求是地说，汪瀛同志的这些研究成果，在全国范围内确实生产了一定的积极影响。这里不再举例赘说。

六、精心指导，促青年教师茁壮成长

汪瀛同志深知，中国教育的发展，仅靠少数人是不行的。中国教育的发展，必须造就千千万万的教育名师、教育专家。因此，在日常工作中，汪瀛同志不仅自己潜心教研，还诚心积极指导扶植青年教师和同仁从事教育教学研究，注意共创辉煌。

汪瀛同志早在永州市第三中学工作期间，作为永州市教科院和芝山区（今零陵区）特约教研员，他曾指导过不少中学历史教师在省市教学竞赛中获奖。如杨云霞、王受吉、唐中豪等10余人荣获过湖南省历史教学竞赛一等奖；也指导过谢晓华、王受吉等近10名教师做历史教育专题教研，并将研究成果撰写成教研论文。这些教研论文，或在省市教研论文评比中获奖，或在中学历史教学类期刊上公开发表。

近年来，汪瀛同志虽然很忙，但汪瀛同志从不敢忽视对青年教师的培养。目前，汪瀛同志是华东师范大学课程与教学系历史教育专业硕士研究生导师，正指导硕士研究生陈新幻的历史教育教学实践与研究（跟汪瀛同志在株洲市四中学习与研究一年）。汪瀛同志还是"株洲市中学历史名师工作室"主持人，负责培养促进株洲市历史名师的成长与发展。汪瀛同志又被湖南省电化教育馆、湖南省基础教育资源中心聘请为"李卫东名师工作室（高中历史）骨干教师"，参与指导其工作室资源开发与教师培训活动。汪瀛同志曾承担株洲市第四中学青年教师匡志林老师（研究生学历）的教学师傅。在汪瀛同志精心指导下，匡志林老师不仅顺利出师，而且具备了较强的教育教学和教研能力，业绩突出（已执教两届高三）。匡志林老师与汪瀛同志合做出版著作两部（前面已列出），参与了一部著作的编写，有教研论文公开发表，或获省级一等奖等；其说课《抗日战争》《马克思主义的诞生》分别于2009年12月和2010年11月，荣获省一等奖。汪瀛同志还与株洲市教科院历史教研员张建军一起指导株洲市第19中阳育平老师（2011年）、景炎中学的吴淑红老师（2012年）、株洲市第十三中学欧帽辉老师（2013）、株洲市第七中学杨雄敏老师（2014）、株洲市第四中学匡志林老师（2015）、株洲市外国语学校朱建双老师（2016）在中国教育学会全国历史教学专业委员会举办的"历史说课"或教学录像课竞赛中获得一等奖。由汪瀛同志领衔的株洲市历史教研组，是株洲市各中学公认的王牌教研组。2010年12月在湖南省首届中小学优秀教研（备课）组评选活动中，荣获"优秀教研组"称号；汪瀛同志荣获"优秀教研组长"称号。2012年，学校被湖南省教育科学研究院评审为"湖南省教育科学中学历史教学研究基地"；汪瀛同志被评聘为"湖南省教育科学中学历史教学研究基地"首席专家。

或许是因为汪瀛同志曾取得过一些教育教学与教研成果。汪瀛同志的教书育人的事迹与教育教学思想，曾为《湖南教育》《中学历史教学》《新课程》《中学历史教学参考》《现代教育报》等多家媒体报道或推介。